本著作是国家社会科学基金教育学青年课题"中小学校长轮岗策略与支持体系研究"（课题批准号：CFA140141）的成果之一

本著作收入贵州省高等学校人文社会科学重点研究基地学术文库、贵州师范学院贵州教育发展研究中心学术文库、贵州师范学院2019年一流学科A类建设项目"教育学"（贵师院发〔2019〕232号）成果

中小学校长轮岗
实为与可为

郑玉莲 著

中国社会科学出版社

图书在版编目（CIP）数据

中小学校长轮岗：实为与可为 / 郑玉莲著. —北京：中国社会科学出版社，2024.3
ISBN 978-7-5227-2978-7

Ⅰ.①中… Ⅱ.①郑… Ⅲ.①中小学—校长—学校管理—研究 Ⅳ.①G637.1

中国国家版本馆 CIP 数据核字（2024）第 034232 号

出 版 人	赵剑英
责任编辑	王鸣迪
责任校对	韩海超
责任印制	张雪娇

出　　版	中国社会科学出版社
社　　址	北京鼓楼西大街甲 158 号
邮　　编	100720
网　　址	http://www.csspw.cn
发 行 部	010-84083685
门 市 部	010-84029450
经　　销	新华书店及其他书店
印　　刷	北京君升印刷有限公司
装　　订	廊坊市广阳区广增装订厂
版　　次	2024 年 3 月第 1 版
印　　次	2024 年 3 月第 1 次印刷
开　　本	710×1000　1/16
印　　张	20
插　　页	2
字　　数	308 千字
定　　价	128.00 元

凡购买中国社会科学出版社图书，如有质量问题请与本社营销中心联系调换
电话：010-84083683
版权所有　侵权必究

目　录

第一章　研究问题的提出 ………………………………………（1）
　一　校长轮岗的研究背景 …………………………………（1）
　二　研究问题 ………………………………………………（5）
　三　研究的意义 ……………………………………………（6）

第二章　文献综述 …………………………………………………（7）
　一　文献综述的方法介绍 …………………………………（7）
　二　我国校长轮岗研究的相关文献综述 …………………（8）
　三　我国校长培训研究主题进展分析 ……………………（22）
　四　我国校长领导力相关文献综述 ………………………（34）
　五　西方国家校长轮岗的相关研究 ………………………（38）
　六　西方国家校长轮岗研究主题 …………………………（44）
　七　研究述评 ………………………………………………（58）

第三章　研究设计与方法 …………………………………………（60）
　一　研究范畴的确定 ………………………………………（60）
　二　研究方法 ………………………………………………（60）
　三　资料搜集的方法 ………………………………………（69）
　四　资料分析 ………………………………………………（70）
　五　研究的可靠性与伦理考量 ……………………………（71）

第四章　我国校长轮岗的政策分析 ………………………………（73）
　一　校长轮岗相关政策文本的选择 ………………………（73）

二　校长轮岗政策的主要内容 …………………………………（75）
　　三　校长轮岗政策存在的问题 …………………………………（77）

第五章　我国校长轮岗的现状扫描 ………………………………（81）
　　一　我国校长轮岗调查的基本情况 ……………………………（81）
　　二　我国校长轮岗现状描述 ……………………………………（87）
　　三　校长对轮岗的认识、态度与校长身份认同分析 …………（95）
　　四　校长轮岗领导力分析 ……………………………………（104）

第六章　我国校长轮岗的案例研究 ………………………………（121）
　　一　广东省校长轮岗案例研究 ………………………………（121）
　　二　浙江省校长轮岗案例研究 ………………………………（141）
　　三　贵州省校长轮岗案例研究 ………………………………（146）
　　四　集团化、学区化办学背景下的校长轮岗实践研究 ……（169）

第七章　轮岗政策背景下的校长任职管理 ………………………（174）
　　一　校长轮岗政策背景下校长任职管理的必要性 …………（174）
　　二　研究设计与方法 …………………………………………（176）
　　三　校长轮岗与校长任职管理的现状与问题 ………………（177）
　　四　校长任职管理政策建议 …………………………………（181）

第八章　轮岗政策背景下的校长继任策略的个案研究 …………（184）
　　一　校长继任策略的理论基础 ………………………………（185）
　　二　个案研究数据来源 ………………………………………（187）
　　三　个案研究发现 ……………………………………………（188）
　　四　基于个案研究的政策建议 ………………………………（192）

第九章　校长轮岗支持体系建构 …………………………………（196）
　　一　校长轮岗政策的系统集成与优势发挥 …………………（196）
　　二　区域教育系统轮岗管理的优化 …………………………（197）
　　三　轮岗校长领导力实践支持系统建构 ……………………（201）

四　轮岗校长领导力发展培训支持系统 …………………… (210)
　　五　轮岗校长评价体系建构 ………………………………… (213)

参考文献 …………………………………………………………… (216)

附　录 ……………………………………………………………… (231)
　　一　问卷 ……………………………………………………… (231)
　　二　访谈提纲 ………………………………………………… (267)
　　三　全国部分省市校长轮岗政策分析表 …………………… (270)

第 一 章

研究问题的提出

一 校长轮岗的研究背景

以均衡发展促进教育公平及社会公正，是《国家中长期教育改革和发展规划纲要》指定的重点方向之一，也是进入 21 世纪以来广受教育界及全社会关注的重要话题之一。就全国而言，基础教育改革正在经历从效率优先的"重点发展"到公平取向的"均衡发展"这样一种历史性转折。如果说，初步均衡和基本均衡阶段重点考虑的主要是普惠大众，关注的是标准统一，那么，优质均衡阶段则要渐渐关注差异性需求，处理好底线与高标、共性与个性的关系。校长作为重要的专业资源，如何通过校长的轮岗来实现教育的优质均衡发展成为我国教育政策的一个重要的着力点。

（一）我国校长轮岗的实践脉络

自 2007 年党的十七大报告明确提出"优化教育结构，促进义务教育均衡发展"到《国家中长期教育改革和发展规划纲要》的颁布，教育均衡发展成为我国基础教育政策的重点之一与战略选择（翟博，2010）。除了在制度上、经费上的均衡化机制建立（雷万鹏，2006），更希望通过将优秀校长作为重要的资源，通过校长的轮岗流动实现资源的均衡配置。党的十八届三中全会通过《中共中央关于全面深化改革若干重大问题的决定》，明确提出"实行校长教师交流轮岗"，将此作为推进教育均衡发展、实现教育公平的重要举措。教育部也制定相关政策，力求在 3—5 年内实现县域教师校长轮岗交流的制度化、常态化，扩大校长教师交流的范围。

1. 我国校长轮岗政策的推行使得校长轮岗的规模扩大，具有强制性、周期性的特点

2014年8月，教育部联合财政部、人力资源和社会保障部颁发《关于推进县（区）域内义务教育学校校长教师交流轮岗的意见》（以下简称《意见》），以官方文件的方式提出要逐步实现校长教师交流轮岗的制度化、常态化。各省也相继颁布落实政策，有序推动校长教师轮岗的制度化与常态化。在我国的实践中，校长轮岗并不是新鲜事，我国中小学校长是受教育行政部门与组织部门管理的教育干部，其轮岗交流决定仍然属于干部人事任命（徐玉特，2016），其任命遵循属地原则，有的地方会有意识地对部分校长进行轮岗以达成其管理目标，有的地方也会采用校长自然更替的方式进行学校校长的轮换。《意见》的颁布，对校长的影响在于，校长轮岗规模变大，且具有强制性和周期性的特点。

这一政策旨在将优秀校长视为重要资源，通过引导城镇校长、优秀校长向农村地区、薄弱学校流动，进而实现义务教育的优质均衡发展。这一政策目标的达成需要在变革发生的地方，系统地设计校长轮岗的策略，并提供与之相匹配的支持体系。我国校长交流轮岗实行"省级统筹、以县为主"的工作机制，县是校长轮岗工作落实的重要责任主体，也是最接近变革发生的地方。直面校长轮岗对校长发展、薄弱学校改进、区域优质均衡发展所带来的影响是县域教育治理的重要挑战。

2. 我国校长轮岗实践广泛存在，现有研究对校长轮岗特殊性认识不足，实证研究相对缺乏

在我国，轮岗在实践中并不是新鲜事物，是培养干部的重要途径。近期轮岗政策的提出，让校长，尤其是优秀的校长在不同学校之间轮岗已成为我国实现教育优质均衡发展的战略选择。在现有的研究中，有不少研究关注校长教师交流轮岗，但校长仅作为连带主体，并未关注校长轮岗的特殊性，尽管现有校长教师轮岗交流相关研究对实践有重要意义，但校长轮岗的特殊性仍值得引起关注。校长轮岗来自自上而下的科层管理机制，因此，强制性、周期性、大规模的校长轮岗有其独到的制度性基础，更容易达成。但只让校长流动起来并不会自动达成政策目标，更

需要关注轮谁、怎么轮、轮到哪里以实现学校与校长的最佳匹配，如何为轮岗的校长提供系统支持以使得变革能在学校层面生根发芽，最终实现校长个人发展、薄弱学校改进与区域教育优质均衡发展三者的统一。如何有效地管控校长的轮岗给学校可持续发展带来的影响是区域教育优质均衡发展所面临的新课题。

值得注意的是，轮岗并不必然带来教育发展的优质均衡，如果不进行系统的研究与部署，"不合作博弈"会存在于轮岗校长与学校中层班子、教师之间（熊知深和袁红兵，2008），无法达致"保峰填谷"、优质均衡的战略目标，可能出现"削峰填谷"，甚至"削峰填不了谷"的低质均衡，因轮岗引发的学校可持续改进乃至区域教育的优质均衡受创将成为新时期我国教育改革不可回避的问题。然而，以上的研究论断并非来自基于实证的研究结果，目前校长轮岗并未成为一个学术问题进入研究者的视野。作者在中国知网上进行搜索，近十年仅有十篇文章，且内容重复，研究方法以思辨和开处方式的论述为主，校长轮岗的实证研究文章仅有几篇（刘晓辰，2013；郑玉莲，2014b；郑玉莲和薛杉，2018），实证研究相对缺乏。

（二）西方主要国家校长轮岗的实践与研究

在西方国家的研究与实践中，校长对学校的影响已经成为共识，校长的变动对学校的影响也常常是巨大的。因此，区域教育部门领导开始对校长的变动所带来的影响进行有意识的管控。

1. 校长轮岗成为全球性的推动教育公平的重要战略

校长是一所学校成功与否的关键，校长的培养、选拔与安置已成为全球教育发展战略的重要组成部分。20世纪90年代中后期，以校长轮岗为核心的校长继任计划成为各国重建学校、推动教育持续发展乃至推动教育优质公平的重要力量（Felipe, 2020; Dean Fink & Brayman 2006; Hargreaves, Moore, Fink, Brayman & White, 2003）。

2. 校长轮岗是校长继任研究的重要组成部分，西方国家对校长轮岗的研究主要有三个视角

一是将校长轮岗视为校长个人成长与发展的重要推动力（E. Bengtson, Zepeda & Parylo, 2010; Hargreaves & Fink, 2011; Hart, 1991; Myung,

Loeb & Horng, 2011), 关注校长在真实的学校领导情景中如何更好地将所学的领导理论用于实践, 推动校长个人的成长与发展。这一视角也强调通过在不同学校做校长的经历来规避校长职业倦怠, 让其重新焕发职业热情, 丰富和深化校长个体的领导能力, 以面对新的挑战。二是将校长轮岗视为学校重建的重要力量, 通过换掉不称职的校长, 将杰出的校长空降到薄弱学校来实现学校的变革与发展 (Dean Fink & Brayman, 2006; Harris, 2009; Lee, 2015)。三是关注校长轮岗对教育系统变革所带来的影响 (White & Cooper, 2011a)。由于校长轮岗所引发的"多米诺骨牌效应": 杰出校长的调离引发其原来所在学校的继任危机, 到新任学校之后, 变革的短期成功使得校长获得快速的提拔, 导致其改革的成果并未获得足够的时间进行巩固, 使得学校发展停滞甚至退步。基于此, 学区与教育系统变革开始成为各国考虑校长轮岗策略的重要考量。

3. 轮岗的匹配策略是近期研究的热点

西方国家学校重建及教育系统变革的诉求推动了对校长轮岗研究的深化, 强调在轮岗校长候选人中考虑校长个人因素 (包括个人特质、能力、经验水平、职业所处阶段) 与学校因素 (包括学校类型与层次、学校前任校长的特点及效能、学校发展所达到的阶段、学校发展未来定位、现有教师对轮岗事件的反应、连续的轮岗对教师文化的影响)、轮岗政策与程序 (包括轮岗发生的频率、轮岗过程) 等要素的匹配 (Bonnie, Lance & Fran, 2018; Hargreaves et al., 2003; Hopkins, 2001)。目前西方国家的研究仅关注到轮岗之前选拔、培养与轮岗过程中的匹配。然而很多实践表明, 轮岗之后对校长领导实践的专业支持是确保轮岗有效性与可持续性的关键, 但轮岗之后专业支持体系的建立仍是研究的空白。

简而言之, 西方主要国家现有的研究集中于回答校长轮岗"轮谁、怎么轮"的问题, 这可为我国轮岗实践提供有价值的参考。然而, 需要注意的是, 由于国情不同, 校长任用的制度也存在很大的差异, 简单地照搬是行不通的, 亟须在借鉴其研究成果的基础上, 进行本土化实证研究, 建立符合中国国情的校长轮岗知识基础并建构轮岗之后校长的专业支持体系。

二 研究问题

本研究旨在回答我国的校长轮岗何以达（不）成校长的专业发展、薄弱学校改进及教育的优质均衡发展。研究将这一问题分为以下几个子问题：

1. 我国的校长轮岗政策与实践现状是怎样的？
2. 在校长轮岗政策的背景下，轮岗校长的管理面临什么新的挑战？
3. 在轮岗政策背景下，轮岗校长如何获取关于角色的知识、关于学校的知识以及关于学校运作情景的知识？轮岗校长如何赢得学校内外的支持？轮岗校长如何实践领导力以推进学校的可持续发展？存在哪些影响因素？

第一个问题是从全国的政策及实践层面分析我国校长轮岗的政策目标、实施程序及保障措施，实践中校长轮岗的现状及问题，从面上呈现我国校长轮岗政策与实施现状。第二个研究问题聚焦到区域层面，通过案例分析，研究轮岗政策背景下轮岗校长任职管理所面临的挑战。第三个研究问题聚焦到轮岗校长到学校后如何获取关于角色、关于情景的知识与关于学校的知识，如何获得学校内外支持、如何实施核心领导实践，将研究的聚光灯打在变革实实在在发生的地方。在此基础上，建构校长轮岗的支持体系。具体关系见图1.2.1。

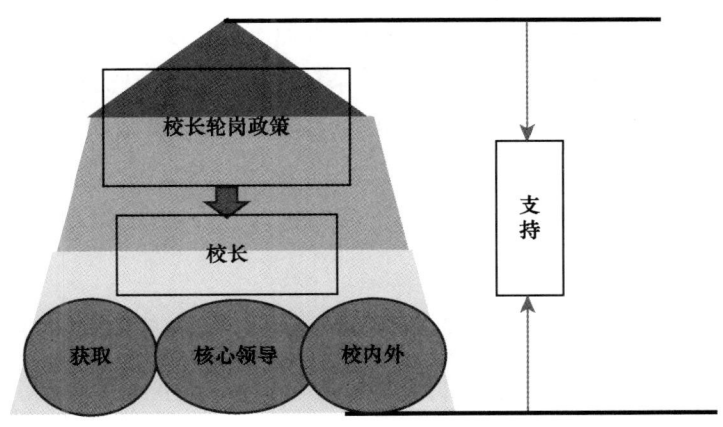

图1.2.1 研究问题层次概念图

三 研究的意义

（一）现实意义

本研究通过政策分析，能够系统梳理和呈现我国校长轮岗的政策目标、实施程序及保障措施，从中分析校长轮岗政策存在的问题及其改进的建议。在此基础上，通过问卷调查的方法呈现校长轮岗的走向、存在的问题。通过质性研究，揭示在校长轮岗的政策背景下，区域层面轮岗校长任职管理的现状及存在的问题。最后通过个案研究揭示轮岗校长到任之后的实践、所面临的挑战及其影响因素，在此基础上尝试建构集轮岗的政策、程序、策略及专业支持为一体的轮岗制度，为我国校长轮岗的实践提供基于实证研究的数据支持，以优化决策，尽可能规避校长轮岗过程中的问题。通过研究，提供政策建议及操作指南，以建立符合中国国情的校长轮岗专业支持体系，真正实现校长轮岗与学校的可持续发展，推动区域教育的优质均衡发展。

（二）理论意义

本研究有望完善并深化校长轮岗的知识基础，推动中国校长领导力的发展，深化对中国情境下校长如何推动学校的可持续发展的理解。

同时，西方国家由于校长劳动力市场属性，校长的流动是市场驱动的流动，而我们国家是行政管理下的政策性轮岗。其研究可以呈现国家主导的校长轮岗流动的特点，从区域系统领导力发展的视角，探索如何将制度优势转化为治理效能，将制度的潜能更好地释放出来。

第 二 章

文献综述

一 文献综述的方法介绍

在本研究中,采用 Citespace 的方法进行文献综述,围绕与校长轮岗密切相关的主题,对中西方文献进行系统的梳理和分析。"校长轮岗""校长支持与校长培训""校长领导力"是本研究最核心的文献基础,首先,在中文文献的分析上,对"校长轮岗""校长支持与校长培训"及"校长领导力"进行文献分析。其次,对英文文献中,104 篇与校长轮岗相关的文献和 14 篇与领导继任相关的文献进行系统的梳理和分析,以期反映国内外校长轮岗的研究内容与趋势。

Citespace 是美国德雷赛尔大学信息科学与技术学院陈超美博士与大连理工大学 WISE 实验室联合开发的科学文献分析工具。Citespace 是对特定领域文献进行计量,以呈现某一学科领域研究结构和发展趋势的软件。它能用可视化的方式呈现出发文量分析、作者共现分析、文献共引分析等。它给予信息科学中"研究前沿"和"知识基础"间的时间对偶概念,并实现了两个互补的视图:聚焦视图(Cluster Views)和时区视图(Timezone Views)。Citespace 软件的功能强大。一是覆盖范围广。中外的数据库都可以在其中进行转换,如 WOS、CNKI、CSSCI 等。二是可将数据转换为多种图形,简单明了且可以依据实际情况来对图形进行相关调整。三是研究者可根据自身要求修改图形大小和颜色。

Bicomb(Bibliographic Items Co-occurrence Matrix Builder)是中国医科大学信息系开发应用的数据计量软件,全称为"书目共现分析系统",主要的功能是对文献数据中的作者、机构、主题词、发表年代生成共现矩阵、词篇矩阵，并且能正确地提取和统计相应频次数据。依据其功能解释 Bicomb 包含的功能分别是共现矩阵生成功能和文献计量分析功能。

该软件可对众多知名网站数据库内的文献进行分析，如生物医学文献数据库 PubMed、科学引文索引（Science Citation Index，SCI）数据库和中国知网（CNKI）数据库。

二　我国校长轮岗研究的相关文献综述

（一）文献数据来源

本研究中文文献数据来源为中国知网（CNKI）。中国知网（CNKI）是具有国际领先水平的网络出版平台，拥有丰富的海外文献资源和网络、知识信息。在进行文献检索时，采用高级检索。以"校长轮岗""校长交流"为主题、篇名、关键词进行分开检索和交替式的"and"检索。将这些数据导入 Citespace 中生成可视化图形并进行分析。

（二）文献的分析处理过程

1. 在 CNKI 中，以"校长轮岗"为主题、关键词和篇名分别进行检索，勾选文献；再重新以"校长交流"为主题、关键词和篇名分别进行检索，勾选文献；最后以"校长轮岗""校长交流"为主题合并检索。在勾选时，去掉会议、报纸类的来源和外文期刊。最后所得文献的年限范围为 1999—2019 年。

2. 将勾选好的文献以 Refwords 和自定义格式导出。

3. 在 Bicomb 中，命名为 8，格式类型选择"CNKI.txt"。

4. 点击左下角提取，然后选择目录，将 CNKI‐1‐178（2）.txt 格式的文档进行提取操作。

5. 根据文献的年代进行统计，生成相应的表格。

6. 新建一个文件夹命名为 Citespace，在这个文件夹中再建立四个新文件夹分别命名为 input、output、project、data，将刚才导出的 Refworks 格式的文档重命名为 download_1‐178.txt 保存至 input 文件夹中。

7. 打开 Citespace 软件，导入文档，设置 topN 的系数为 50，生成较全面的作者合作网络分析、机构合作网络分析、关键词共现网络分析图谱。

(三)"校长轮岗"文献计量分析及可视化分析

从数量来看,在 1999—2019 年共有文献 178 篇,已经剔除事件报道、会议记录等与校长轮岗研究无关的文献,分别用 Bicomb 软件和 Citespace 软件对文献的年代、机构、关键词进行统计分析和共现分析,从中总结出"校长轮岗"研究趋势和热点。

从每年的发文量来看,用 Bicomb 软件对 CNKI – 1 – 178(2). txt 先进行年代频次统计,然后将所得数据进行收集,最后依据数据做成折线图,进行年代分析是为了掌握每年的发文量和发文趋势。

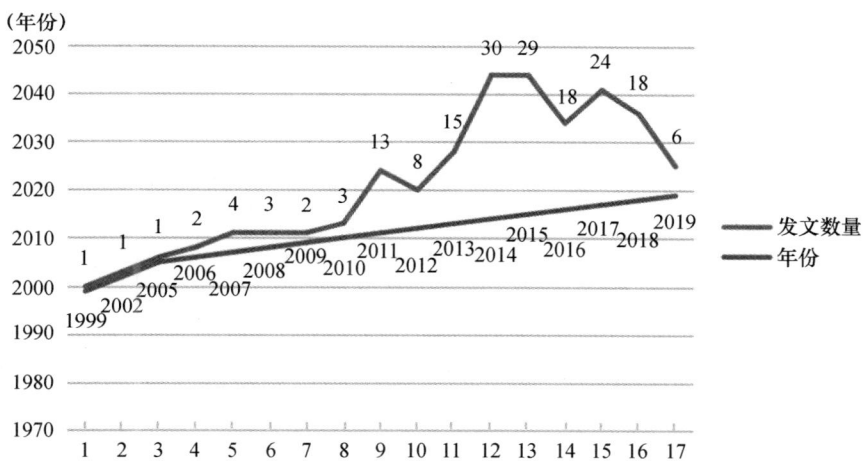

图 2.2.1　1999—2019 年"校长轮岗"研究文献的年代分布

如图 2.2.1 所示,有关"校长轮岗"的相关研究文献在 2013—2018 年呈现爆发式增长,这与我国的相关政策密不可分。2014 年 9 月 2 日,教育部等三部委联合印发了《关于推进县(区)域内义务教育学校校长教师交流轮岗的意见》。该《意见》明确提出,加快建立和完善义务教育校长教师交流轮岗制度。在此之后,我国对于"校长轮岗"的课题及相关研究开始增长。

从研究者所在机构来看,利用 Citespace 软件对所选的 178 篇文献进行机构合作网络分析,如图 2.2.2 所示。

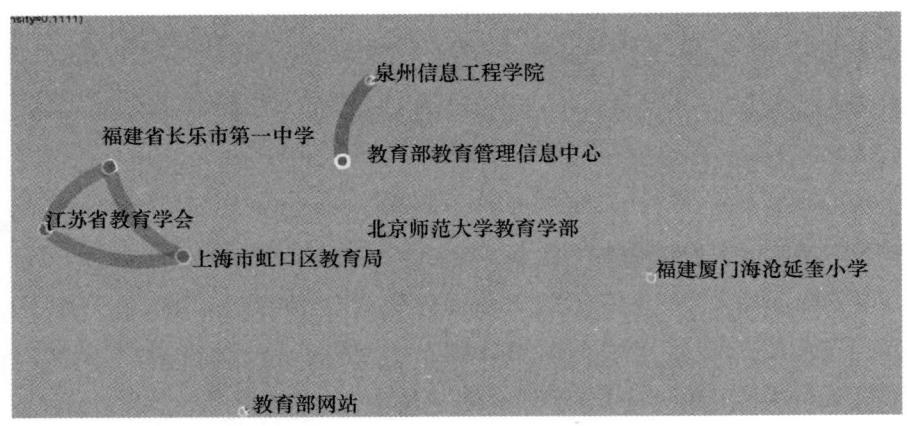

图 2.2.2 1999—2019 年"校长轮岗"文章作者的机构合作分析图

图 2.2.2 中,结点越大表示发文量越多,连线表示各机构之间的合作。从中不难看出福建、江苏、上海的发文量占据了所有文献的一半以上,同时我们也看出机构之间的合作不多,针对校长轮岗的研究,还未形成群体性的专业力量。

从作者来看,运用 Citespace 软件对"校长轮岗"178 篇文献的作者合作构建科学知识图谱,如图 2.2.3 所示。

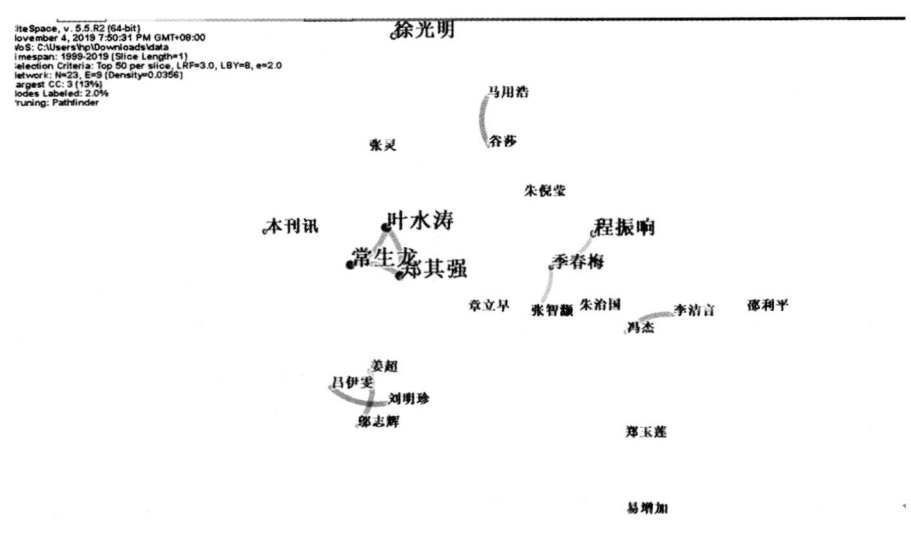

图 2.2.3 1999—2019 年"校长轮岗"研究作者合作网络分析科学知识图谱

在图 2.2.3 中，发表文章最多的是常生龙、叶永涛和郑其强、徐光明、程振响、季春梅等老师。图 2.2.3 中线条表示作者之间的合作，观察图中的线条发现连线很少，说明在"校长轮岗"研究方面作者之间确实存在交流与合作，但是这种交流与合作非常少。这就容易造成信息更新的滞后，出现重复研究的问题，从而导致"校长轮岗"研究与实施的进程停滞不前，浪费资源。

关键词是一篇文献的精髓，是研究内容、研究方法的凝练和概括，可以确定一个研究领域的热点问题，因此可以将关键词作为文献计量分析的一个重要指标。在本次数据分析中，对"校长轮岗"相关文献的关键词进行了统计，来确定 1999—2019 年研究热点。运用 Bicomb 软件对"校长轮岗"的 178 篇文献进行了关键词分析，分析发现关键词共有 380 个，从关键词共现的情况来看，为了方便分析将频次阈值设为 $>=4$，得到 25 个高频关键词，将所得数据导入 Excel 表格中进行一系列设置，如表 2.2.1 所示。

表 2.2.1　　　　校长轮岗相关研究高频关键词

关键字段	出现频次	百分比%	累计百分比%
义务教育	34	5.0595	5.0595
校长	30	4.4643	9.5238
教师交流	25	3.7202	13.244
教育工作者	22	3.2738	16.5179
教师流动	19	2.8274	19.3452
轮岗交流	12	1.7857	21.131
轮岗	11	1.6369	22.7679
学校	10	1.4881	24.256
中小学校长	9	1.3393	25.5952
交流轮岗	8	1.1905	26.7857
教育公平	7	1.0417	27.8274
教育均衡	7	1.0417	28.869
校长轮岗	7	1.0417	29.9107
中小学	7	1.0417	30.9524

续表

关键字段	出现频次	百分比%	累计百分比%
教育部	7	1.0417	31.994
均衡发展	5	0.744	32.7381
问题	5	0.744	33.4821
校长流动	4	0.5952	34.0774
教育均衡发展	4	0.5952	34.6726
义务教育均衡发展	4	0.5952	35.2679
教育行政组织	4	0.5952	35.8631
教师轮岗制度	4	0.5952	36.4583
教师	4	0.5952	37.0536
校长交流	4	0.5952	37.6488
机制	4	0.5952	38.244

由表2.2.1可看出1999—2019年"校长轮岗"的25个关键词即是"校长轮岗"的研究热点，对这些热点进行分析有以下发现。

从"校长轮岗"的研究对象上看有义务教育（34）、校长（30）、教师交流（25）、学校（10）、中小学校长（9）、校长轮岗（7），可以看出，校长轮岗政策的对象主要是义务教育阶段的校长。从研究的内容来看有轮岗交流（12）、教育公平（7）、教育均衡（7）、教师轮岗制度（4），主要从校长、教师、轮岗和教育四方面来叙述。从研究的类型来看主要是分为三类：第一类是义务教育（34）、校长（30）；第二类是轮岗交流（12）；第三类是教育公平（7）、教育均衡（7）。

由以上关键词可以看出，现有的研究更多是从教育公平、教育优质均衡发展的视角，探析校长（教师）轮岗的必要性和实践的价值取向，讨论校长轮岗的利和弊，对轮岗的政策进行分析，研究关注轮岗的范围、轮岗的目标，而对校长轮岗的影响机制、校长轮岗的要素、校长轮岗与校长发展、薄弱学校改进、区域教育优质均衡发展的关系涉及不多，不利于我们理解校长轮岗的复杂性。

（四）"校长轮岗"研究热点和前沿分析

研究热点指在某段特定的时间内某个学科所关注的焦点问题，由此可以反映该学科在特定时间内的研究现状。关键词可作为体现研究热点的一种方法，因此，研究者会对高频词进行统计与分析（高频关键词常被用来确定一个学科领域内的热点）。通过对某一学科领域的研究热点及研究前沿进行分析并预测未来发展趋势，能为研究者提供有价值的信息。研究热点、研究前沿是一门学科未来发展方向的风向指标，学科领域的研究热点与研究前沿一直是学者们热切关注的问题。

对1999—2019年"校长轮岗"研究热点进行可视化图谱分析。在前文运用Bicomb软件对高频词已做过统计和分析，接下来将借助于Citespace可视化分析软件对关键词构建共现知识图谱，来揭示在一定时间内"校长轮岗"研究领域中研究内容的内在关系及微观结构，本书主要对关键词中的高频关键词生成共现图谱和聚类图谱，再对"校长轮岗"研究领域的热点问题进行科学的、客观的分析。根据上述参数设置，利用Citespace软件生成关键词共现网络分析图，在操作界面时将Top N设置为50，再运行（GO!），然后调节Aticle Lable按频次显示，Threshold = 7，FontSize = 14，Node Size = 77，最终生成"校长轮岗"关键词共现网络分析图，如图2.2.4所示。

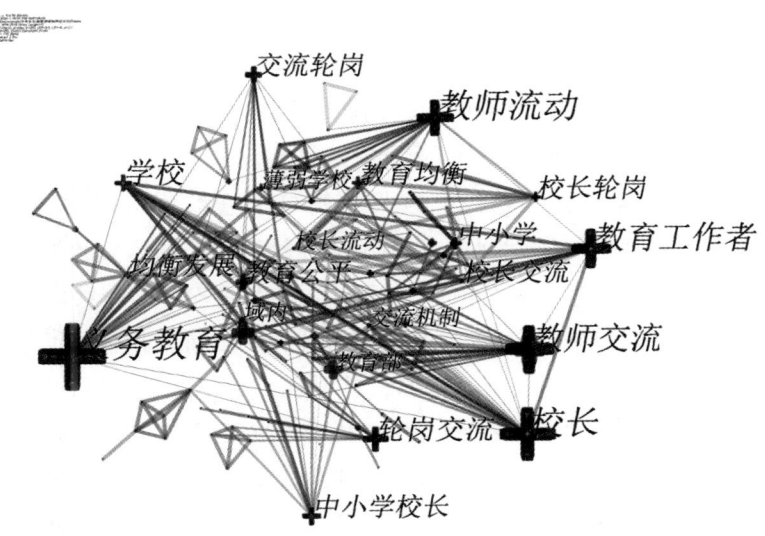

图2.2.4　"校长轮岗"关键词共现网络分析图

图 2.2.4 中，关键词共现图谱中结点与关键词一一对应，连线表示关键词的共现情况，其中结点越大的发文频率越高，结点越小的发文频次越低，由此可看出结点大小与关键词的出现频次呈正相关。观察图 2.2.4，我们可以看出在"校长轮岗"研究中各研究都紧密联系，互相渗透，取前 6 个研究热点频次由高到低：义务教育、校长、教师交流、教育工作者、教师流动、交流轮岗。再结合前面用 Bicomb 软件所作的表 2.2.1 可看出在 1999—2019 年间，"校长轮岗"相关文献的研究热点为义务教育、教师交流、轮岗交流。我们发现，很多研究是合并论述校长教师轮岗，更多的是回应国家校长教师交流轮岗的政策，但对于校长轮岗交流的特殊性并未给予更多的关注。

（五）校长轮岗研究的主题

从校长轮岗研究的主题来看，主要包括校长轮岗的目的、价值取向与利弊分析、校长轮岗存在的问题、影响校长轮岗的因素、轮岗问题的解决对策、聚焦轮岗政策背景下的校长继任研究、校长角色适应。

1. 校长轮岗的目的、价值取向与利弊分析

随着国力的强盛，提升教育公平，特别是缩减城乡教育发展差距已逐渐成为政府关注的问题。从近十年我国的教育政策来看，"统筹城乡义务教育资源的均衡配置"及"扩大优质教育资源覆盖面"等教育改革主张得到不断的推进。有学者认为轮岗政策体现了一条清晰的促进教育均衡发展的政策脉络（叶菊艳和卢乃桂，2016）。多篇论文均关注校长轮岗的目的与价值取向，都意识到校长轮岗是推进教育均衡发展（田新，2020），缩减各区域办学水平的差距，提升教育公平的重要政策举措，有助于提高学校办学管理的公平化和透明化，实现各个学校共同进步和发展（赵倩芸，2017）。同时，研究者也对校长的轮岗利弊进行了争论（汪丞，2013；熊知深和袁红兵，2008；易增加，2013；章立早，2010）。轮岗作为干部管理中的一项制度，既有利于防腐反腐，又可促进干部正常流动，还可锻炼干部，激励干部开拓创新。研究者也对校长轮岗制是否真能带动薄弱学校发展、是否能提高校长的积极性以及是否能激发团队的创造力提出质疑（易增加，2013）。有研究提出轮岗对于小学教育来说更是像注入了新鲜血液，增强了小学的办学活力，促进了小学教育资源

的合理化配置，一定程度遏制了教育腐败，促进了教育公平（赵倩芸，2017）。

校长交流制度的实施，一是可以推进校长资源的优化配置，弥补学校领导班子专业、年龄、能力结构方面的不足，使学校领导班子结构更趋合理，从总体上提高学校领导班子的领导水平和执行能力，推进区域内学校特别是城乡义务教育学校教育优质均衡发展。二是激发活力。通过校长交流，可以给校长提供展示自我的舞台，激发校长发展的内在活力；优质学校校长交流到薄弱学校，能够引入较为先进和成功的管理理念与方法，推进薄弱学校管理工作的改进和教育质量提高；校长通过自身的引领、指导、支持和示范作用，能够促进学校的教师队伍建设和教科研能力的提高，增强其自身"造血"功能，激发学校发展的内在活力。校长交流增加了校长经历、丰富了校长阅历和经验，促进交流的校长在新的岗位上锻炼成长，不断提升自己的综合素质和能力，实现自身的专业发展（季春梅和程振响，2011）。

研究者（叶菊艳和卢乃桂，2016）认为，校长轮岗需要增进整个教育系统的公平与质量，在研究中强调，需要关注如何在促进教育公平的同时能够保证优质教育人才在流动后仍能充分发挥其能量，维系和提升流出校和流入校教育质量的同时进一步增进整个教育系统的公平与提高教育质量。优质资源配置和提升教育质量还应关注校长及教师运用其自身所具有的能力，以及从所发挥作用中挖掘发展机会的能力。

2. 校长轮岗存在的问题

有研究从普及状况、参与意愿、轮岗时间等方面对当前小学校长轮岗制的现状进行调查，发现当前校长轮岗制度实行存在的问题主要表现为：校长对轮岗制度的认识有偏差，当前校长轮岗制度不完善，对轮岗制度的态度与所处地区关联度大，轮岗频繁导致管理政策不能一以贯之，校长轮岗效果不显著这五个方面的问题。基于研究，从政府对基础教育应有所倾斜、教育部门完善校长轮岗机制、校长的自身管理能力的建设、教职工对校长轮岗制度的理解与配合以及建立小学校长轮岗的评价机制五个方面分别对完善小学校长轮岗提出了建议（田新，2020）。

有研究对小学校长和教师进行问卷调查，对多名校长进行深度的访谈，以了解小学校长轮岗制度的实施现状、存在的问题和原因，分析了他们对校长轮岗制度的态度看法。研究发现了小学校长轮岗制在推行过程中，校长对轮岗制的认识存在消极情绪、新领导体制对教职员工状态存在影响以及部分校长忙于追求自身利益、忽略办学、交替管理不当导致学校改革创新难以延续发展等问题。导致这些问题的原因包括政府支持力度欠缺、教育部门相关制度不够完善、学校配合程度有待提高以及校长自身的问题（赵倩芸，2017）。

有研究对轮岗可能存在的问题进行了研究（邱磊，2015），发现了以下问题：一是校长管理的隶属关系不同，治事和用人分割。同一区域内的中小学校长因城乡地域差别，职称职级差异，隶属关系不同，客观上制约了校长队伍的合理交流，不利于加强薄弱学校的领导班子建设。实行绩效工资后，学校教职工全员定岗定级，校级领导所任学科的不同，以及各校岗位、学科结构的差异，也影响了校长交流工作的开展。二是一些学校校长变动频繁，导致学校管理秩序较乱。三是校长交流会降低优质学校的质量，影响学校特色的形成。四是校长交流使校长交通和生活成本提高，影响校长交流工作的持续有效开展。校长交流直接牵涉到校长的个人利益和未来发展（季春梅和程振响，2011）。

有学者对西北地区中小学校长对交流轮岗的态度进行研究，发现校长比较积极，认识比较到位，目的和动因也比较明确，但校长期望增强轮岗的自主性。同时，这些交流轮岗的校长在现实生活中存在来自家庭、文化及城乡差距带来的顾虑与困难。为了更好地改进轮岗工作，建议在校长培训中做到刚柔相济，科学规划校长交流轮岗工作，合理推进，有效遵循学校发展和校长成长规律；以人为本，持续完善相关配套保障；深入调研，加强交流轮岗经验的总结与研究，从而切实推进义务教育均衡发展（沈萍霞，2021）。

有研究对辽宁省参与城乡交流的中小学校长进行调查，并与未参加交流的校长作对比，可以发现参与交流的校长工作压力显著高于未参加交流的校长；参与交流的校长具有强烈的压力感。进一步统计分析发现：不同压力源在年龄、学校类别和学校层面上表现出显著差异（郭黎岩、刘晓辰、王冰和王海军，2013）。参与城乡交流的校长在总体压力、学生升学考试压力、家长和社会监督压力、人际关系压力及自身职业生涯发展压力上得分显著高于未参加城乡交流的校长（郭黎岩等，2013）。

有研究发现，我国的校长交流轮岗目标层次清晰，呈现强制性、周期性和大规模的特点，但以同区位、同类型学校间的交流轮岗为主，且存在现有措施对校长交流轮岗可持续性推进保障不足等问题（郑玉莲，2020）。

3. 影响校长轮岗的因素分析

校长轮岗的政策明确了交流对象与资质、交流周期、交流期间的人事关系、评优评职与待遇保障、业绩考核、交流范围。但需要进一步明晰校长的轮岗不是校长一人的变动，其流动涉及诸多个人与组织的利益（刘园园，2015）。从轮岗顶层设计上来看，这些制度上的"硬件"保证，倒逼着教育行政部门不得不考虑顶层设计。从交流对象来看，现有政策多对参与交流的校长的年龄、教龄等"硬件指标"做出规定，而少有对校长的教育资质、管理能力和水平等"软性指标"进行规定。这不利于选拔参与交流的校长，同时不利于保证校长交流的质量和效果（季春梅、程振响和张智灏，2011）。具体来看，表现为：（1）没有明确校长交流的责任主体，对"谁主管""谁推进""怎样推进""交流经费和跟踪性服务问题"等缺少具体规定。（2）没有具体的校长交流程序，如交流校长的条件、定期流动的义务性、交流的时间、交流期间的待遇等。（3）单向"流动"多于双向"交流"，更多地强调校长交流对于农村教育的扶助作用，而比较优秀的农村校长到城镇优质学校进行交流的情况较少，未实现较大面积的双向交流。（4）没有明确规定如何加强对交流校长的管理工作，以及如何保障校长的管理质量。在交流考核评价与激励机制方面，缺乏将交流校长的考核与奖励、评优、晋升等有机结合的机制（季春梅等，2011）。

同时，我国城乡义务教育学校校长交流制度的建设相对滞后，主要表现为缺乏基本保障机制和配套机制、校长交流管理部门位阶较低且无专门财政保障等。为加强校长交流制度的建设，应明确各级政府及教育行政部门所应担负的职责；设置校长交流专项基金；建立基本保障机制；完善校长交流的考核评价与激励机制（庞丽娟和夏婧，2009）。

有研究通过对全国不同省份878名校长的实证调查，发现轮岗校长的领导力水平显著高于非轮岗校长，且其水平随着轮岗次数先增后减，存在轮岗校长领导力峰值的"黄金频次"效应，即当轮岗次数在2.4次时，轮岗校长在树立愿景维度上领导力最高，当轮岗次数在 2.4 次时，轮岗校长在发展人维度上领导力最高，当轮岗次数在 2.8 次时，轮岗校长在重构组织维度上领导力最高，当轮岗次数在 3.9 次时，轮岗校长在教学管理维度上的领导力最高。性别因素对校长领导力与轮岗经历之间的关系产生了显著的调节作用，女校长参加轮岗更能够提升自己的领导力水平。校长是否流动到更好的学校、对校长的支持力度等轮岗实施因素对轮岗校长领导力发展产生了显著影响。为更好发挥轮岗对校长领导力发展的积极作用，应重视"黄金频次"效应，最佳控制轮岗次数，应提升校长轮岗的积极性，并加强地区教育部门对校长轮岗前后的政策支持（张佳、傅锐杰和邵兴江，2021）。

为推动优秀人才参与流动，运用或激励或补偿等各种鼓励措施。事实上，这只能激励那些需要这些激励的人，并不必然激励优秀者，而接受外在激励的人亦可能"人在心不在"，其内在追求幸福的能力和动机未被激发（叶菊艳和卢乃桂，2016）。

校长和教师的领导能力之所以能被认可，是因为他们在学校里的工作表现出色，他们的能量应是和原任职的学校息息相关的。学校是培养领导力的土壤，也是这些校长和教师能量的运作场域，离开了原校，两者的能量将受到何种影响受到质疑，若是造成能量的系统性减损，则不仅不利于"校长和教师的轮岗交流"政策的可持续性实施，这一政策的合理性也受到质疑（叶菊艳和卢乃桂，2016）。

文化机制是校长交流轮岗的重要机制。在交流轮岗中，校长的文化特质与交流学校的文化互相影响，相互交融并产生作用。同时，校长轮岗打破文化的稳定性，带来文化的变迁。轮岗校长到了新校，面临着文化差异、文化冲突及文化霸权等一系列文化困境。校长只有清醒认识文化差异，正确看待文化冲突，彻底摒弃文化霸权，积极寻求文化认同感和归属感，构建学校新的"文化名片"，提升学校文化层次，才能使校长交流轮岗最大程度上带动学校发展（沈萍霞，2022）。

4. 轮岗问题的解决对策研究

针对轮岗可能出现的问题，有研究者提出（邱磊，2015），流动学校之间的积极协调和沟通，特别是加快区域一体化建设，从学校发展、规划布局、考核评定等角度统筹安排，将对校长教师轮岗的持续发展提供保障。校长教师轮岗交流政策实施应思考如何实现流动教师身上所拥有的"能量"流动，并依靠教育机制建设等力量把个人"能量"增强，以及促进这些能量在整个教育共同体乃至社群层面进行凝聚、沉淀、扩散与增长。能量并不限于个人范围内，还包括集体的能力及其所创造的机会。依托"能量理论"，校长教师轮岗交流政策实施的理想状态是参加流动的校长及教师自主加入流动队伍，其能量亦能流动到流入地。实现能量的自由流动，扩充流动校长和教师自由发挥其能量的机会，教育领导力可作为切入政策实施层面的一种思路（叶菊艳和卢乃桂，2016）。发挥校长教师的能量是优质教育资源均衡配置的关键。

同时，校长在交流期间的人事关系、待遇问题是影响其交流积极性的一个重要因素，需对其予以特别关注。因此，为保持校长交流制度的稳定性和长期性，最大限度地调动校长参与交流的积极性，消除其后顾之忧，建议将参与交流的校长的行政关系、工资关系等仍保留在原单位；工资、奖金、医疗、福利等待遇不变或适当提高；工龄、教龄和教师职务任职年限连续计算；并给予其相应额度的生活费和交通费等专项补贴，由专项基金予以保障。考核评价的对象不仅应包括参与交流的校长，也应包括派出学校和对口交流学校，更应包括教育行政管理部门。

首先，应将城乡义务教育学校校长交流的质量与成效作为考核当地教育行政主管部门及其主要领导工作业绩的重要指标。其次，对派出参与交流校长的学校进行考核和评优时，应实现"捆绑式考核"，即联合考核其对口交流学校在办学质量与管理水平上的提升情况。同时，应建立健全科学的评价和奖惩机制，要全面、客观、公正地评估校长及其他管理人员在交流期间的工作业绩，包括其实际开展的工作、所取得的成绩、对交流学校的影响等，注重实效考核以及考核的过程性与动态性。实行区域内的校务公开制度，定期组织轮岗范围内校长对本校现状进行研讨，便于各校长对区域内学校运行有大致的了解，不至于轮岗时对学校一无所知，对管理工作无从下手（刘园园，2015）。

也有研究（叶菊艳和卢乃桂，2016；郑玉莲，2020）从系统领导力的视角来关注轮岗问题的解决。系统领导的概念有三种意思，即校际领导、系统领导的取向和身份认同、学校教育体制中的领导。教师领导有足够的能力在这三种意义下体现其系统领导力,可通过不同的专业网络和校际合作计划来实践其系统领导力。若教师有清晰的道德理由和目的,则他们也可以如校长一样在社群中扮演领导的角色。在我国,如何构建教师的专业网络和校际合作计划,校外各种支持领导,如地方政府的教育领导至关重要。作为主管地方教育机构的领导,地方教育领导所扮演的政策推行和实施质量保障的角色越来越重要。

地方教育领导应在保证地方教育体制和财政的承受能力、轮岗原则和流动人才选拔公平合理、流动机制有效、流动途径畅通、流动人才与岗位匹配等方面发挥作用。比如,建立系统性的意见收集和流动人才工作评估机制,为流动人员提供定期的专业接触以为其提供及时适切的专业改进意见和专业支持,并促进其能量在地方凝聚和扩散。

因此,地方教育领导如何借助学校已有自发形成的联盟进行能量流动的引领,并在联盟之间和片区之间建立连接,进而实现能量在更大系统中的流动,是对其教育领导力提出的挑战。如何通过机制建设引领联盟从关注考试分数的评比转向联合研究教与学,创建流动校长教师能量自由发挥的平台,进而促进教育公平与质量,是地方教育领导应有的职责。首先,各地方教育系统需要根据流入校和流出校的情况谨慎地选拔参与流动的教师和校长,确保选拔的人才匹配其工作岗位。其次,国家需要自上而下地确立以促进社会正义和教育公平为核心的共同教育愿景,并通过制度设计切实使社会各界支持教育的发展,以教育公平为核心进行教育资源的分配。再次,创设一个有足够相关机制和通道让人才能畅通无阻地在不同学校间流动的机制。当前"系统人"的提法是一种努力。但如果教师的利益和相关资源分配仍然是来自学校的话,教师很难产生"系统人"的身份认同,亦不愿意流动到资源和晋升机会匮乏的学校。最后,各地方教育行政人员应结合本地情况积极挖掘本地已有的民间教育能量扩散网络和平台,创建保障人才流动系统中能量的正常操作、流动和在地方的凝聚与扩散机制。(叶菊艳和卢乃桂,2016)

福建省福州市和辽宁省沈阳市都大胆提出"人走关系走"的实施举措,并以"系统人""区域人"的概念替代了传统"单位人"的固有思想。

5. 轮岗政策背景下的校长继任研究

有研究通过访谈，发现：（1）外来轮岗校长的继任更替过程经历四个阶段；（2）学校情境是外部更替过程的主要影响因素；（3）外部更替化制的科学、公平至关重要；（4）学校内外环境的陌生是外来轮岗校长领导的主要阻碍；（5）外来轮岗校长推进了学校的变革；（6）外来轮岗校长缺乏更替后的指导和思考时间；（7）"边缘化"学校发展路径不利于校长的领导。因此建议，教育行政部门应当：（1）有梯度地设计更替过程；（2）建立公平、合理的外部更替机制；（3）赋予外来校长更多自主时间；（4）加强任前培养和任后指导。外来校长本人则应：（1）规划不同更替阶段的领导行动；（2）选择"入境"路径领导学校发展（陈玲女，2016）。

有研究通过对十位空降兵校长的继任实践进行质性的实证研究，发现其获取关于角色、学校和情景的知识、赢得内外支持及实施核心领导的实践及存在的问题，在此基础上提出政策建议（郑玉莲，2014a）。

6. 轮岗校长角色适应

在我国，校长构建关系网和拓展资源的能力被认为是至关重要的。许多薄弱学校对流入校长的期待亦是借助其关系网及"流动校长"这一身份本身所拥有的政策资本带去更多的资源（叶菊艳和卢乃桂，2016）。有研究（刘晓辰，2013）提出，城乡交流背景下校长角色适应的关键时段为11—15年教龄，这一时段校长在人际协调方面的适应最好，但在工作承载因子上的得分最低；同层次校际变动（普通到普通、重点到重点）的校长角色适应好于跨层次校际变动（普通到重点、重点到普通）的校长；从农村学校到城市学校挂职的校长角色适应好于从城市学校到农村学校挂职的校长；交流前后学校差距不大的校长角色适应好于交流前后学校差距较大的校长。

影响城乡交流背景下校长角色适应的因素主要包括城乡学校差距大、现实与期望存在落差、开展工作顾虑多、组织协调性欠佳等。基于此，有研究提出城乡交流背景下校长角色适应问题的应对机制包括内部机制和外部机制两个部分。内部机制包括：重塑角色认知系统、调适内省反思能力、提高组织协调技巧、管理角色压力策略、提升战略治校能力等；外部机制包括：完善校长培训机制、优化工作激励机制、建立目标导向

机制、改善资源配置机制。（刘晓辰，2013）

有研究（程振响和王明宾，2011）提出，要从机制上解决校长轮岗存在的问题。中小学校校长交流机制，是指推动校长交流目的和目标实现的各种力量或要素的构成及其彼此联系、相互作用的运行方式。建立一种比较完善的校长交流制度，第一，必须要明确开展校长交流的目的和目标。第二，需要全面、正确地认识影响实现校长交流目的和目标的有利因素和不利因素及其影响规律。第三，探讨利用有利因素、克服不利因素影响的策略、方法和措施，创设有利于校长交流目的和目标的实现所需要的机制。第四，在关于中小学校校长交流机制的系统认识基础上，制定一系列配套的法律法规、政策措施、管理规定。

三　我国校长培训研究主题进展分析

随着各国教育改革的深入及教育制度的变化，学校校长的领导作用日益凸显。在国际教育行政管理与领导研究领域，对校长培训与发展的实践和理论探讨亦呈现迅速增长趋势。校长培训与发展已经成为以英文为主的教育行政及领导学术领域中一个较为成熟的研究子领域。已有研究对校长培训公开发表的论文（Murphy & Vriesenga, 2006）、校长培训研究的学位论文和主要学术协会年会中有关校长培训的主题报告（Kottkamp & Rusch, 2009）进行综述性分析。在中国，1989年国家颁布《关于加强全国中小学校长培训工作的意见》，首次提出了校长培训的总体架构，成为中国校长培训发展的里程碑。自1989年起，中国中小学校长培训工作走过了"八五"（1991—1995）、"九五"（1996—2000）、"十五"（2001—2005）、"十一五"（2006—2010）、"十二五"（2011—2015）、"十三五"（2016—2020）六个五年计划的发展历程，有关校长培训的实践和研究成果较为丰富。卢乃桂、陈霜叶及郑玉莲（2011）对1989—2008年中国校长培训研究二十年来研究数量和主题的变化进行了分析。在本部分，笔者试图在之前研究的基础上，继续分析2009—2021年校长培训研究的发展状况，以寻找出中国大陆关于校长培训研究的特点，分析其问题所在和展望未来的发展方向。

(一) 校长培训研究的主题分类

校长培训的研究主题即研究文章中出现的主要研究内容或者研究焦点的概念、概念类别或议题。对研究主题的编码、归类与分析能够呈现中国校长培训研究领域中研究者们对重要研究方向、研究焦点以及问题的聚合性关注。在本文中采用的主题编码和分类策略是自上而下与自下而上相结合的混合分类方式。所谓自上而下是指借鉴现有研究文献中既有的研究主题类别；自下而上则是研究者通过阅读待分类的研究文章，以"扎根"(grounded) 方法结合中国校长培训的现实背景提出类别；然后将两套类别通过比较分析得出适合对待分类的期刊文章主题进行编码的一套主题类别。

1. 英文文献中校长培训研究的主题

目前就所能查阅的重要英文文献中对校长培训与专业发展的研究渐趋成熟。例如，在 2006 年，Murphy 和 Vriesenga 对该领域的研究进行了分析回顾 (Murphy & Vriesenga, 2006)；2009 年 UCEA (美国教育行政管理大学联合协会) 的常任主席 Young 及 Crow, Murphy, Ogawa 等人编写并出版了 *Handbook of Research on the Education of School Leaders* (《学校领导教育研究手册》) (Young, Crow, Murphy & Ogawa, 2009)，该书的架构体现了目前活跃在该领域的研究者所赞同的对校长培训研究主题的分类方式；同时，Kottkamp & Rusch 就校长培训所发表的学术会议的主题报告及学位论文研究主题进行了系统的综述性分析 (Kottkamp & Rusch, 2009)。

上述三个重要文献对校长培训的主题分类具体如下 (见表2.3.1) 所列。通过对比，可以发现他们对学员的选拔与评价、诊断经历 (clinic experience，即通过与学校的合作，通过实地诊断，提升学员能力)、培训课程、培训所使用的教学法、培训项目设计与实施、教职员、对培训项目评价有一致的分类，而专业发展、辅导与入职、背景 (context，即大的社会发展与教育变革对校长培训的影响) 等几个维度上略微有所差异。另外，Kottkamp & Rusch 特别注意了校长培训的理论设计，而 Murphy & Vriesenga 关注到了与其他组织的合作关系、学系的目标与组织氛围等不同因素。

表 2.3.1　　　英文文献中校长培训研究主题分类比较

Murphy & Vriesenga (2006)	学校领导教育研究手册 (Young, et al., 2009)	Kottkamp & Rusch (2009)
学员的选拔	候选学员	候选学员
监测学员的进展	学员评价	学员评估
诊断性要素	诊断经历	诊断经历
课程	课程	课程
教学	教学法	教学法
项目结构	项目设计	项目设计与实施
教职员	教职员的培训与发展	教职员
项目评价	项目评价	项目评价
	专业发展	专业发展
	辅导与入职	辅导与入职
	背景	背景
与其他组织的合作关系		
学系的目标		理论设计
组织氛围		

2. 本研究所采用的研究主题分类框架

笔者首先通篇阅读了待分类的所有有效期刊文章，然后分出大致类别；之后再比较并参考国外研究者所提出的研究主题分类；最后根据中国大陆校长培训的背景与特点，确定了以下十六类研究主题。其中十一类与国外已有的研究主题相似，包括参训学员、临床诊断经历、课程与内容、教学法、培训设计与实施、培训者、培训评价、培训与校长专业发展、背景、辅导与入职、理论设计；另外五类为目前有关校长研究论文中所浮现的"有中国特色"的主题，包括培训层次与类别、培训制度、培训概论、培训问题与对策、培训机构。每个主题的编码及所涉及的内容详见表 2.3.2。

表 2.3.2　　　　　　中国校长培训研究的主题类别及内容

代码①	研究主题类别	内容
11	参训学员	参训校长的特点和需求
12	诊断经历	校长通过学校实地考察，分析诊断学校的问题
13	培训课程与内容	培训的课程与教学内容
14	教学法	培训所采用的教学方法
15	培训设计与实施	培训的设计、模式及培训的实施过程
16	培训者	培训者所需具备的素质与能力
17	培训评价	对培训项目的评价
18	培训与校长专业发展	对培训与校长专业发展关系的论述；培训专业化
19	背景	影响校长培训的大背景（如课程改革、素质教育等）
21	辅导与入职	对校长入职的支持或帮助
22	理论设计	对培训理论的系统思考
23	培训层次与类别	培训层次指对任职、提高和高研培训三个层次的实践培训类别则是针对不同的对象和主题所开展的不同类别的主题培训（如新课程培训、校园安全培训、农村校长培训等）
24	培训制度	对培训制度的宏观思考，包括对其他国家校长培训制度的介绍等
25	培训概论	广泛的评论及开处方式的论述
26	培训问题与对策	对培训存在的问题和对策的描述与评论
27	培训机构	对培训机构建设的评论

（二）校长培训研究概览（1989—2021）

1. 校长培训研究论文数量之变化

研究的搜索分为两个阶段，第一个阶段是研究者在 2010 年 4 月底所检索的中国期刊全文数据库中，以 1989 年至 2008 年为检索时间段，共搜到 1141 篇以"校长培训"为篇名关键词的论文。研究者逐篇阅读编码，剔除实质内容与"中小学校长培训"无关的文章，最终得到有效文章共计 888 篇。在 2022 年 6 月，对 2009—2021 年的数据进行搜索，搜到以

---

① 本代码无特别意义，只为了方便在表 2.3.4 中的呈现。

"校长培训"为篇名关键词的论文735篇,研究者逐篇阅读编码,剔除实质内容与"中小学校长培训"无关的文章,最终得到有效文章共计704篇。因此,自1989—2021年有效的以"校长培训"为篇名关键词的文章共计1592篇。具体统计详见表2.3.3。

表2.3.3　　　1989—2021年中国校长培训研究论文数量一览

年份	1989	1990	1991	1992	1993	1994	1995	1996	1997	1998	1999
数量	4	15	8	17	20	32	25	41	37	45	75
年份	2000	2001	2002	2003	2004	2005	2006	2007	2008	2009	2010
数量	44	32	49	63	56	72	63	83	107	83	98
年份	2011	2012	2013	2014	2015	2016	2017	2018	2019	2020	2021
数量	88	74	50	51	43	37	34	39	40	34	33

每年论文数量的变化如图2.3.1所示:在1999年论文数量曾经达到一个小高峰,之后略有下降;2001年开始,呈现明显的上升趋势;2008年,每年有百余篇相关论文。在2009年经过一个回落之后,2010年又恢复到每年百余篇的状态,之后数量一直下滑,可以说对"校长培训"的学术关注度在降低。

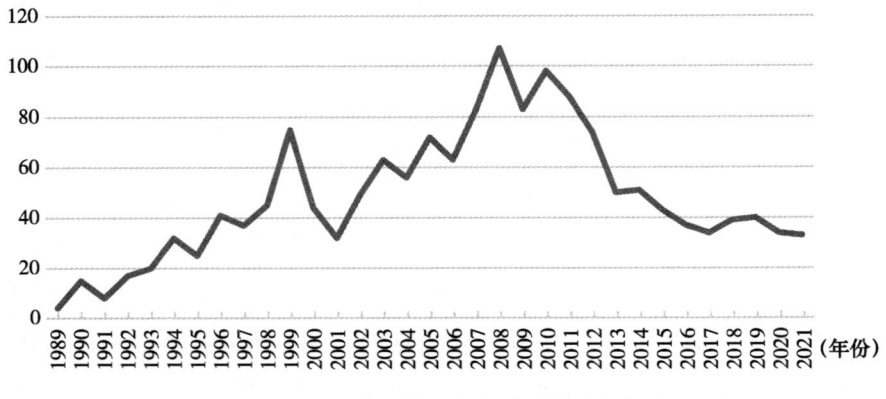

图2.3.1　1989—2021年中国校长培训研究论文数量变化

单就所发表文章数量而言,对校长培训的关注在这三十多年间有增长，但是在 2010 年后出现了持续下降的趋势，相对于教育研究领域中其他议题与子领域，即使在教育管理研究领域，校长培训研究每年的绝对数量相当有限，暂时还未形成一个明确而有影响力的研究范畴。

（二）校长培训研究论文主题概览

为了完整地呈现中国校长培训研究的图景，我们逐年统计不同研究主题分类下的校长培训论文数量（详见表 2.3.4），并根据数量多少将研究主题类别排名（见表 2.3.5）。

表 2.3.4　　　　1989—2021 年校长培训论文主题数量一览

代码 年份	11	12	13	14	15	16	17	18	19	21	22	23	24	25	26	27	总数
1989			1											3			4
1990				1			1					5		6	2		15
1991			1	1								3	1	2			8
1992		1	1	2	3		1					4	1	4			17
1993	1	1	1	2			2				1	4	1	7			20
1994		1	1	5			4	1				11		8	1		32
1995				1			1					7	1	14		1	25
1996			1	3	7		1					13	3	13			41
1997			4		1		2		1			7	1	17	2	2	37
1998			7				1		1		2	19	2	10	2	1	45
1999			5	7	3		6		3	1	5	20	2	18	2	3	75
2000	1		2	4	6	2	1		3		4	3	1	15	1		44
2001	1		3	1	2		3		1		2	5	3	10	1		32
2002	2	1	3	5	4			3	6		2	4	1	16	1	1	49
2003	1	1	3	1	9			1	3		4	15	3	16	2	4	63
2004	3		2	8	6		3		5		5	4	4	10	2		56
2005	6			9	5		2	5	10		6	4	4	14	5	2	72
2006	2	4	3	5	7		4	3	4		6	6	4	13	1	1	63
2007	1	3	4	7	14		3	3	7		2	9	5	19	5	1	83

续表

代码\年份	11	12	13	14	15	16	17	18	19	21	22	23	24	25	26	27	总数
2008	4	7	4	10	17	3	4	5	4		2	7	2	26	8	4	107
2009	3	4		1	11	4	10	7	6	3		2	5	14	4	3	83
2010		1	5	1	19	1	1	2			1		2	37	24	4	98
2011	1		13	1	15			2	1		4		1	33	15	2	88
2012			4	3	22	1	3	1	2		1		1	15	17	4	74
2013			3	1	13	1		1			1	2		13	14	1	50
2014			7	3	15						1			12	10	3	51
2015			4	2	10		1				1		2	9	13	1	43
2016			3		9							1		14	9		37
2017			5	3	6									9	11		34
2018			6	4	6						1			10	11	1	39
2019	1		1	2	11	3		4						10	6	2	40
2020			4	1	7		4	1	1		1			7	3		34
2021	2		4		11		4	1			2			6	1	2	33
合计	29	24	105	94	239	15	62	40	58	4	58	158	51	430	173	52	1592

从总体研究数量来看，有关校长培训概论的论文最多，其次是有关校长培训设计与实施的论文，再次是校长培训评价，随后是培训层次与类别、培训制度、教学法、培训问题与对策。这与2008年统计的数量有所不同，在1989—2008年的研究中，前三位的是培训概论、培训层次与类别、培训设计与实施。这说明培训设计与实施、培训评价日益引起人们的关注。而培训层次与类别关注度有所下降，反映随着实践的深入，越来越多的校长接受任职和提高培训，这一部分培训的数量大大减少，对校长培训层次的研究逐步呈现淡然趋势，我国校长培训层次有所淡化。发表数量最少的研究主题是辅导与入职，只有一篇文章；其次是对培训者的研究和实地诊断经历的研究。就发表数量最少的研究来看，这些年仍然未引起学者的关注。

表 2.3.5　　　1989—2022 年校长培训论文研究主题篇数与排名

代码	研究主题	篇数	排名	代码	研究主题	篇数	排名
25	培训概论	430	1	22	背景	58	8
15	培训设计与实施	239	2	27	专业发展	52	10
26	培训评价	173	3	24	理论设计	51	11
23	培训层次与类别	158	4	18	参训学员	40	12
13	培训制度	105	5	11	培训机构	29	13
14	教学法	94	6	12	实地诊断经历	24	14
17	培训问题与对策	62	7	16	培训者	15	15
19	课程与内容	58	8	21	辅导与入职	4	16

（三）校长培训研究主题的变化分析

1. 论文发表篇目数量最集中的三个主题

有关校长培训概论主题的论文发表数量最多，三十多年间共计 430 篇，占总数的 27%。这类文章的内容是有关校长培训的泛泛评论或是开处方式的论述，缺乏明确的研究议题与焦点。从其所占的发表文章总量来看，这种缺乏焦点与概念视角的思辨式评论研究占比超过四分之一，其影响力犹存。可喜的是，尽管这类文章在数量上目前占据第一位，但是从每年这一主题的文章在当年文章总数所占的比例来看，正呈现逐年波动下降的趋势。

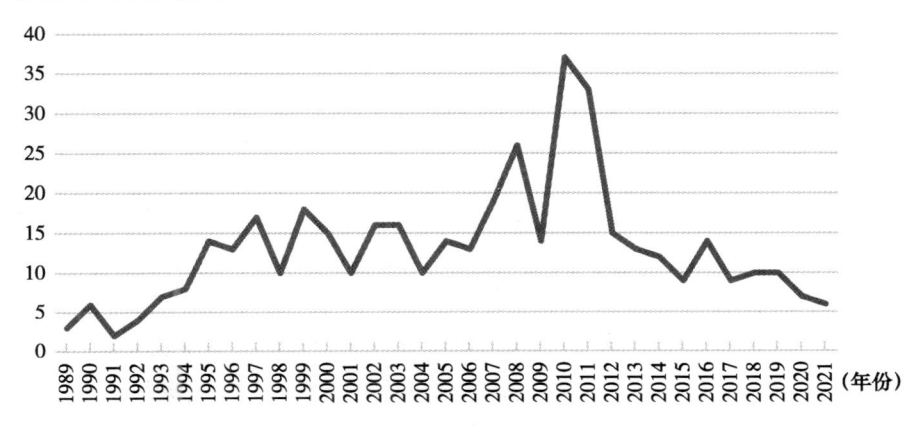

图 2.3.2　1989—2021 年以校长培训概论为主题的论文数量变化

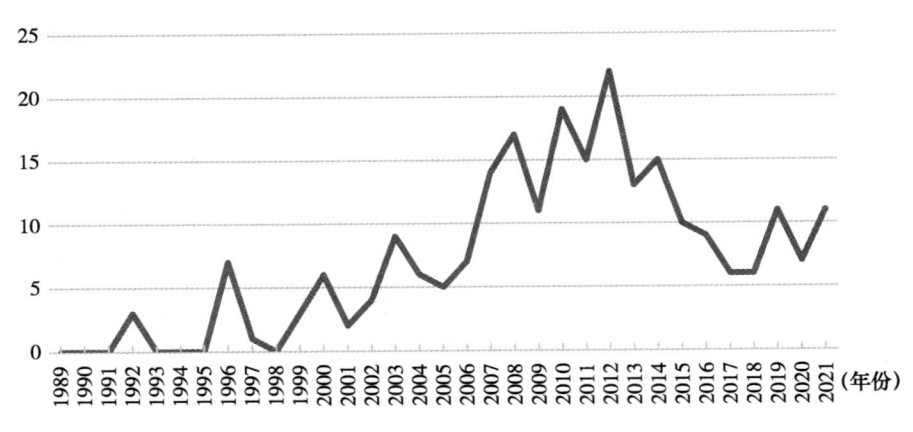

图 2.3.3 1989—2021 年以校长培训设计与实施为主题的论文数量变化

有关校长培训设计与实施的文章共计 239 篇，占总数的 15%。对校长培训设计与实施的研究从 1989 年至 2021 年呈波动式上升。这说明研究者开始关注到校长的培训设计与实施。再次是有关校长培训评价的研究论文，共计 173 篇，占总数的 11%，可见研究者正在将校长培训的研究聚焦具体的培训评价，对此关注越来越多。

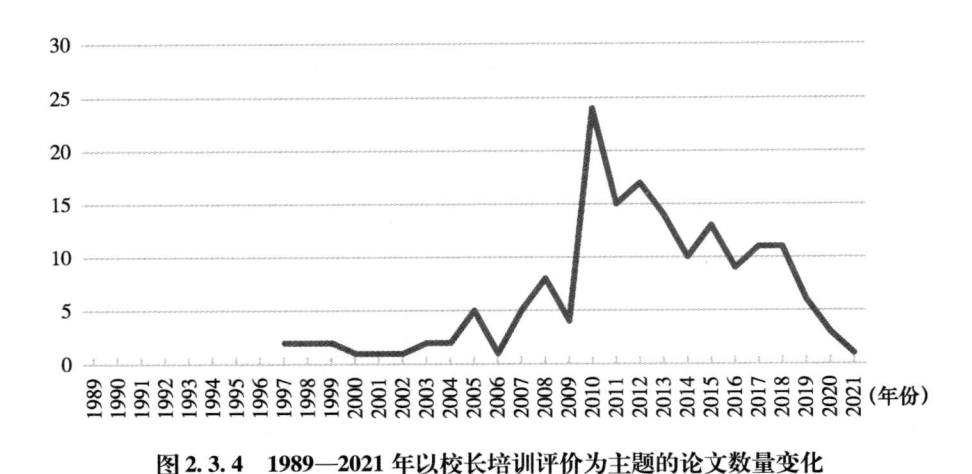

图 2.3.4 1989—2021 年以校长培训评价为主题的论文数量变化

2. 论文发表篇目数量最分散的三个主题

校长培训研究论文中关注最少的是辅导与入职这一主题，二十多年间只有四篇文章进行相关研究；其次是对培训者的研究，只有15篇文章；再次是诊断经历，有24篇。对比来看，在英文文献中辅导与入职、诊断经历的研究却是近年来研究者对校长培训研究关注最集中的主题。究其原因，笔者认为由于我国校长培训"补偿性"的特点，很多参加任职资格培训的校长均已担任校长多年，这与西方文献中所针对的先培训再入职的职前培训现象相异，因此中国校长的入职支持与辅导未能得到研究的关注。随着中国校长培训的普及与发展，任职资格培训的对象将是新任的校长，可以预想未来对新任校长入职的辅导与支持将会是校长培训实效性的一大挑战，这也将成为今后校长培训研究的一个值得关注的议题。

中国校长研究中针对培训者的研究较少，但在2008年后有持续的增长，说明我国的学者已经开始逐步关注对培训者的研究。在英文文献中，对培训者的构成及其专业发展探讨一直是校长培训与专业发展研究中的重要问题（Foster，1988；Griffiths，Stout & Forsyth，1988；Hackmann，Bauer，Cambron-Mccabe & Quinn，2009；McCarthy，1999）。这是因为在国外校长的培养与发展中，来自大学与专业团体的专业组织扮演着重要的角色（Murphy & Hallinger，1987），来自行业内部的反思是促进其发展的重要力量。中国校长培训主要是由国家指定的各级培训机构来承担，校长培训提供者的竞争机制尚未完全形成。培训更多是各级培训机构的任务，培训者主要是由大学教授、政府官员和一部分中小学校长构成（Qian，2009），兼职教师是培训者队伍的重要组成部分，但是，培训机构与兼职教师并不存在"实质性的管理与被管理的关系（吕蕾，2009）"，使得培训教师的管理与发展不仅是一个现实中的难题，对其进行研究也一直以来都是薄弱的环节，未得到充分的重视。

对于校长实地诊断经历的研究是随着校长培训教学方式的多元化而出现的，尽管在20世纪90年代初就有学者开始关注，但是实地诊断经历一直未成为关注的热点。这可能与我国长期以来依托大学开展脱产的校长培训的实践密切相关。然而，如何增加校长的临床诊断经历，积极探索校长培训如何与学校改进并行是提升校长培训实效性的关键。

校长培训最为核心的、与培训质量密切相关的是培训者与校长通过课程和教学法引发的互动,而培训设计与实施也必须紧密地围绕这几个要素来展开才可能取得较好的效果。培训机构在这个过程中发挥大的作用。培训评价、制度是为培训提供保障或是条件,但是,二者都必须依赖前面几个要素和主体才能发挥作用。学校、教育改革与发展是影响校长培训的背景因素,也是不可以忽视的。而培训概论、问题与对策、理论设计等主题的文章通常都会涵盖校长培训的方方面面。

从研究主题来看,我们发现,首先,中国校长培训的研究极为缺乏的是对核心主体的研究。对参训者(校长)和培训者的研究均极为缺乏,同时,对承担这一活动的培训机构也缺乏应有的关注。校长培训的主体是参训学员、培训者和培训机构,主体间的互动直接决定培训的质量。对这些主体的研究,反映了人们对其关注的程度。从以上综述来看,对参训学员、培训者和培训机构的研究从数量上来看是居于倒数第5位的。对培训者的研究,30多年来只有15篇文章,占总数的不到1%,对参训学员的研究也只有40篇,占总数的2.5%,对培训机构的研究仅29篇,占总数的1.8%,在2008年之后呈现下降趋势。对三大主体的研究,仅占总研究的5.3%。这个数字是很令人吃惊的。尽管对"培训谁""谁来培训"的研究极少,但是对"怎么培训"的研究却一直都有较多文章关注。缺乏对培训主体的研究和关注,只是对培训的方法和模式的研究本身不可能推动培训质量的提升,因为任何的模式,要落实到实践中,必然离不开其中主体之间的互动。

其次,缺乏对培训知识基础的探究。在英美的学校领导发展的历程中,研究者不懈地探究学校领导发展的知识基础(Beck & Murphy, 1992; Culbertson, 1988; Donmoyer, 1999; Leithwood & Duke, 1999; Oplatka, 2009),对教育领导发展知识基础究竟是技术理性的知识(Oakeshott, 1962),还是实践智慧(Schön, 1987)的争论持续推动着学校领导发展的反思与变革。研究者(McCarthy & Forsyth, 2008)将学校领导发展的变量确定为招生、课程、结构、项目实施、实地要素,进一步研究情境因素(包括全球化和技术的进步、教育从政府控制向市场控制的转移、人口的变化)和行动者(包括开展学校领导发展的大学或教育学院)、消费者(包括地方教育当局和学校领导者学员)、联邦和州政府、专业和慈善组织如何影响不同的知识在学校领导发展中占据主导地位。同时，知识基础的探究将校长的发展与校长学、教学领导、变革型领导、学校改进等紧密地结合起来，将校长的工作、校长领导力与校长培训与发展密切地结合起来。使得学校领导的培训与发展有着坚实的知识基础，并以此作为培训课程设计的基础。在我国的研究中，对"培训课程与内容"的研究虽然几乎每年都会有，但始终没有成为关注的核心。西方多位学者（Glatthorn，2000；Goodlad，1976）对课程进行具体的划分，Osterman & Hafner（2008）在其研究中，将学校领导发展的课程分为推荐课程（recommended curriculum）、书面课程（written curriculum）、所教授的课程（taught curriculum）、支持性课程（supported curriculum）及学习到的课程（learned curriculum），使得教育领导发展中对课程的研究开始朝着"课程如何更好地促进学校领导者的学习"这个方向深入。但我国研究者对课程的研究，均是停留在"推荐课程"的研究，即国家或是学者所认为培训应该包含的内容。

再次，研究停留在既定架构中的经验总结，缺乏对实践的引领和批判性的反思。除了占总数1/4以上的"培训概论"的文章，排在第二的就是"培训设计与实施"，第三是培训的评价，第四是培训层次与类别，培训层次指对任职、提高和高研培训三个层次的实践，培训类别则是针对不同的对象或依据不同的主题所开展的不同类别的主题培训。这是比较有中国特色的一类，一方面反映出中国校长培训的实践情景，研究贴近中国校长培训的实践演进，另一方面也可看出校长培训的研究更多停留在既定架构中经验总结的层次，缺乏对实践的引领和批判性的反思。

因此，我们可以总结出，中国大陆校长培训研究从主题上看，缺乏对"培训谁""谁来培训""培训什么"的研究，更多的研究却聚焦到"怎么培训"之上，不可避免地出现了只能停留在既定架构中进行经验总结或是广泛的开处方式的论述，难以真正发挥理论引领实践的作用。

四 我国校长领导力相关文献综述

（一）文献数据来源

本文文献数据来源为中国知网（CNKI）。在进行文献检索时，采用高级检索。以"校长领导力"为主题、关键词和篇名作为搜索词搜索并将这些数据导入 Citespace 和 Bicomb 中生成可视化图形和数据并进行分析。

（二）文献的分析处理过程

1. 在 CNKI 中，以"校长领导力"为主题、关键词和篇名分别进行检索，勾选文献；在勾选时，去掉会议、报纸类的来源和外文期刊。最后所得文献的年限范围为 2008—2019 年。

2. 将勾选好的文献以 Refwords 和自定义格式导出。

3. 在 Bicomb 中，命名为 1，格式类型选择"CNKI. txt"。

4. 点击左下角提取，然后选择目录，将 CNKI - 1 - 326. txt 格式的文档进行提取操作。

5. 根据文献的年代进行统计，生成相应的表格。

6. 新建一个文件夹命名为 Citespace，在这个文件夹中再建立四个新文件夹分别命名为 input、output、project、data，将刚才导出的 Refworks 格式的文档重命名为 download_1 - 326. txt 保存至 input 文件夹中。

7. 打开 Citespace 软件，导入文档，设置 topN 的系数为 50，生成较全面的作者合作网络分析、机构合作网络分析、关键词共现网络分析图谱。

（三）"校长领导力"文献计量分析及可视化分析

在 2004—2019 年共有文献 326 篇，已经剔除事件报道、会议记录等与此次研究无关的文献，分别用 Bicomb 软件和 Citespace 软件对文献的年代、机构、关键词进行统计分析和共现分析，从中总结出"校长领导力"研究趋势和热点。

从每年的发文量来看，用 Bicomb 软件对 CNKI - 1 - 326. txt 先进行年代频次统计，然后将所得数据进行收集，并导入 Excel 里做成折线图。将年代进行分析是为了掌握每年的发文量和发文趋势。如图 2.4.1 所示。

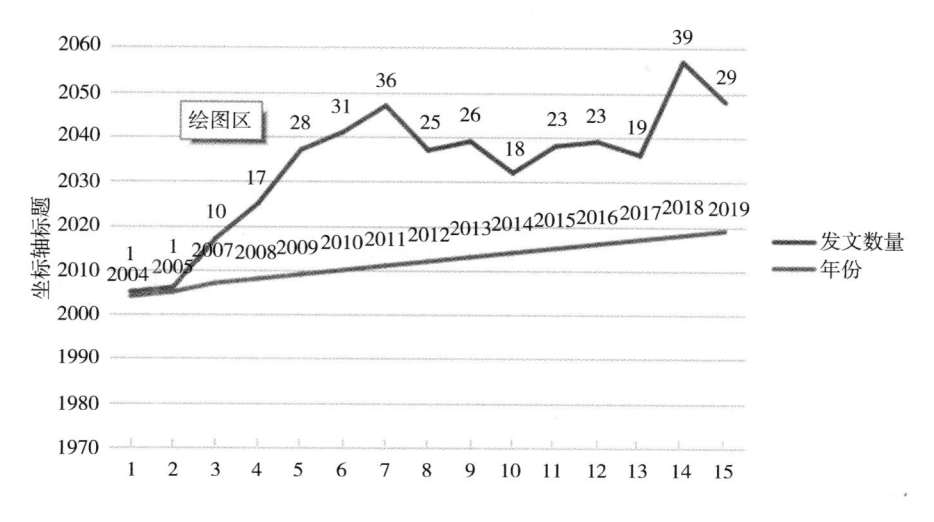

图 2.4.1　"校长领导力"文献每年发文量分析

如图 2.4.1 所示，"校长领导力"的研究文献在 2005—2011 年呈现爆发式增长，这与我国的相关政策关系密切。从 2005 年开始，在国家教育部的会议上就多次提出有关"校长领导力"的话语并表明其重要性。在教育部办公厅出台的通知和政策中，都多次提出无论在义务教育阶段的校长还是高校中的校长都需要提升自己各方面的能力来带领学校走得更好更远。如上图所示，在 2018 年发文数量达到这几年的巅峰，同年教育部印发《教育信息化 2.0 行动计划》，在其中指出要开展有关校长领导力方面的教育信息化的新培训。党的十八大以来，教育得到重视，有关教育各方面的研究文献也逐年增长。"校长领导力"论文研究亦是如此。

（四）机构分析

利用 Citespace 软件对所选的 326 篇文献进行机构合作网络分析。如图 2.4.2 所示。

图 2.4.2 中，结点越大表示发文量越多，连线表示各机构之间的合作。从中可以看出各机构之间的合作极少，华东师范大学在"校长领导力"上的研究领先于其他的机构。

从作者分析来看，运用 Citespace 软件得出对"校长领导力"326 篇文献的作者合作的科学知识图谱，如图 2.4.3 所示。

图 2.4.2 "校长领导力"研究者机构合作分析

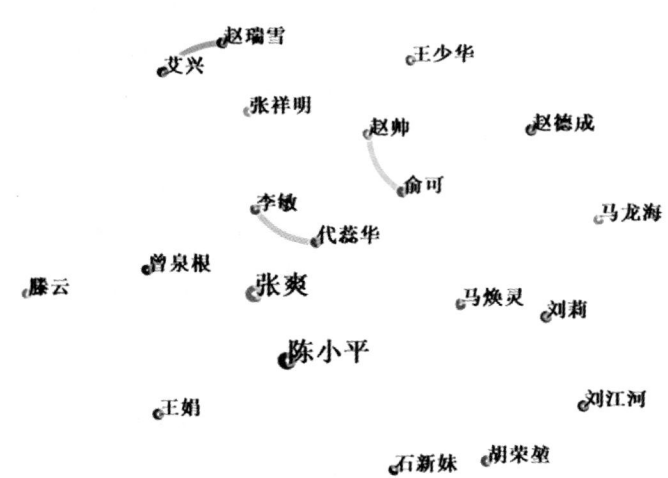

图 2.4.3 "校长领导力"研究作者合作网络图谱

在图 2.4.3 中,结点表示作者发文量的大小,其中结点越大,发文量越多。其中发表文章最多的是张爽、陈小平和马龙海老师。图 2.4.3 中线条表示作者之间的合作，观察图中的线条发现连线非常少，说明有着合作的作者很少。可见在"校长领导力"研究方面作者之间存在极少的交流与合作。这就容易造成信息更新的滞后，出现重复研究的问题，从而导致"校长领导力"研究与实施的进程停滞不前，浪费资源。

从关键词共现分析来看，关键词是一篇文献的精髓，是研究内容、研究方法的凝练和概括，可以确定一个研究领域的热点问题，可以将关键词作为文献计量分析的一个重要指标。因此在本次数据分析中，对"校长领导力"相关文献的关键词进行了统计，来确定 2004—2019 年的研究热点。运用 Bicomb 软件对"校长领导力"的 326 篇文献进行了关键词分析，分析发现关键词共有 701 个，为了方便分析将频次阈值设为 > =5，得到 25 个高频关键词。从"校长领导力"的研究对象看有校长（39）、学校（23）、教育工作者（8）、教职工（6），当然最主要的就是对校长的研究。

从研究的内容来看有校长领导力（220）、提升（13）、学校变革（8）、学校管理（7）、学校发展（6）、领导力提升（6）、学校信息化（5）等，主要从校长的领导力、学校未来的发展、提升方法三个方面来叙述。

从研究的类型来看主要分为两大类：一是校长领导力（220）、校长（39）；二是学校（23）、学校变革（8）、学校发展（6）等。

（五）"校长领导力"研究热点和前沿分析

研究热点指在某段特定的时间内某个学科所关注的焦点问题，由此可反映该学科在特定时间内的研究现状。关键词可作为体现研究热点的一种方法，因此，研究者会对高频词进行统计与分析（高频关键词常被用来确定一个学科领域内的热点）。通过对某一学科领域的研究热点及研究前沿进行分析并预测未来发展趋势，能为研究者提供有价值的信息。研究热点、研究前沿是一门学科未来发展方向的风向指标，学科领域的研究热点与研究前沿一直是学者们热切关注的问题。

在前文运用 Bicomb 软件对高频词已做过统计和分析，接下来将借助于 Citespace 可视化分析软件对关键词构建共现知识图谱，来揭示在一定时间内"校长领导力"研究领域中研究内容的内在关系及微观结构，本文主要对关键词中的高频关键词生成共现图谱和聚类图谱，再对"校长领导力"研究领域的热点问题进行科学的、客观的分析。

根据上述参数设置，利用 Citespace 软件生成关键词共现网络分析图，在操作界面时将 Top N 设置为 50，再运行（GO!），然后调节 Aticle Lable 按频次显示，Threshold = 5，FontSize = 15，Node Size = 12，最终生成"校长领导力"关键词共现网络分析图，如图 2.4.4 所示。

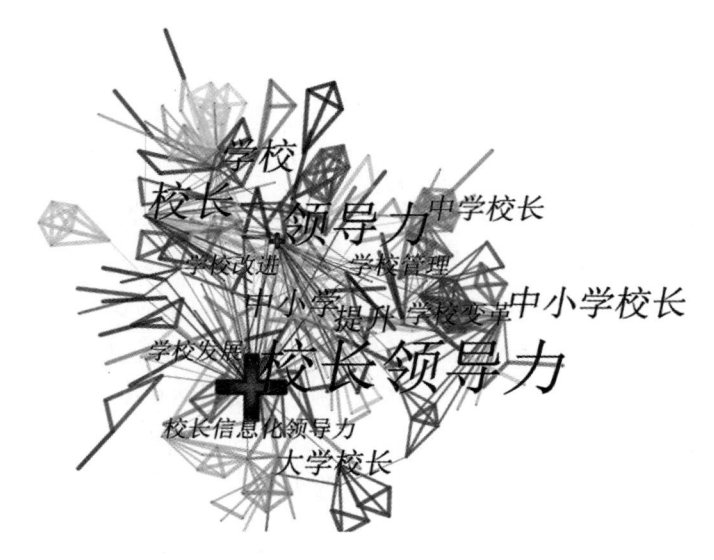

图 2.4.4 "校长领导力"关键词共现网络分析

五 西方国家校长轮岗的相关研究

（一）文献数据来源

英美国家关于校长轮岗的研究界定，有这样几个关键词：从校长个体的角度称为校长的流动（principal mobility），从学校的角度称为校长的更替（principal turnover）（Rangel, 2018），从轮岗过程中的接班角度称为校长继任（principal succession），也有一些称为校长轮岗（leadership transition, principal rotation）。通过 Springer、Elserier、Jstor、Taylor & Francis、ProQuest 等数据库，在 2014 年至 2019 年 12 月期间，搜索积累到与校长轮岗、校长继任、校长更替相关的文献 104 份，其中企业领导继任、轮岗的相关文献 14 份。

（二）文献数据的处理过程

1. 进入 https：//voyant-tools.org/网站。
2. 将文献上载到该网站，点击运行。
3. 进行可视化分析，通过主题词云、关键词、关系图能够形象直观地反映研究的主题与趋势。

（三）校长轮岗相关研究可视化分析

从关键词云及关键词结构图可以清晰呈现英美国家校长轮岗研究的主题网络。学校处于最中央，即轮岗是指向学校的变革与发展。校长、校长队伍、领导力、区域是学校改进的四大支撑力量。继任、流动与校长紧密相关，继任是领导力发展的重要方式，进而影响区域更多学校的发展。

图2.5.1 "校长轮岗"英语文献中关键词云

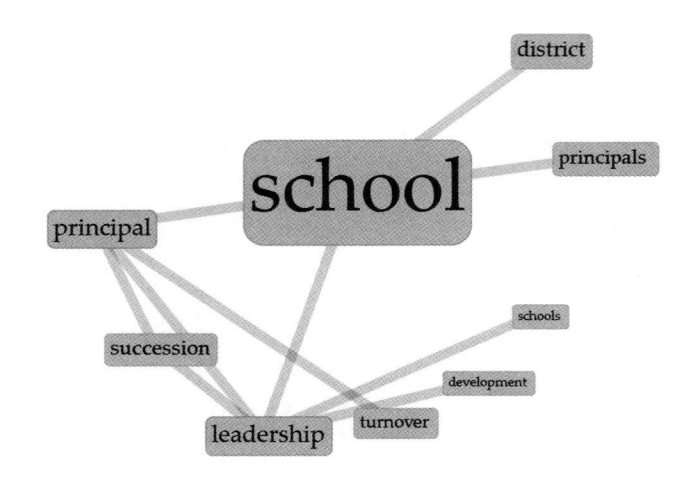

图 2.5.2　"校长轮岗"英语文献中研究主题关系

在这些文献中，有一本专辑专门研究校长轮岗（White & Cooper，2011b），由怀特和库珀担任编辑，一共十篇研究。通过 https：//voyant-tools.org/网站，导入文献进行可视化分析，得到以下可视化信息。

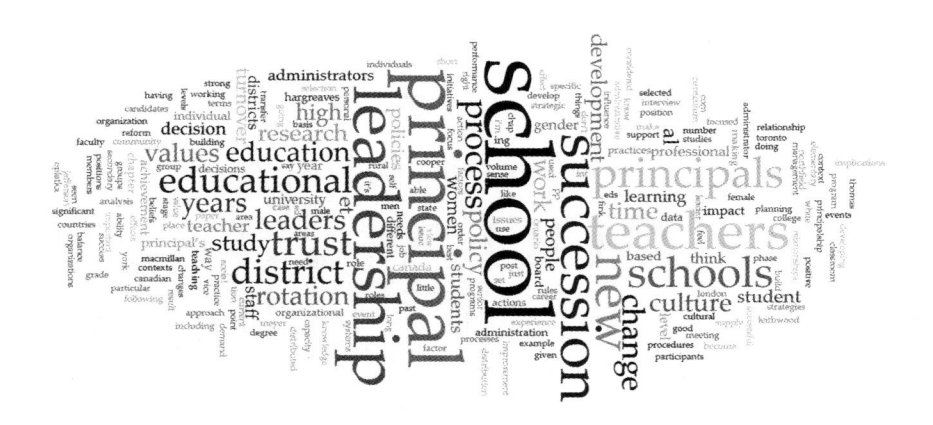

图 2.5.3　"校长轮岗"英语专辑中研究关键词云（一）

图 2.5.4 "校长轮岗"英语专辑中研究关键词云(二)

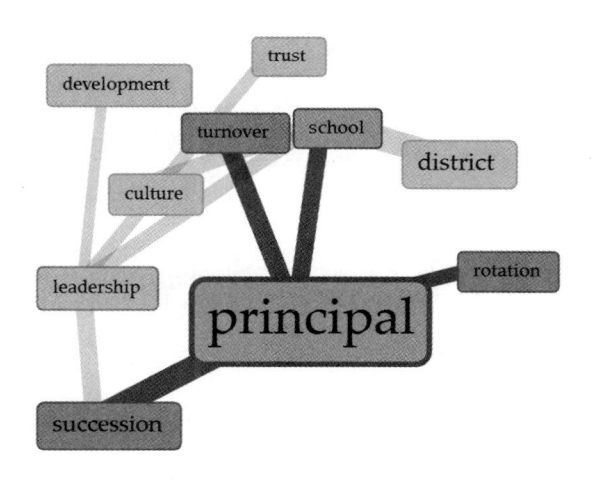

图 2.5.5 "校长轮岗"英语专辑中研究主题关系

由图 2.5.3、图 2.5.4、图 2.5.5 可以得知,这本专辑对校长轮岗研究更为深入,校长是核心,探究继任、流动、轮岗及学校对校长的影响,并分析了校长继任的领导力对学校文化、信任关系的影响,及轮岗对校长领导力的影响,同时也关注区域在支持学校应对校长流动与轮岗过程中的积极作用。

通过追踪校长轮岗研究所引用的文献,作者发现校长轮岗的研究也借鉴了企业关于领导轮岗的研究,搜到了相关文章 14 篇。

图 2.5.6　企业领导继任文献研究关键词云

从图 2.5.6 可以看出，企业界对领导继任的研究，更多聚焦管理的优化，探究如何规划继任的问题。

（四）研究热点与前沿分析

1. 校长轮岗对学校的影响日益受到研究者与实践者的关注

新自由主义政策取向倾向于通过改变校长来改变学校，常通过撤换现任不称职的校长，将优秀的校长空降到薄弱学校来实现学校的变革与发展。然而，随着各国管理取向的变革，校长的工作特性也发生了变化，随着标准化考试中学生成绩的问责日益增强，校长工作的复杂性和强度增加，工作时间长，缺乏支持，报酬低于校长的预期，校长的职业吸引力下降（D. Fink，2010），很多在职的校长提早退休，优秀的人才不愿意进入校长职业，出现了校长职业劳动力的短缺现象。40%的受调查督导认为校长人才严重短缺（Farkas, Johnson, Duffett, Foleno & Foley, 2001）。

西方国家校长的流动由市场驱动，区域不能通过行政的力量决定校长的岗位轮换。校长在不同学校之间流动的现象，从校长个体的角度被称为校长的流动（mobility），从学校的角度被称为校长的更替（turn）（Rangel, 2018）。在校长供不应求、校长人才储备不足的情况下，个体校长在选择与更换学校的时候，则有更大的自主权（Zepeda, Bengtson & Parylo, 2012）。之前，学校的校长通常是因为退休或不可抗原因而自然更替，现在，一方面，随着选择权的增加，校长的更替频率增加，校长的更换对学校的权力结构、学校文化、学生成绩的影响也日益受到人们的关注；另一方面，某些类型的学校，如城市学校，农村学校，为贫困、非白人或非英语作为第一语言的学生提供服务的学校（Pijanowski, Hewitt & Brady, 2009）更难获得优质的校长，教育的公平受到挑战。如何引导校长，尤其是优秀校长的合理流动，系统性支持校长改进薄弱学校，促进教育的优质均衡发展，实现教育的公平与正义，成为新时期区域教育管理的现实挑战。

2. 系统设计与管控校长更替所带来的影响是西方主要国家保障学校改革的重要举措

尽管有研究倡导，认为在不同学校任职能够让校长重新焕发职业热情（Hart, 1993），更好地实现学校重建。然而，有研究指出，对校长定期轮岗的支持依赖于经验和轶事，而不是精心设计的实证研究（White, Cooper & Brayman, 2006）。如果不经过深思熟虑的系统谋划，大规模周期性的校长轮岗将会给学校带来不良的甚至是致命的影响。因此，很多国家开始对校长更替进行系统的设计，地区教育部门承担主要职责，从校长的鉴定、招募、培养、安置、入职及持续的在职教育入手，积极储备校长人才库，科学设计校长轮岗的程序与过程，通过融入导师制、专业支持网络等对校长到校后的实践提供专业支持。

学校处于最中央，即轮岗是指向学校的变革与发展。校长、校长队伍、领导力、区域是学校改进的四大支撑力量。继任、流动与校长紧密相关，继任是领导力发展的重要方式，进而影响区域更多学校的发展。

六　西方国家校长轮岗研究主题

在西方，校长领导力的重要性是校长轮岗研究的现实基础，校长的轮岗研究体现为校长更替（principal turnover）的研究、校长继任（principal succession）的研究与校长轮岗（principal rotation）的研究。其中，校长更替主要是描述一种客观现象及其影响，校长继任主要研究面对校长更替的一种能动性策略，校长轮岗是从更宏观的视角关注轮岗的模式。

（一）校长领导力的重要性

近年来，校长对学校改进的作用日益得到研究的证实，校长对学生成绩的影响仅次于课堂教学（Hallinger, 2011; Leithwood, Day, Sammons, Harris & Hopkins, 2006）。Robinson 等人（2008）对 27 项已发表的研究进行了两次荟萃分析（Robinson, Lloyd & Rowe, 2008）。在这两项分析中，研究人员都集中在具体的领导类型上。在第一次元分析中，Robinson 等人专注于变革型和教学型领导。教学型领导包括教学目标的设定、教学计划的监督和积极学习文化的发展。变革型领导包括学校人员对共同愿景、使命、价值观和目标的承诺。研究人员通过元分析发现，教学型领导对学生成绩的平均影响是变革型领导的三到四倍。

在第二次元分析中，Robinson 等人将教学型领导分为五种不同的领导实践：1. 建立目标和期望；2. 实施战略资源管理；3. 规划、协调和监督教学和课程；4. 促进和参与教师发展；5. 确保安全有序的环境。通过这个荟萃分析，罗宾逊等人研究发现：促进和参与教师学习与发展的领导力维度具有较强的平均效应，目标设定与规划、教学与课程协调与评估维度具有中等效应（Robinson et al., 2008）。研究结果显示，当教学领导重视教师发展，校长参与教师发展时，对学生成就有显著影响。

一些研究回顾了校长领导对学生成绩的直接影响，而其他研究则调查了校长领导对学生成绩的间接影响。根据 Hallinger 和 Heck 的研究，直接效应研究的结果出人意料地清晰。采用这一模型的研究人员无法提供可靠或一致的证据证明领导力对学生成绩的影响。其他研究回顾了校长领导对学生成绩的间接或中介影响。Hallinger 和 Heck（1998 年）报告称，采用 MimediaDeffects 模型进行的研究得出了校长领导对学校成绩积极影响的混合或一致证据。

（二）校长短缺成为各国面临的现实挑战

校长工作的变化使得校长职位缺乏以往的吸引力，越来越多的国际研究表明，校长的工作变得越来越困难，越来越耗时，而且对未来的潜在领导者来说肯定更没有吸引力，也增加了校长留任的难度。潜在校长的工作吸引力下降是因为增加了对学生成绩的责任和问责制。研究从地区办事处人员的视角发现，校长角色的复杂程度日益增长、问责压力与日俱增、工作时间长（D. Fink, 2010）、酬薪低、缺乏支持是导致对校长职业的兴趣降低的因素（Boyce & Bowers, 2016；Rangel, 2018）。同时，校长的留任难是由各种因素引起的，包括问责压力、工作的复杂性和强度、缺乏中央办公室的支持和低报酬（Rangel, 2018）。潜在校长的工作吸引力下降是因为对校长的问责增强，尤其是基于学生成绩的问责（Leithwood, Jantzi & Steinbach, 1999）。过去五年来，主要来自海外的报道不断，提到学校校长即将短缺。这些报告指出，压力、过度工作和工资水平是阻碍人们寻求校长职位的主要因素。

除了校长工作的吸引力下降之外，"婴儿潮"校长的退休进一步加剧了校长人才的短缺。据预测，安大略省近60%的公立学校校长和30%的副校长将在新千年的头十年退休（Hargreaves & Fink, 2011）。虽然约有8000名校长或副校长资格的教师，但在1997至2000年间，只有不到100名教师获得校长资格。显然，这一需求跟不上发展、招聘、培训和不断支持替补人员的步伐。这些趋势在全球范围内并不罕见，因为澳大利亚、新西兰和英国都报告了类似的发现。为了平衡生育高峰和填补"婴儿潮"周期所造成的低谷，不仅需要吸引年轻的求职者，还需要吸引适当数量的不同年龄的求职者。通过这样做，经验的深度和服务年限可以变得更有价值、可实现和可持续。如果没有足够的候选人来创建一个候选人库，那么至少承认和重视对可持续资源的需求是可以争取的，因为长期目标是学生人口推动着这个系统，在入学率下降的情况下，可持续的行政资源可能只是理想的工作方向。但是，鼓励、支持和促进有能力的人，无论是妇女、少数民族代表或残疾人，参加行政管理是两个地区研究的目标，应该继续下去。作为对可持续资源开发的警告，不要一次改变管理团队的所有成员，以便同时受益于内部知识、传入知识和传出知识。解决这一问题的办法可以是从过程和产品两个方面重新审视或重新设计校长的工作。实践文化，或侧重于学校而不是个人的设计，可能会产生更深远、更长远的影响，但也可能更容易受到环境的影响。

主要短缺的问题似乎不是需求不足，而是供应不足（Hargreaves & Fink，2011），研究发现40%的被调查主管认为存在校长严重短缺的问题（MacBeath, Oduro, Jacka & Hobby, 2006）。Pijanowski、Hewitt 和 Brady（2009）发现，在寻找新校长的过程中，农村学校与城市和郊区学校相比处于明显的劣势（MacBeath et al., 2006；Walker & Kwan, 2012）。

影响校长职位申请过程有八个因素。包括（a）工作量和报酬；（b）职位的宏观约束；（c）职位对个人和家庭的影响；（d）内在报酬，包括个人在社区中的地位、晋升机会和职位自主程度；（e）工作环境；（f）学区，包括学区的位置、规模和声誉；（g）社区特征；（h）安全和支持（Huber & Pashiardis, 2008）。影响个人申请领导职位决定的因素主要是外在的，这可能表明个人在考虑申请行政职位时遇到的问题可能源于工作本身，而不一定源于申请者群体。

吸引申请人担任校长职位的挑战在城市学校系统中尤为明显，在这些系统中，学校很难实现和保持问责制压力所要求的学业成绩。研究指出，学校系统中贫困学生人数多、预算低、社区支持差是招收主要候选人的最大困难（MacBeath et al., 2006）。尽管国家形势稳定，个别学校和地区在招聘和保留学校管理人员方面仍面临挑战。校长队伍没有出现危机，但有证据表明，一些个别学校和地区，特别是低收入学校的学校领导能力存在困境，在这些学校，校长的留任构成了挑战（Huber & Pashiardis, 2008）。

因此，校长人才的短缺是很多国家面临的挑战。短缺问题在某些类型的学校尤其严重，即城市学校、为贫困、非白人或不讲英语作为第一语言的学生提供服务的学校（Pijanowski et al., 2009）。校长短缺在高中和初中也比小学更为普遍。工作的时间要求和与更大责任感相关的工作压力通常被认为是潜在申请人的障碍（Pijanowski et al., 2009）。

（三）校长更替的影响因素及其实践影响

校长更替（principal turnover）是指学校校长更换与接替的系统的连续的过程，涉及更替前继任校长的准备、更替中新旧校长的交接与更替后新校长的领导开展与专业成长等一系列环节。校长的退休、升职、轮换、停职与学校布局调整、学校发展困难等因素，都将导致校长的更替。

校长更替并不仅是校长遴选、任命的过程，而是关涉前期的选拔、培养和后期的指导、协助，离开了校长更替问题的系统研究，校长领导问题的思考就会缺乏整体性与系统性，显得空洞而乏力。

在实践中，校长更替的频率较高。随着校长退休潮的出现、学校教育的快速变革、学区规划调整、校长轮换政策的实施、校长聘任制的普及，中小学校长的更换与领导班子的调整成为当前学校发展的一种常态。

校长更替（principal turnover）分为两个维度，一个是从校长个人层面研究校长的流动性（mobility），包括区域层面校长的流动与分布，留下的校长与离开的校长、校长关于流动与否决定的因素；另一个维度是从学校层面研究校长的稳定性（stability），包括校长留任及校长在一所学校担任校长的时长。对于校长更替的研究，首先是校长更替的影响因素。有学者（Rangel, 2018）对 36 篇校长更替的实证研究进行综述，发现了影响校长更替的因素有以下几种。

1. 校长个人层面的因素，包括性别、种族、年龄、经验、受教育程度、满意度。

2. 校长职位的特征，包括校长的自主程度，发现缺乏自主容易导致校长选择离开，校长在工作中的人际关系，包括与上级、教师、家长等的人际关系，校长职位变化的特性，如新的政策带来工作的变化及工作量的增加。

3. 学校和学生特点。学校层面包括学校在标准化考试中的表现、学校的类型、学校的条件、学校层级、规模、学校所处地理位置。学生的种族、民族、学生社经地位、特殊学生的比例也都会影响校长的更替。

4. 与校长相关的政策，包括校长工资水平、退休激励政策、问责政策、学区生均经费投入、招聘与解聘教师所遇到的挑战、专业发展支持。

因为有效、稳定的领导与学生成绩之间的关系（Béteille, Kalogrides

& Loeb，2012），经济脆弱学生所在学校的校长更替也会增加教师更替（Rangel，2018）。

校长更替研究关注校长更替对学校和学生的影响。研究常常认为校长的更替会影响学生的成绩，有研究指出，校长引领学校变革与发展至少需要5—7年的时间（Fullan，2001）。校长频繁的更替会影响学生的成绩（Béteille et al.，2012），有研究（Mascall & Leithwood，2010）进一步指出校长更替影响学生成绩是通过影响学校文化来实现的。校长更替影响学校文化、氛围与社会资源，频繁更替校长对学生毕业率也有影响，也会影响教师的更替。（Meyer & Macmillan，2011）在对学校氛围、结构、学生成绩和学生群体特征之间关系的定量研究中发现，家长认为校长变动的学校存在更多的纪律问题。此外，研究发现，校长变动学校的考试成绩往往低于校长没有变动的学校。格里菲斯还发现，学校面临着学生群体多样性的增加，特别是在社会经济较低迷和少数民族人口增加的情况下，校长继任率有上升的趋势。

（四）校长轮岗

校长轮岗是管理领导继任的官方政策或体制机制，继任是任何一个组织中标志着一个领导者的离开和继任者的进入的过程（White & Cooper，2011a）。

对校长定期轮岗的支持依赖于经验和轶事，而不是精心设计的实证研究（White et al.，2006）。这些研究者认为，当新校长的转变方向与前任校长的观点相似，当有强有力的教师领导致力于改变时，学校改革和校长继任并不一定是不相容的。确保校长轮岗成功的因素包括个人的综合能力、担任校长的第三年令人满意的总结性评估、个人的经验、他/她在董事会的时间以及他/她在本地的时间、轮岗次数、新学校所需要的领导风格。学校人口、学校规模和更广泛的社区，以及现有的行政团队概况和现有的学校计划，是校长轮换/继承过程中的重要决策因素。经验不足的校长可能被安排在要求较少的学校，而经验较丰富的校长则被安排在更复杂的情况下。同样，一个人与其他有经验的校长竞争的能力可能是一个限制因素，这取决于学校的规模。传统上，部分由于地理位置偏远，一所小型农村学校可能不会有很多申请者，考虑到校长等职位的最低要求，可能相对容易。

有研究者提出了四种轮岗模式（White et al., 2006），包括：1. 官方轮岗/继任模式（Bureaucratically rotational model），受历史传统及政策影响而合理化的轮岗模式，在预设的时间内定期轮岗；2. 现存轮岗模式，没有确切的时间，是根据实际需要的轮岗；3. 内部、非轮岗模式，即大多数任命是在董事会内部作出的，很少或根本没有轮换的预期或压力；4. 公开市场模式，是董事会对教育领域内外的继任者开放。

（五）校长继任

校长继任的研究在区域层面关注继任规划、继任的影响因素、继任过程中的校长的组织社会化、专业社会化、继任的评估及继任的专业支持。

1. 校长继任的重要性

教育研究的文献通常表明继任对学校绩效有影响，但没有涉及学校系统如何面对学校一级领导层变动的问题。Hargreaves 认为，学校生活中最重要的事件之一就是校长的改变。在教育方面，很少有事情比领导接班人更重要（Hargreaves, 2005）。校长经历的接班过程对他们作为学校领导的有效性起了作用；因此，接班做法可能会对学生成绩产生间接影响。有效的继任规划可以通过提供专业学习机会和让校长了解组织机会，来减少校长的更替，从而提高学生的成绩。通过有效的继任计划，地区可以管理员工的知识和经验，节省成本。校长的继任有利于实现更为广泛的学校发展目标，最初，继任被视为一个组织的最高管理层的一个关注点；然而，如今继任规划已经发展到解决个人继任到组织内任何关键职位的问题（Rothwell, 2010）。当组织的智力资本得到保护和培育时，拥有包括领导层继任在内的愿景是组织未来成功的重要因素。组织的高层管理人员首先需要意识到继任计划的紧迫性，然后承诺自己参与这一过程。执行继任计划的责任必须与分散在组织不同层次的经理或领导共同承担。学校领导的继任不能再是偶然的事情，而必须尽可能地加以控制和计划。

2. 校长继任规划

继任规划是人员继任的系统方法。以战略的方式考虑，继任规划通过协调人力资源和实践，以确保在人事变动时满足组织需求。Rothwell 断言,"战略与管理(SP&M)[继任规划和管理]是一个组织为确保关键职位的领导连续性、为未来保留和发展智力和知识资本以及鼓励个人进步而进行的有计划、系统性的努力"(Rothwell, 2010)。关注未来人才需求也是有效继任规划的一个重点。Rothwell解释道,SP&M的一个目标是将组织现有的(现有)人才与其所需的(未来)人才相匹配。继任规划通过建立领导管道和实施持续发展环境,以满足组织当前和未来的需求,规划更换领导,从而确保组织领导核心的维持。

非教育部门的继任文献表明,组织通过规划来面对领导者继任问题(Giambatista, Rowe & Riaz, 2005)。继任规划包括领导发展、监督和绩效评估、招聘和选拔过程以及社会化战略。其中描述了一般组织有效继任规划的组成部分,包括:当前和未来的能力鉴定、这些能力的评估以及满足这些能力的劳动力发展。校长的招聘和选拔、发展、社会化和评价都是继任规划需要关注的,对人才的确定、未来领导人的在职发展以及对业绩的评估发生在组织的"战壕"中,而不是来自组织的更高层。因此,整个组织的管理者都应该参与到继任过程中,并且应该对整个组织的继任过程有一个连贯的理解。继任规划,包括确定、招聘、培训、培养和匹配个人从事特定工作,需要根据继任管理做法认真加以考虑,因为继任管理做法往往会创造一种全系统的前瞻性能力和专门知识文化,代表一个人才库,从中可以更容易地选出继任者。显然,不能简单地从更换领导人的效果来考虑领导人的继任,需要把重点放在培养全体员工的领导能力上。

继任规划包含预测,即对预期空缺的前瞻性规划。预测为学校和地区提供了一个发展和培养自己领导能力的机制(Getty, 1993)。通过这样做,各区能够培养"内部"人才,并为预期的领导职位空缺做好准备(Laforest & Kubica, 2012;Zepeda et al., 2012)。Fink和Brayman(2004)研究了安大略省四所学校校长继任的影响(Dean Fink & Brayman, 2004),在这项研究中,重点是继任如何影响学校变革的过程。根据他们的研究结果,Fink和Brayman建议学校系统领导计划,通过以连贯的面向未来的方式,将招聘、准备、选拔、分配、入职和持续发展联系起来进行继任规划。他们总结道,校长招聘、准备和安置之间的脱节是一个关键问题。在寻找候选人时,很大程度上依赖于确定一般素质(如沟通技能、人际交往技能、职业道德）；然而，这些一般素质并不一定侧重于未来实现组织目标所需的具体技能和能力。通常，缺乏对特定能力的关注是因为一个组织不确定未来需要的技能。

继任规划的方法包括制定战略，尽可能长时间地保持现有领导地位（Hargreaves，2009），鼓励董事会领导积极参与继任规划，帮助塑造新领导层的继任规划流程，以及创建在出现紧急情况或其他意外空缺时，准备暂时担任关键领导职务的领导人才库（Rothwell，2010）。

继任规划包含不同的层面，一是区域层面，一是学校层面。通常，在学校领导层继任计划中，对领导者个人目标的任何强调都受制于学校或学区的总体战略规划。在公共教育体系中存在的情境优先性是学校效能、效率和成就目标，而不是有抱负的领导者的职业目标（Dean Fink & Brayman，2006；Hargreaves，2009）。在学校层面，强调现任领导层在继任规划中发挥着独特的作用（E. G. Bengtson，2010；Oplatka，2011；Zepeda et al.，2012）。当学校领导选择积极描绘自己的领导激情时，它可以作为鼓励有抱负的领导的一种手段。此外，将领导力学习和发展机会与学校继任规划战略（即人才库和指导计划）相结合，有助于实施"培养自己的"领导者等概念（Dean Fink，2011；Myung et al.，2011）。

有学者将这一过程提升为关注学校"可持续的领导力"，并将其与学校内部的分布式领导实践建立了积极的联系。可持续的领导力（Hargreaves & Fink，2003；Hargreaves et al.，2003）是一个承认有效领导力的过程，同时为继任做准备。这包括整个学校社区的能力建设。这一过程体现了分布式领导，分布式领导的概念指出有效的学校将领导责任分配给组织内许多不同级别的有能力的领导者。有研究总结了可持续领导力："认识到单独作为变革代理人的'超级领导者'的概念，这种做法有助于将组织变革理解为一个集体过程，组织变革的成功取决于许多人。"

有研究总结出好的继任规划的特点是：（1）早在领导预期离开之前，甚至在他们的任命开始之前就做好了准备；（2）给其他人适当的时间准备；（3）纳入所有学校改进计划；（4）继任是许多人的责任，而不是那些想克隆自己的独身领导人的特权；（5）基于对学校现有发展阶段和未来改进需求的明确诊断；（6）与下一阶段改进所需的明确定义的领导标准和能力有明显的联系（Dean Fink & Brayman, 2006），有效的继任规划是由组织高层领导领导的，他们对领导者的发展和在员工队伍中建立"替补力量"的渠道有着深刻的认识。继任规划需要组织各级的关注（Rothwell, 2010; White & Cooper, 2011a），尽管高层管理人员必须致力于并参与继任管理和规划，但整个组织的管理人员也应参与这一过程。

3. 影响继任规划的外部因素

在公立学校系统中，专业实践是由国家或地方教育委员会制定的政策和条例明确规定的。大多数人力资源部门的甄选和雇用程序以及中央办公室行政人员实行的专业发展和评价程序，往往受到官僚组织中典型的政策和条例的控制。学校制度受现行政策和条例的制约。学校系统作为一个开放系统运行，因为它们有特定环境的背景需求，可能影响了决策和实践。除了学校系统的规模、增长和人口统计之外，外部环境可能创造了一个与校长继任相关的独特要求的环境。

K-12公共教育系统的等级结构使整个组织在继任规划方面的一致性面临更大的挑战。教育组织被描述为松散耦合（Weick, 1976）。松散耦合的系统在整个组织的整体运作中往往有更多的不协调情况。松散耦合的系统在一致地实现反映组织价值观的策略和行为方面面临挑战。

利用Orton和Weick对松散耦合的描述，可以将学校系统中的"组件"定义为一个单独的学校。在某种程度上，学校对学校系统的需求和期望行为的反应将决定在任何特定的学校与系统关系中存在的耦合程度。

学校被描述为一个更大组织内的组织，在很大程度上是一个独立的组织单位。虽然个别学校可以被视为在由较小组织（个别学校）组成的较大组织（学校系统）内处于较低的层次，但通常情况下，学校作为独立于较大系统的自足组织发挥作用。因此，学校系统往往是松散耦合的。

尽管有证据表明系统的一致性，学校系统的继任规划和管理努力仍受到了系统松散耦合的挑战。虽然参与研究的校长认为，他们有责任协助校长助理的发展，但中央办公室领导认为，对学校一级的继任规划没有给予足够的重视。

4. 动态继任模型

动态领导继任模型提出了一种方法，该方法同时侧重于预测组织未来的领导需要，通过指导和提供支持来维持那些已经到位的学校领导，以及规划组织内未来的领导继任。该模型主张以系统的视角看待校长继任，协调系统要素，解决校长继任实施过程中短期急迫的问题，同时保持对长期目标跟踪。强调知识和知识管理的重要性，将描述性数据、研究结果和专业知识结合起来，以此形成一个整体的系统视角，能够协调系统要素，解决短期紧迫问题，同时保持对长期目标的跟踪。还必须促进利益攸关方之间的合作，努力调整政策、作用和责任，以提高效率和减少潜在的重叠。同时保持灵活机动，适应特定的环境和突发事件。

从这个意义上说，知道去哪里和知道如何去一样重要（Fullan, 2001）。强调知识和知识管理的重要作用。将描述性数据、研究结果和专业知识相结合的信息流是必要的，动态继任模型（DLS）要求一个过渡计划，包括即将离任和即将上任的领导层，以及教员，在规划阶段，领导层的转变和变革是主动的。有效的规划需要即将离任和即将上任的领导人相互对话，至少，这些行动中的每一项：预测、维持和规划，对于确定即将出现的空缺、创造机会支持和维持领导者在其职责范围内以及在领导者离职时保持组织稳定至关重要（Peters-Hawkins, Reed, & Kingsberry, 2018）。

5. 继任的专业支持

有研究发现，实现有效的战略继任规划的障碍是未能将绩效审查（或评估）与专业发展举措联系起来。如何为继任的校长提供专业支持成为实践探索的重点。继任的专业支持围绕着校长的组织社会化和专业社会化展开。组织社会化理论认为，组织能够影响个人进入新角色的社会化过程。

研究者将社会化定义为个体学习或获得在组织中履行社会角色所需的必要知识、技能和价值观的过程（Hart, 1991）。知识和技能的获得对员工的表现是必不可少的。虽然社会化始于准备进入一个职位，并在整个职业生涯中持续，但社会化在进入一个新职位时最为关键。组织社会化发生在个人进入一个特定组织的特定职位时，组织的文化规范和价值观与工作任务相互作用。组织文化影响新员工的学习方式和技能（E. Bengtson et al., 2010）。有研究提出，在最一般的意义上，组织社会化是个人获得承担组织角色所必需的社会知识和技能的过程（Crow &

Glascock,1995)。

随着个人开始新的工作,组织对他们的学习和发展有更大的影响(Crow,2006)。当个人变得更有经验时,他们受组织的影响较小,并对组织施加影响(Jones,1986)。因此,在考察接班人时,将个人的组织社会化作为一个重要的经验组成部分是有意义的。Hart(1991)解释,继承和社会化是同一过程中涉及同一个人的两个方面,一方面关注群体对新来者的影响,另一方面关注新来者对群体的影响。社会化的过程与继任交织在一起,以及组织在多大程度上可以控制个体的社会化可能会对继承的结果产生潜在影响(Gmelch,2000)。有研究认为,组织中对个人行为的控制很大程度上是其被处理方式的直接结果。在人员从一个职位转到另一个职位时,社交或处理人员的重要性至关重要。考虑到社会化的重要性,因此,需要关注学校系统能做些什么来确保领导者的继任能够通过实现系统的目标和愿景而使系统受益(E. Bengtson et al., 2010)。

在校长继任过程中,既有制度组织,也有个别学校的组织。在整个系统中,有凝聚力的愿景和使命的程度将决定对组织社会化最重要的影响将来自何处。如果在一个特定的制度下,学校拥有高度的自主权,那么个别学校文化的规范和价值观就会影响新校长的社会化。新校长的组织社会化在很大程度上会受到制度文化规范和价值观的影响,因为在整个制度中都有一个强烈和共同的愿景。虽然预期社会化不一定是由组织控制的,但了解个人对校长的渴望有助于在他们转变为校长时为他们创造社会化经验。

在实践中,首先是关注新任校长和老校长的交流。无论是轮岗问题、横向调动,还是校长申请调到某所学校,如果校长在学校被录取,两位校长都会坐下来谈谈,在大多数情况下,这种交流是充分有效的。有研究提出尽量让新任校长至少留校两周,以便与即将离校的校长重叠。其次,给新校长问题清单,以便其能够更加有效地与老校长交流,获取重要的信息。在研究中,研究对象透露,她的部门提供了100个问题和信息点,新的校长利用这些问题和信息从即将离任的校长那里了解新学校。再次,开发一个小学、中学和高中继任的实践指南,在新校长准备新职位时帮助他们过渡(Peters-Hawkins et al., 2018)。最后,设立区域督导,每个区域督导会评估、监督指导几个学校领导小组,并与校长密切合作,制定和实施学校改进计划。地区主管经常在评估会议上会见校长，必要时，他们担任个别学校的顾问。

除此而外，有研究提出，导师制、文化规范的建立以及督导的影响被认为是主导性的实践，使系统能够控制新校长的组织社会化。在实践中，导师制是学校制度中组织社会化的一种制度控制形式。在有效的继任规划中，强调正式的指导。Rothwell（2010）解释道，导师可以帮助缩小在新领导者知道什么和工作要求他知道什么之间存在的发展差距。导师被分配给所有新校长，在校长任期的头两年都和他们待在一起。学习如何在系统中做事，如何寻找所需的信息，以及如何获得决策或解决问题的建议，这些都是导师支持该县一年级和二年级校长学校系统组织社会化的方式。导师是受人尊敬的校长，在名校读书，知道什么是领导力，知道如何履行管理层的监督职责，同时也是能够真正帮助人发展的人。"要和校长一起工作，让他们知道你是他们的搭档"。正式的导师制是支持新校长和帮助他们了解系统中"事情是如何做的"的关键组成部分。新校长认为了解如何获得信息是至关重要的，因此导师被反复确认为"信息和建议的来源"。

这一系统的文化规范促进了合作关系的发展，这有助于新校长在学校系统背景下学习这一角色。中央办公室的领导和负责人都确定了支持信息公开交流的环境的发展，以及创造合作解决问题的机会。

有志成为学校领导的个人通过专业的社会化经验获得专业规范和实践的知识。大多数情况下，这种知识获取主要发生在通过大学或领导力培训课程中。在促进校长继任过程中的专业社会化时，美国巴克县的第一个策略就是地区领导在大学的校长培训课程中，与大学教授分担课程教学任务。这样，学校系统就能够确定课程所涵盖的理论和研究如何与该系统的背景相关。领导力发展执行董事保罗·加明（Paul Garmin）将"理论与应用的结合"描述为该体系试图控制校长职业社会化的一个重要焦点，是通过鼓励与中央办公室领导和经验丰富的校长进行公开沟通和支持的文化来实现的。作为文化的一部分，还提供了与其他领导人正式和非正式会晤的机会，以讨论问题和分享想法。在学习组织如何运作、期望是什么，以及如何寻求资源和支持的过程中，校长们表达了一种"我并不孤单"的感觉。巴克县学校系统利用在该系统中成功担任学校领导的退休校长担任导师。辅导计划对新校长社会化的影响显著。校长能够从导师处获得有关系统的信息、如何做事情、与中央办公室人员联系的人员和时间，以及在系统范围内解决问题的可能方法。这些努力有助于新校长在巴克县学校系统中融入学校领导的组织规范和做法。

学校系统有意控制校长社会化的努力，是该系统确保学校领导人继任有效支持顺利过渡的努力的一部分。虽然文献中没有具体介绍有效的继任规划的特点，但控制社会化的做法被认为是学校系统继任管理和规划的一个重要组成部分。

6. 校长继任的评估

评估可以为组织的战略目标服务（Rothwell，2010）。当评估衡量领导能力与组织愿景、使命和目标之间的关系时，评估的目的不仅是提供对个别领导绩效的反馈，而且还提供对组织整体绩效的反馈。在许多地区，领导能力评估的主要目的是履行合同义务，作为初步任命审查或任期或合同续签文件的一部分。以人事管理为目的的考核，具有总结性。总结性评估通常用于做出有关人员晋升、留任、训斥或解雇的决定。这一目的所固有的终结性增强了对所衡量事物的责任感。当目标的实现是衡量标准时，总结性评价方法尤其如此。支持专业发展的评估被认为是形成性的。当重点放在发现不足、提出有意义的反馈和通过专业学习经验提供解决方案时，评估支持持续发展。此外，来自评价过程的有意义的反馈有助于完成促进反思和成长的学习循环（Bush，2011）。评估可以为组织的战略目标服务。当评估衡量领导能力与组织愿景、使命和目标之间的关系时，评估的目的不仅是提供对个别领导绩效的反馈，而且还提供对组织整体绩效的反馈。

当领导力评估与学校改进计划的规划和评估相结合时，它就成为一种战略。从发展和形成的角度看，校长评价对校长的继任很重要。在入职培训期间，当评估具有形成性和情境性时，校长们在进入新岗位的社会化过程中会感受到更大的支持。此外，如果评价标准明确，并符合征聘和甄选标准（职务说明），那么评价在实现本组织目标的战略计划中会发挥更重要的作用。

Fink 和 Brayman（2006）解释道，一般来说，非教育类文献强调需要将目标设定、招聘、发展、问责实践和领导继任联系起来。然而，在公共部门，尤其是在教育领域，领导层的继任似乎更为偶然。符合组织目标、区分经验水平和客观的绩效评估为支持人员发展和继任的人员提供了有意义的评估（D. Fink, 2010）。

Hargreaves 和 Fink（2006）发现，学校系统可能会寻找一位具备维持和提高学校绩效的技能和能力的领导者（计划连续性），或者系统可能会寻找一位具备扭转学校绩效趋势的技能和能力的领导者（计划间断性）。在有效的继任计划中，计划的连续性和计划的间断性都是根据系统的目标从战略上决定的。虽然某些领导能力应适用于所有环境，但能力模型的发展应以学校系统的背景需求为驱动力。

发展一个领导者的人才库可以帮助学校系统的继任规划。具备领导能力是确保平稳过渡的关键。人才库的开发需要选择内部候选人，这些候选人将被开发和培训以接管领导角色。虽然个人仍有机会进行自我选择，但在确定潜在候选人时，确定或挖掘有潜力的个人也是一种公认的战略。开发必须基于系统所需的现有能力以及开发被开发人员的这些能力的潜力。

校长可以通过确定潜在候选人和帮助培养其领导能力，在选拔过程中发挥关键作用。为了确保候选人的选择符合系统的使命和目标，校长必须理解并接受系统所确定的领导能力。从这个意义上说，继任计划应该在整个系统中是透明的，潜在的候选人、校长和中央办公室领导对成为有效的学校领导所需的过程和能力有共同的理解。

学校系统通过开放交流、同侪协作和正式指导的文化来控制组织社会化。组织社会化的控制在外部招聘担任领导职务时尤为重要。通过开放式沟通、同侪协作和从一位经验丰富的校长那里获得指导，让新校长有机会学习系统环境下的领导流程和实践，他已经在领导岗位上取得了成功，这使得新员工能够以与系统任务相一致的方式融入组织中。

当一所学校的领导层发生变化时，就有失去智力资本的风险。如果不注意校长继任的规划，新校长的能力要么是继续坚持学校表现优异的方向，要么是将学校带到另一个不同的方向。

有抱负的领导者的发展被确定为继任规划和管理的一个关键组成部分；在继任过程中，辅导是必不可少的实践；人们高度重视与外部组织建立合作伙伴关系（Zepeda et al., 2012）。当考虑到人们对校长短缺、领导力质量和领导力可持续性的日益关注时，这种对教育组织如何从战略上规划和管理将个人转变为校长的过程的忽视是不正常的。

弗里德曼的研究发现，仅仅建立一个正式的继任制度是不够的。除了正式的制度外，还必须对该制度进行持续控制，反映出对继承问题的高度重视。弗里德曼认为，领导层继任管理是一项重要的人力资源战略，被视为私营组织在竞争日益激烈和复杂的环境中竞争的关键。关于领导层继任规划和管理的想法是从替代规划发展而来的（Rothwell，2010）。替换计划需要确定预期的空缺，并确定被视为空缺职位的可行替换人选。继任规划和管理包括替代规划；但是，它也包括发展领导能力，重点是变革和团队合作。很明显，组织强烈地感觉到继任规划和管理在人的发展、战略规划和为组织成员提供机会方面起着至关重要的作用。

有研究结果进一步证实了校长领导确实对学校绩效有影响的理论（Dean Fink & Brayman，2006），该研究发现，校长继任在没有计划的情况下，会对学校绩效产生负面影响。因此，如果一个学校系统在一段时间内取得了积极的学校业绩，同时也经历了校长的高继任率，那么有必要研究这些系统的继任规划做法，以确定在新来的人进入校长职位时，他们是否确实在做着不同的事情。如果是这样，那么在继任计划和管理实践的类型与学校的表现之间可能存在联系，尽管充其量是间接的。这在美国尤为重要，因为美国领导人的平均任期在 3.5 至 5 年之间（Youngs，2007）。

有证据表明，与大学领导准备项目的合作被视为学校领导继任的重要组成部分。此外，所研究的四个系统中有三个涉及乔治亚州学校改进领导小组，以寻求帮助发展有抱负的和现有的领导人。虽然这种伙伴关系在本质上可以被视为发展性的，因此与罗斯韦尔的三个特征有关，涉及领导者的发展，但与大学项目的伙伴关系的独特性使这一主题被认为是独特的。

七　研究述评

通过对文献的梳理，我们发现国内对"校长轮岗"学术关注度仍有待提升。尽管自 2014 年 8 月起，教育部联合财政部、人力资源和社会保障部颁发《关于推进县（区）域内义务教育学校校长教师交流轮岗的意见》之后，对于校长教师轮岗交流的研究增多，但很多研究并未区分校长轮岗和教师轮岗的区别，校长仅作为一个附带主体。在少数针对校长轮岗的研究中，很多还是停留于宏观层面，关注轮岗的价值、利弊（傅蕾，2010；汪丞，2013；章立早，2010），为什么要进行校长轮岗、校长轮岗政策设计、应遵循的原则（姜超和邬志辉，2015；叶菊艳和卢乃桂，2016），校长轮岗如何做，存在的问题（徐玉特，2016），并未将校长轮岗置于学校改进实践与校长领导力发展的脉络中。仅有为数不多的文章关注到轮岗政策背景下校长的压力（郭黎岩等，2013）及轮岗校长到校后的继任策略（陈玲女，2016；郑玉莲，2014a），但不能系统地为实践提供基于实证研究的证据。

西方的研究系统地分析校长轮岗、流动给学校带来的影响，并探索出校长轮岗影响学校的因素，并在校长领导力及学校改进研究的脉络下探索出系统管控校长轮岗及流动所带来影响的策略与方法，能够为我国的实践与研究提供一些经验。然而，由于在我国，校长是教育系统的干部，是"国家安置的专业"，而非西方的"自由流动市场"，因此有着特殊性，我国的轮岗是强制的、大规模的、周期性的，因此，亟须大量高质量的研究，通过实证研究的方法，去探究校长轮岗的特殊性，理清校长轮岗与校长发展、学校改进、区域教育优质均衡的关系，从国家政策的制定与实施、区域校长的任职管理到具体校长轮岗过程中的领导力实践来分析和理解校长轮岗实践，只有这样，我们才能更好地理解校长轮岗这一复杂的实践问题，分析轮岗校长改进学校的实践，研究如何围绕这一实践，建立系统变革的协作实践，提出有针对性的策略，构建支持轮岗校长学校改进实践的支持系统，在全球教育改革中梳理和贡献中国智慧与经验。

第三章

研究设计与方法

一 研究范畴的确定

本研究旨在回答我国的校长轮岗何以达（不）成校长的专业发展、薄弱学校改进及教育的优质均衡发展。研究将这一问题分为以下几个子问题：

1. 我国的校长轮岗政策与实践现状是怎样的？
2. 在轮岗政策的背景下，轮岗校长的管理面临什么新的挑战？
3. 轮岗校长到新的学校之后，如何获取关于角色的知识、如何获取关于学校的知识及如何获取关于情景的知识？如何赢得内外支持？如何展开校长核心领导实践以推进学校的可持续发展？哪些因素对其有影响？

在研究问题陈述和相关文献述评的基础上，本章将集中探讨研究设计与研究方法。研究是研究者有意识地应用研究方法，获取可靠的知识的行为（Tsang，2010）。研究方法是一个分析的路径，是为了在可能的情况下更好地回答研究问题。

二 研究方法

本研究的基本思路是，首先，通过文献法及比较研究法分析主要国家的轮岗相关研究及实践，形成本研究的理论架构；其次，对我国校长轮岗政策文本进行分析，梳理我国校长轮岗政策的脉络；再次，根据我国先期探索实行校长轮岗的情况及课题组成员进入研究场域的可能性，应用个案研究法，选取北京市、广东省、浙江省、上海市、湖北省武汉市、贵州省作为研究个案，围绕校长轮岗实践及影响因素，对轮岗发起人、轮岗校长、前任校长、轮岗学校的部分中层领导及教师进行半结构性访谈；以访谈法、问卷调查、实地观察法来收集研究资料，呈现我国校长轮岗的现状及问题，深度解析轮岗过程中校长如何获取知识、赢得内外支持及实践领导力。分析校长个人特质因素、学校情境因素、轮岗的政策与程序因素对校长轮岗实践的影响；最后，在文献分析与实证研究的基础上，通过比较研究，围绕轮岗的政策、程序、匹配策略及专业支持体系的建立进行校长轮岗制度化的建构。

本研究采用混合研究法，具体包括问卷调查法、个案研究法，采用问卷、访谈、观察作为搜集数据的工具，应用 SPSS 分析量化数据，Nvivo 分析质性数据。

（一）问卷调查法

本研究采用问卷调查法，通过收集问卷数据，了解校长的任职经历、对轮岗的认识与态度、身份认同、轮岗的程序、轮岗走向及校长轮岗领导力的现状，以此呈现我国中小学校长轮岗的现状。

具体的过程包括：

1. 根据前期访谈的结果，开发了中小学校长轮岗现状调查问卷，包含两个部分：

第一部分为基本信息，包含校长的人口学变量信息、任职经历、轮岗经历。第二部分采用 Likert 5 点计分法，从"完全不赞同"到"完全赞同"依次计分。具体分为 1 = "完全不赞同"，2 = "较不赞同"，3 = "不确定"，4 = "较赞同"，5 = "完全赞同"，了解校长对轮岗的认识与态度、校长身份认同、校长领导力。维度包含校长对轮岗的认识、校长对轮岗的态度、校长身份认同、轮岗校长领导力（建立愿景、发展人、重构组织、建立对外关系领导力）、教学领导力。

2. 问卷的探索性因子分析

首先是校长身份认同探索性因子分析。对数据的适应性进行检验，结果显示 KMO 值为 0.50，Barlett 检验 χ^2 值为 101（$P < .001$，$df = 6$），基本适合进行探索性因子分析。

采用主成分分析和方差极大正交旋转法，通过提取特征值大于 1 的因子，提取出 2 个因子，累计解释率为 69.39%，因为 1 个因子包含的题目只有 1 个，所以选择剔除这些因子，最后保留 1 个因子，累计解释率为 37.54%。题目 Item95、Item96、Item98 属于因子 F1，方差解释率为 37.54%。

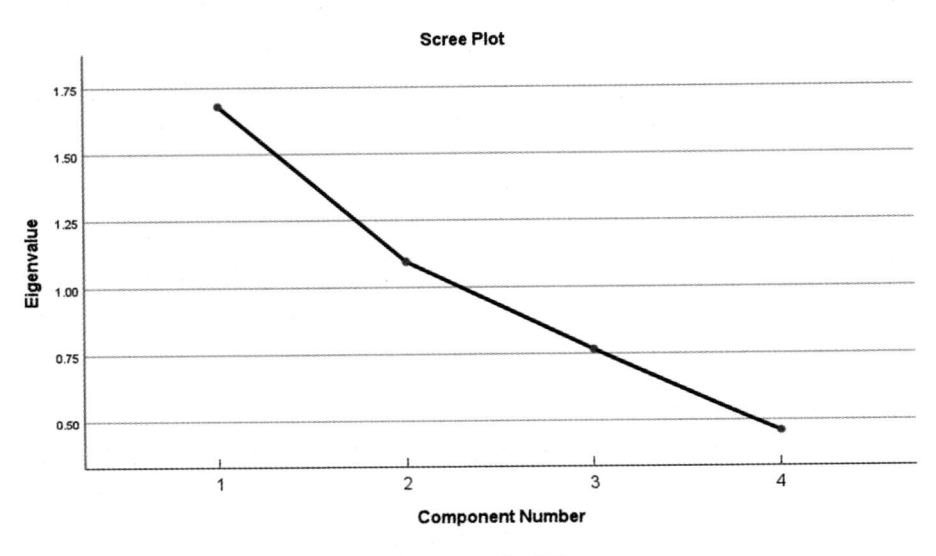

图 3.2.1　碎石图

表 3.2.1　　　　　　　　　　因子载荷表

	c1	c2	max_load	belong	theory
Item95	0.698	−0.479	0.698	1	校长身份认同
Item96	0.611	−0.337	0.611	1	校长身份认同
Item98	0.804	0.240	0.804	1	校长身份认同
Item97	0.417	0.833	0.833	2	校长身份认同

其次，进行轮岗认识与态度探索性因子分析。根据题总相关删除题目：先计算题目和总分之间的相关，如果相关系数低于 0.30，则剔除该题目。依此规则有 1 个题目被删除，被删除的是 Item31。对数据的适应性进行检验，结果显示 KMO 值为 0.79，Barlett 检验 χ^2 值为 746（$P<.001$，$df=55$），适合进行探索性因子分析。

采用主成分分析和方差极大正交旋转法，通过提取特征值大于 1 的因子，提取出 3 个因子，累计解释率为 58.92%，因为 1 个因子包含的题目只有 1 个，所以选择剔除这些因子，最后保留 2 个因子，累计解释率为 42.87%。题目 Item27、Item28、Item29、Item30、Item32、Item35、Item36、Item37 属于因子 F1，方差解释率为 26.67%；题目 Item33、Item34 属于因子 F2，方差解释率为 16.20%。探索性因子分析得到的因子数多于理论的因子数。

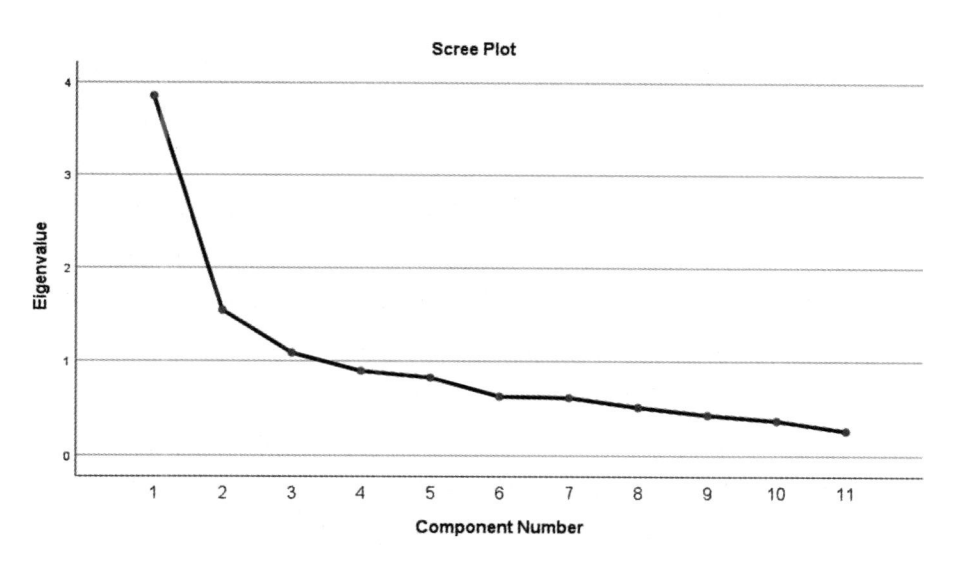

图 3.2.2　碎石图

表 3.2.2　　　　　　　　　　因子载荷表

	c1	c2	c3	max_load	belong	theory
Item27	0.522	-0.453	0.476	0.522	1	轮岗态度
Item28	0.713	-0.130	-0.146	0.713	1	轮岗态度
Item29	0.649	-0.124	-0.073	0.649	1	轮岗态度
Item30	0.639	0.052	0.058	0.639	1	轮岗态度
Item32	0.572	0.263	0.093	0.572	1	轮岗态度
Item35	0.747	0.096	-0.349	0.747	1	轮岗态度
Item36	0.568	-0.310	-0.153	0.568	1	轮岗态度
Item37	0.724	0.206	-0.454	0.724	1	轮岗态度
Item26	0.425	-0.650	0.350	0.65	2	轮岗态度

续表

	c1	c2	c3	max_load	belong	theory
Item33	0.387	0.658	0.396	0.658	2	轮岗态度
Item34	0.428	0.474	0.437	0.474	2	轮岗态度

再次，进行校长教学领导力探索性因子分析。根据题总相关删除题目：先计算题目和总分之间的相关，如果相关系数低于 0.30，则剔除该题目。依此规则有 2 个题目被删除，被删除的是 Item83、Item88。对数据的适应性进行检验，结果显示 KMO 值为 0.93，Barlett 检验 χ^2 值为 3158（$P<.001$，df = 300），适合进行探索性因子分析。

采用主成分分析和方差极大正交旋转法，通过提取特征值大于 1 的因子，提取出 5 个因子，累计解释率为 63.44%。题目 Item75、Item76、Item68、Item69、Item70、Item71、Item72、Item73 属于因子 F1，方差解释率为 16.84%；题目 Item85、Item86、Item87、Item77、Item79、Item80 属于因子 F2，方差解释率为 15.59%；题目 Item84、Item89、Item90、Item91、Item94 属于因子 F3，方差解释率为 11.70%；题目 Item81、Item82、Item74、Item78 属于因子 F4，方差解释率为 9.93%；题目 Item92、Item93 属于因子 F5，方差解释率为 9.39%。探索性因子分析得到的因子数多于理论的因子数。

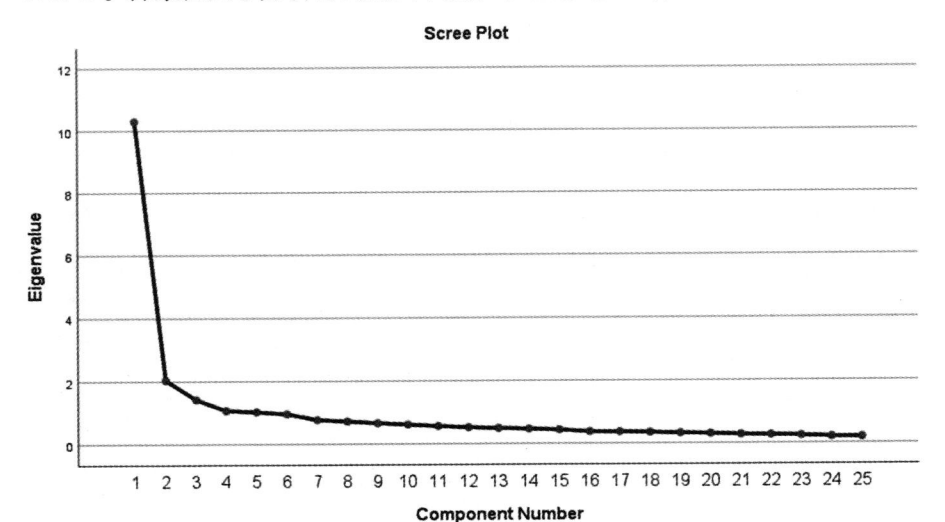

图 3.2.3　碎石图

表 3.2.3　　　　　　　　　　因子载荷表

	建立教学愿景	教学管理	氛围营造
1	3.94	1.08	0.00
2	0.00	1.70	2.00
3	0.00	0.00	2.92
4	0.00	0.98	1.50
5	0.00	0.00	1.45

最后，对校长轮岗领导力探索性因子分析。根据题总相关删除题目：先计算题目和总分之间的相关，如果相关系数低于0.30，则剔除该题目。依此规则有5个题目被删除，被删除的是Item39、Item62、Item51、Item52、Item60。

对数据的适应性进行检验，结果显示KMO值为0.88，Barlett检验χ^2值为2881（$P<.001$，$df=300$），适合进行探索性因子分析。

采用主成分分析和方差极大正交旋转法，通过提取特征值大于1的因子，提取出6个因子，累计解释率为66.00%。题目Item41、Item42、Item43、Item44、Item47、Item48属于因子F1，方差解释率为17.05%；题目Item63、Item64、Item65、Item66、Item67属于因子F2，方差解释率为

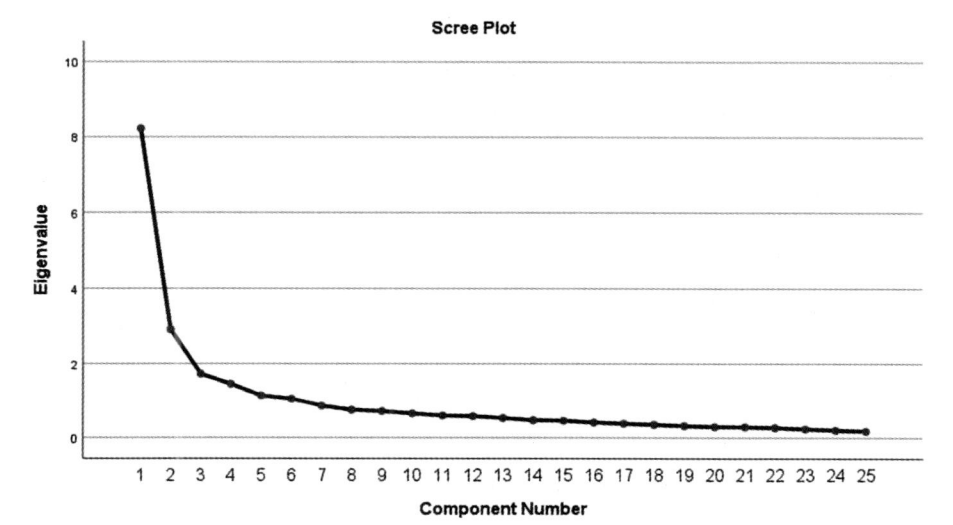

图 3.2.4　碎石图

15.38%；题目 Item55、Item57、Item58、Item59、Item61 属于因子 F3，方差解释率为 12.61%；题目 Item53、Item54、Item56 属于因子 F4，方差解释率为 8.17%；题目 Item38、Item40、Item45、Item46 属于因子 F5，方差解释率为 6.98%；题目 Item49、Item50 属于因子 F6，方差解释率为 5.82%。探索性因子分析得到的因子数多于理论的因子数。

表 3.2.4　　　　　　　　　　因子载荷表

	c1	c2	c3	c4	c5	c6	max_load	belong	theory
Item43	0.776	0.036	0.110	0.153	0.114	0.037	0.776	1	发展人
Item41	0.674	0.146	0.176	0.132	0.230	-0.100	0.674	1	发展人
Item42	0.730	0.118	0.060	0.139	0.246	0.125	0.73	1	发展人
Item48	0.737	0.043	0.154	0.041	-0.069	0.264	0.737	1	发展人
Item44	0.816	0.103	0.133	0.128	0.085	-0.006	0.816	1	发展人
Item47	0.646	0.217	0.180	-0.160	0.082	0.407	0.646	1	发展人
Item63	0.168	0.720	0.103	0.239	-0.029	0.049	0.72	2	建立对外关系领导力
Item64	-0.116	0.774	0.168	0.014	0.183	0.102	0.774	2	建立对外关系领导力
Item65	0.075	0.764	0.170	0.122	0.072	0.041	0.764	2	建立对外关系领导力
Item66	0.196	0.760	0.138	0.104	-0.014	-0.000	0.76	2	建立对外关系领导力
Item67	0.114	0.789	0.159	0.003	0.119	0.100	0.789	2	建立对外关系领导力
Item55	0.382	0.272	0.455	0.437	0.147	-0.063	0.455	3	重构组织
Item61	0.308	0.258	0.560	-0.183	0.061	-0.303	0.56	3	重构组织
Item57	0.071	0.166	0.794	0.187	-0.013	0.230	0.794	3	重构组织
Item58	0.121	0.300	0.787	0.191	0.010	0.158	0.787	3	重构组织
Item59	0.199	0.117	0.769	0.122	0.155	0.061	0.769	3	重构组织
Item53	0.203	0.126	-0.003	0.648	0.068	-0.042	0.648	4	重构组织
Item56	0.171	0.051	0.160	0.752	0.124	-0.040	0.752	4	重构组织
Item54	-0.045	0.116	0.136	0.721	-0.073	0.176	0.721	4	重构组织
Item38	0.213	0.011	0.068	0.076	0.819	0.032	0.819	5	建立愿景
Item45	0.076	0.430	0.438	0.046	0.443	0.225	0.443	5	发展人
Item40	0.506	-0.063	-0.042	0.141	0.510	0.137	0.51	5	建立愿景
Item46	0.304	0.400	0.369	-0.068	0.534	0.150	0.534	5	发展人
Item49	0.119	0.426	0.401	0.019	0.204	0.581	0.581	6	发展人
Item50	0.403	0.121	0.135	0.084	0.126	0.725	0.725	6	发展人

表 3.2.5　　　　　探索性因子分析与理论设定之间的对应关系

	发展人	建立对外关系领导力	建立愿景	重构组织
1	4.38	0.00	0.00	0.00
2	0.00	3.81	0.00	0.00
3	0.00	0.00	0.00	3.37
4	0.00	0.00	0.00	2.12
5	0.98	0.00	1.33	0.00
6	1.31	0.00	0.00	0.00

3. 就问卷的维度与校长和专家讨论，建议将问卷分为轮岗的认识与态度、校长身份认同、校长轮岗领导力。重新设计问卷并发放。

4. 研究者重新整理发放新问卷984份，回收问卷并进行分析，校长轮岗领导力分为继任领导力、重构组织领导力、对外关系领导力三个维度，共18道题。同时，为进一步探究问卷的结构效度，并运用AMOS22.0对984个数据进行验证性因子分析，结果如下：各项拟合指标分别为，$\chi^2 = 539.85$，$df = 121$，$\chi^2/df = 4.46$，$GFI = 0.94$，$NFI = 0.93$，$IFI = 0.94$，$TLI = 0.93$，$CFI = 0.94$，$RMSEA = 0.06$，各项指标均达到可接受的范围，表明该模型拟合良好，具有较好的结构效度。结构方程拟合模型图如图3.2.5所示。

（二）个案研究法

个案研究不是一种方法论的选择，而是研究内容的甄选（Stake，1995）及一种研究策略（Punch，2009）。个案研究既可以是质化的，也可以是量化的，如何选择，更多是取决于研究问题的性质（Punch，2009；Sturman，1999；Yin，2003）。研究者认为，校长轮岗是在特定的情境下，利益关系人根据自己对校长轮岗的理解共同建构出来的。这个建构的过程是复杂的，涉及在一定制度情境下各利益关系人的互动，很难简单地运用几个变项及其关系模式进行全面的描述。本研究的目的在于通过对选取的不同层次的个案进行分析，探讨我国校长轮岗政策达（不）成其专业目标的原因，并解释为什么。这是一个"是什么"和"为什么"的问题，研究对象是正在发生的事件，研究者对于正在发生的事件不能控

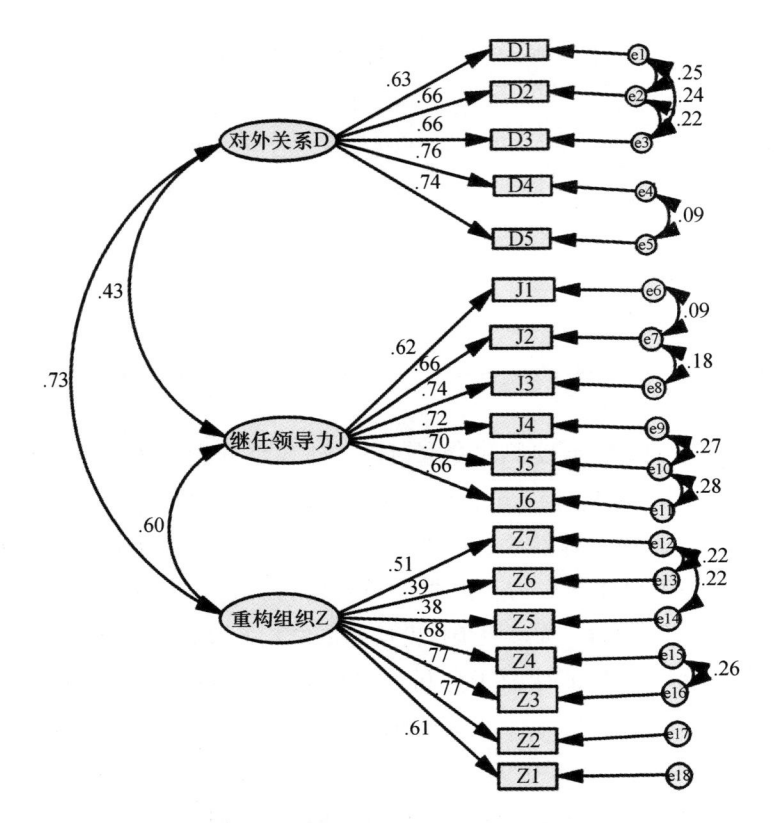

图 3.2.5　校长轮岗领导力问卷验证性因子分析

制或极少控制（Yin，2003），而个案研究正好适合在真实的情境下，对复杂问题进行深度的分析和理解（Punch，2009）。通过对个案的深入探究，可以更容易发现潜在的、为人所忽视的重要问题，并可以为其他相关问题提供洞悉（Stake，1995）。

个案研究的主要价值在于从个案的详细描述与分析中，对对象做深入的研究，彻底把握对象的全貌，而不是一个松散的事件特征的集合（Sturman，1999）。个案的研究设计能够帮助研究者把握整全情境中的所有要素（Bogdan & Biklen，1998），并对整个过程进行深度描述，向读者说明这些深度描述所传达的经验究竟是什么（Stake，1995），试图发现这个有限脉络中显著因素之间的互动关系（Merriam，1998；Yin，2003）。同时，本研究并没有提出任何假设，不是验证性的研究，旨在通过对资料的归纳性研究，增进对中国情境下校长轮岗的理解（Bogdan & Biklen，

1998）。

本研究将采用案例研究（case study），单案例设计、嵌入多个分析单位的类型（Yin，2003；殷，2017），本研究关注在我国轮岗政策的大背景下，以全国校长轮岗的实践、轮岗政策背景下区域的轮岗校长任职管理实践、轮岗校长的学校改进实践作为嵌入的多个分析单位，如图3.2.6所示。

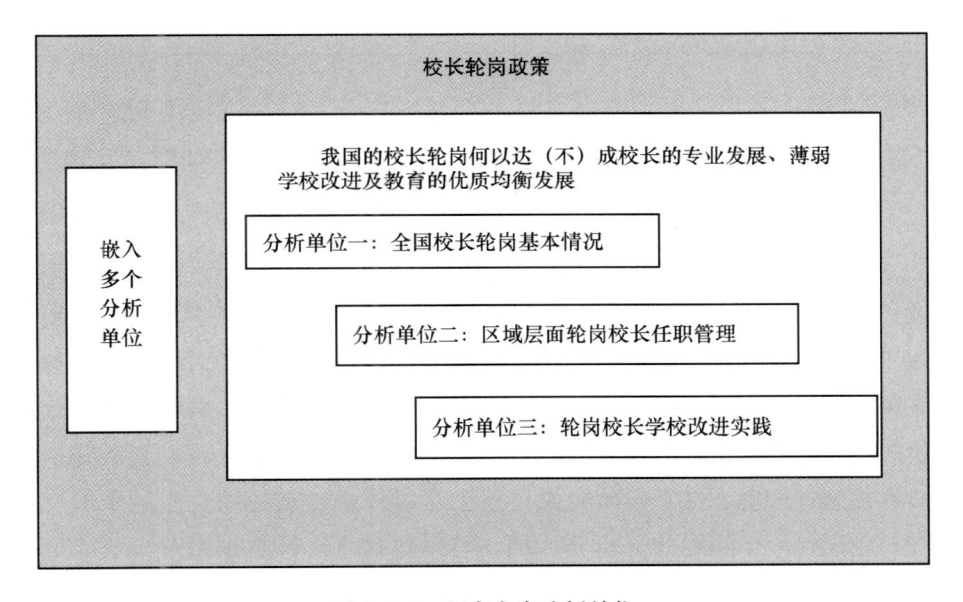

图3.2.6　研究个案分析单位

三　资料搜集的方法

我们无法将资料与其来源（source）剥离开来，而是要将资料置于其所处的情境中来分析对待，需要去接近研究者所要理解的"本土知识"（local knowledge）（Yanow，2000），需要研究者积极嵌入到情境中，回答的是"是什么"和"为什么"的问题，因此，主要采用问卷、访谈、观察、查阅校长轮岗相关资料来搜集资料，见表3.2.6。

表 3.2.6　　　　　　　　　　研究资料搜集方法

资料搜集 研究问题	政策分析	访谈	问卷	文献分析	观察	实物分析
全国校长轮岗实施现状	☑		☑	☑		
轮岗政策背景下的校长任职管理	☑	☑				
轮岗校长继任策略		☑	☑	☑	☑	☑

四　资料分析

资料分析是研究者将各种渠道获得的资料进行"分析、重组及整理的过程"（Miles & Huberman, 1994），使其能够系统化、条理化，然后用逐步集中和浓缩的方式将资料反映出来，其最终目的是"对资料进行意义解释"（陈向明，2000）。因为"可分析的社会现实的多面性，资料分析的视角、方法与技术较为多元"（Punch, 2009）。校长轮岗的过程建构具有复杂性和动态性。本研究通过三个层级校长轮岗的相关实践来展现校长轮岗过程、问题并分析其原因，其中包括事实性数据的分析。除了事实性数据的收集，本研究还关注利益关系人对轮岗的认识如何影响校长轮岗专业目的的达成，因此，也包括利益关系人认识的数据的分析，对这部分数据的分析，不是简单的阅读与编码，更多是研究者作为诠释者的诠释过程（陈霜叶，2006）。其中将受访者的话语意涵放在其所处的情境下进行分析，既要尊重受访者，不曲解受访者，又要在概念中与其他文献碰撞，尝试与之对话（Miles & Huberman, 1994）。这个过程既不是用已有的概念架构去裁剪所获得的资料，同时也不是单纯地等待资料本身来"浮现"类别与意义架构，让资料"为自己说话"（陈霜叶，2006）。

五 研究的可靠性与伦理考量

（一）研究可靠性

本研究是案例研究，其中包含质性研究与量化研究，质性研究具有与量化研究所不同的信度和效度标准，因此，不能参照以技术控制为旨趣的认知架构的信度与效度（Habermas，1972）。正如Wolcott（2006）所说，在质的研究中，效度不见得是我们所追求的品质，更多关注研究的真实性（authenticity）（Guba & Lincoln，1994；Hammersley & Atkinson，1995；Merriam，1998，2009）。质的研究的可靠性主要体现在"研究结果与特定条件中某种现象的匹配程度"（Merriam，2009）。为了确保研究的真实性与可靠性，研究者主要采取以下措施。

首先，鉴于研究者本身就是关键的研究工具，研究者在研究过程中不断地自我反思，排除自身偏见是确保研究可靠性的一个途径。其次，保证研究过程的真实性，研究所收集的资料都是有记录可循的。在研究过程中，在征得受访者同意的情况下，录音并及时地转录。在不能录音的情况下，及时地做实地记录和整理，减少因记忆的消退而带来的信息失真。再次，在研究中采用"三角互证"的方式（Merriam，1998），确保研究的真实性及可信度（trustworthiness）。通过多来源、多场合、多人次来增强三角互证。注重不同人员之间的三角互证和不同类型资料（培训观察、文本资料、访谈信息）之间的三角互证。最后，采用参与者检验。参与者检验主要是指研究中的参与者对"研究结果的反馈"（Merriam，2009）。本研究在得出初步结论以后会将研究结论呈现与反馈给受访者，从他们那里得到反馈信息，以确定研究者没有误解受访者所想表达的真实想法。

（二）研究的伦理考量

在访谈过程中，研究者与被研究者的关系对研究有影响，研究工作的伦理规范及研究者的个人道德品质是不可回避的。在本研究资料搜集的过程中，需要得到多方人士的帮助与配合，对此，研究者深知这不是他们的责任或义务，对此心存感激。在受访者的选择上，遵循自愿不隐蔽、尊重隐私和保密（陈向明，2000）的伦理原则。在访谈之前，主动向受访者告知自己的研究者身份、研究的性质和内容，在受访者自愿的前提下开展下一步的研究活动。

　　质性研究者要给研究赋予人性，尊重研究参与者，同他们建立起关系。在本研究中，很多受访者与研究者在研究之前是陌生人，面临着"交浅而言深"的挑战，因此，一方面需要在访谈之前做足功课，通过博客、期刊文章、硕博论文库、新闻报道、学校网站、微信公众号等，搜集受访者的资料，将有限的访谈时间用于获取其他途径无法获得的受访者的理解和诠释，节约受访者的时间；另一方面，真诚显得尤为重要，一个从未见面的人坐在你面前，短短的半个小时、一个小时，你希望挖掘出更深层的东西，人家凭什么告诉你呢？研究者并不是去求证某个观点，更不是去窥探。在访谈过程中，以受访者为第一考虑，尽可能少给访谈者增加麻烦，做到准时和守时，比如约好四十分钟的访谈，到时间后征求受访者的意见，尽量不拖延；如果得知受访者还有其他安排，尽管想问的问题还没问到，也需要终止访谈，寻求其他的沟通途径；在访谈过程中，如果受访者要接电话，得及时中断录音，以最大限度地尊重和保护受访者的隐私。

第 四 章

我国校长轮岗的政策分析

一 校长轮岗相关政策文本的选择

政策本质上是政府所选择做或者不做的事，是政府带有目的性与指向性的干预行为（Dye，1998）。有关校长轮岗的政策体现着政府对校长轮岗的基本理解、要求与目的。从政策的角度来看，轮岗政策实施也是公共政策系列中的一种，从方法论意义上说是公共政策在教育中的应用。公共政策需要通过文件或文本来表达政府意志，确定政策边界。政策文本是用于阐述政策内容、政策行动，描述政策分析过程的文字资料。政策文本是认识和理解公共政策的基本路径，也是政策执行的主要依据。

本章通过对国家层面的 6 份与校长轮岗相关的政策文本（见表 4.1.1）、31 个省市的校长轮岗相关政策文本（见附录三），及 34 个区县的相关政策文本（其中华东 10 份，西部 11 份，华南 13 份），进行梳理与分析，可以更清晰地了解国家对校长轮岗的期望及具体取向。

表 4.1.1　　　　　　　国家层面校长轮岗政策要点

名称	发文机关	轮岗要点	文件类别
《国家中长期教育改革和发展规划纲要（2010—2020年)》	国务院	切实缩小校际差距，着力解决择校问题。加快薄弱学校改造，着力提高师资水平。实行县（区）域内教师、校长交流制度。建立健全义务教育学校教师和校长流动机制义务教育均衡发展改革试点。建立城乡一体化义务教育发展机制；实行县（区）域内教师、校长交流制度	综合

续表

名称	发文机关	轮岗要点	文件类别
《国务院关于深入推进义务教育均衡发展的意见》国发〔2012〕48号	国务院	实行县域内公办学校校长、教师交流制度。各地要逐步实行县级教育部门统一聘任校长，推行校长聘期制。建立和完善鼓励城镇学校校长、教师到农村学校或城市薄弱学校任职任教机制，完善促进县域内校长、教师交流的政策措施，建设农村艰苦边远地区教师周转宿舍，城镇学校教师评聘高级职称原则上要有一年以上在农村学校任教经历	综合
《教育部 财政部 人力资源和社会保障部关于推进县（区）域内义务教育学校校长教师交流轮岗的意见》教师〔2014〕4号	教育部 财政部 人社部	明确了校长教师交流轮岗的目标、轮岗实施的责任主体、轮岗的范围、轮岗的走向、轮岗方式及保障措施	专项
《国务院办公厅关于印发乡村教师支持计划(2015—2020年)的通知》国办发〔2015〕43号	国务院办公厅	重点引导优秀校长和骨干教师向乡村学校流动	综合
《国务院关于统筹推进县域内城乡义务教育一体化改革发展的若干意见》国发〔2016〕40号	国务院	（二）努力办好乡村教育……加强校长教师轮岗交流和乡村校长教师培训	综合
《国务院关于印发国家教育事业发展"十三五"规划的通知》国发〔2017〕4号	国务院	完善校长教师轮岗交流机制和保障机制，推进城乡校长教师交流轮岗制度化、常态化。推广集团化办学、强校带弱校、委托管理、学区制管理、学校联盟、九年一贯制学校等办学形式，加速扩大优质教育资源覆盖面，大力提升乡村及薄弱地区义务教育质量	综合

整体而言，义务教育优质均衡发展已成为我国义务教育改革发展的必然要求和新时代赋予的重要使命。全面推进义务教育均衡发展已从部门决策上升到国家意志，被视为政府的法定责任，国家采用系统治理的方式，整合性地进行推进（Frankowski, Martijn van der Steen, Bressers & Martin Schulz, 2018）。其中，校长轮岗是一个重要的组成部分。而省市、区县的校长轮岗政策与国家的政策保持高度的一致。通过分析，71份校长轮岗相关政策文件大体可以涵盖在以下六类性质的文件中：一是推动教育均衡发展的文件，二是关于加强教师队伍建设的文件，三是关于支援农村教育的文件，四是关于校长教师交流轮岗的文件，五是关于推动义务教育发展的文件，六是关于县管校聘的文件。

二 校长轮岗政策的主要内容

（一）校长轮岗政策的目标

国家的政策文本，将校长视为可配置、可流动的资源，期望通过建立制度，对资源尤其是优秀资源进行合理、科学的配置，以提升学校办学水平和质量，缩小学校之间、区域之间的差距，进而推动教育的优质均衡发展，破解现实中的"择校"难题，实现教育公平。国家期望通过轮岗政策，引导优秀校长、城镇校长向薄弱学校、农村学校流动，以此带动薄弱学校、农村学校的发展。

具体而言，校长轮岗有三个层次的目标。首先，将校长尤其是优秀校长资源通过轮岗的方式进行重新配置，同时实现薄弱学校改进及区域层面教育的优质均衡发展，以破解择校难题。其次，从校长个体层面，通过轮岗，消除校长尤其是有较长任职经历的校长的职业倦怠，让其重新焕发工作热情与创新能力。再次，用制度化的方式，让校长动起来，优化校长队伍的结构，让其保持动态平衡，提升校长队伍的专业水平。

（二）校长轮岗对象与范围的界定

在校长轮岗对象与范围的确定上，根据"任职时长（聘期）"标准，将校长轮岗对象以必须轮岗、原则上轮岗进行区分。如公办学校校长在同一所学校连续任职满8年或2个聘期的，原则上需要交流轮岗，任满

12年或3个聘期的，必须交流轮岗（广东省中山市）。同时也对暂不纳入轮岗的人员进行了规定，其中包括对学校可持续发展的考虑，如正在承担重大科研项目；班子成员不同时交流；对个人的人文关怀因素，如距法定退休年龄不足5年；处于孕期、哺乳期或疾病原因；有对个人任职经历的考虑，如有在农村、薄弱学校任职经历；其他如正在接受司法调查等。在交流对象的界定上，主要根据任期或年限作为硬指标做出规定，而少有对校长的教育资质、管理能力和水平等"软性指标"进行规定。这不利于选拔参与交流的校长，同时不利于保证校长交流的质量和效果（程振响和王明宾，2011；季春梅和程振响，2011；吕敏霞，2013）。

（三）校长轮岗的形式

从对政策的分析可发现，整体而言，校长教师交流轮岗可采取定期交流、跨校竞聘、学区一体化管理、学校联盟、集团化办学、对口支援、乡镇中心学校教师走教等多种途径和方式，也鼓励各地结合实际进行探索创新。在程序上，政策均强调依法依规公开实施办法、工作流程和动态信息，规范操作程序，严肃工作纪律，加强监督检查，切实防止不规范、不公平的情况发生。

具体到校长的轮岗，东莞、深圳及中山关注到了校长轮岗的不同方式。深圳市及东莞市具体明确了校长提任交流、校长期满交流、承办新校交流三种校长轮岗方式。中山市提出了提任交流、转任交流、承办新校交流、扶持镇区教育交流、挂职锻炼交流、扶持民办教育交流等六种校长轮岗交流方式。其他政策文本都是与教师轮岗合在一起论述的，这说明校长轮岗与教师轮岗有何不同并未引起足够的重视。一方面，校长是受教育行政部门与组织部门管理的教育干部，其轮岗交流决定仍然属于干部人事任命。这也就意味着在现有人事管理体制下，校长的轮岗相较于教师流动更容易达成。另一方面，校长轮岗对学校发展的影响范围更大、程度更深。

（四）校长轮岗的保障措施

从校长轮岗的保障措施来看，我们对71份文件进行了编码，从编码的参考点数量来看，排在前三位的是评优评先、职称评定、晋升机制，这三类措施均指向调动个体参与校长轮岗的积极性。对校长的激励性是不足的，而轮岗校长到校后所需的支持，尤其是政策支持，还并未引起关注。

表 4.2.2　　　　　　　　轮岗政策保障措施分析表

保障措施	文件数	编码参考点	指向
岗位编制与职称结构	40	40	管理部门
轮岗制度建设	38	38	管理部门
轮岗考核评价	30	30	校长个人
待遇与生活保障	45	45	校长个人
惩罚	20	20	校长个人
系统变革	10	10	管理部门
政策宣传	50	55	管理部门
培养培训	50	55	校长个人
晋升机制	30	56	校长个人
职称评定	60	98	校长个人
评优评先	58	103	校长个人

三　校长轮岗政策存在的问题

（一）轮岗的推行主要通过行政机制来运作

在各级各类轮岗的政策中，主要通过行政机制来运作（姜超和邬志辉，2015），通过界定交流对象与资质、交流周期、交流期间的人事关系、评优评职与待遇保障、业绩考核、交流范围来推进校长轮岗的顺利进行。整体而言，政策主要采用的是强制命令式的推进策略，其突出手段是用评职称或行政指令、年终考核等来进行保障，并无相关配套的经济激励措施（司晓宏和杨令平，2015），随着实践的推进，有部分省市也会给予轮岗的校长、教师部分补贴，但仍然缺乏对校长轮岗特殊性的认识，缺乏支持轮岗校长到校实践的系统的顶层设计，对于校长的激励作用较为有限。

这种机制是一种自上而下的运行逻辑，强调行政系统顶层的制度设计。在运行效率上也非常符合科层制组织系统的效率标准。这种机制下交流轮岗的动力主要来自行政权威，因为学校和教师在一定程度上是"附属于"行政管理系统的。校长和教师从身份上来讲是属于这个"科层系统内部"的人，科层系统的特点之一便是要求系统中的人要服从安排。另外，行政机制是一种相对规范的机制。在这种机制指导下的校长教师交流轮岗，通常是在一系列政策要求下完成的，每个环节基本都有章可循。

所谓自上而下的研究取向简单地说就是从政策制定者或者设计者的角度来看政策实施，它关注的是政策意图在多大程度上得到了有效贯彻，是什么因素影响了政策目标的实现。自上而下取向有两个基本特征：首先，它有强烈的政策中心观念。其次，它把政策实施过程看作是一个一连串命令的传递过程。所以，保证政策的有效实施就是要让每个环节都做到政令畅通。在它看来，政策的有效实施问题就变成了一个技术化的控制和管理过程，是一个如何运用各种政策工具（利益激励、命令、说教等手段）来保证各个环节能够围绕政策目标协调一致的行动的问题。

（二）中小学校长轮岗是我国义务教育均衡发展战略的重要组成部分，但校长轮岗的特殊性并未受到关注

从政策分析中，我们发现，中小学校长及教师被视为影响教育均衡发展的重要资源，可以通过校长教师资源，尤其是优秀校长教师资源重新配置，优化城乡教师队伍的结构，缩小教育的差距。但是，在轮岗交流政策中，校长与教师是作为连带主体而出现的，校长轮岗的特殊性并未受到关注。原因有两点：一是从轮岗直接牵涉到的需要流动的人员数量来看，校长远远小于教师；二是目前校长是受教育行政部门与组织部门管理的教育干部，其轮岗交流决定仍然属于干部人事任命，这也就意味着在现有人事管理体制下，校长的轮岗相较于教师流动更容易达成。

从国际的研究与实践来看，校长轮岗的特殊性应该引起重视。首先，校长对学校的影响已经得到诸多研究的证实，校长的轮岗对学校影响深远。其次，校长轮岗政策的直接影响是将以往以自然更替为主的校长继

任变成了强制性、周期性、大规模的校长轮岗，如果不经过深思熟虑的系统谋划，如此大规模周期性的校长轮岗将会给学校带来不良的甚至是致命的影响。

（三）校长轮岗对象的确定标准为校长在同一学校的"任职聘期"

在轮岗交流政策中，校长与教师是作为连带主体而出现的，校长轮岗与教师交流的差异并未引起应有的关注。作为一校之长的校长轮岗与教师交流最大的不同首先在于两者的身份管理层级差异。校长是受教育行政部门与组织部门管理的教育干部，其轮岗交流决定仍然属于干部人事任命。这也就意味着在现有人事管理体制下，校长的轮岗相较于教师流动更容易达成。在人员层次的界定上，教师有更多的荣誉称号可以应用于轮岗教师的选拔，如省级教学名师、"骨干教师"等，而在轮岗校长的界定上，更多是用年限等硬指标。在轮岗交流的实践中，校长与教师轮岗各自的难点所在、发挥作用的方式不同，所需的政策支持也有所不同。

在轮岗校长的遴选上，现有政策多对参与交流的校长的年龄、教龄等"硬件指标"做出规定，主要是考虑校长在同一学校工作的年限（届）这一硬指标，界定为"义务教育阶段公办学校校长、副校长。校长、副校长在同一所学校连续任满两届后原则上应交流"。从轮岗对象的确定来看，"任期"是可操作性较强的指标；从行政运行的机制来看，有关部门这一硬指标是最具有可操作性、最容易让校长流动起来的，而少有对校长的教育资质、管理能力和水平等"软性指标"进行规定。这不利于选拔参与交流的校长，同时不利于保证校长交流的质量和效果（季春梅等，2011；吕敏霞，2013）。但从轮岗政策的初衷来看，有关部门是期望通过轮岗政策，引导优秀校长向农村学校、薄弱学校流动，而"任期"标准这一可操作性指标与文件所期待的"优秀"校长之间存在不一致性，这就出现了政策内容本身的不一致（Walker & Qian, 2012）。

（四）校长轮岗的保障措施对校长轮岗可持续性推进的保障不足

通过对文件进行编码，校长轮岗的保障措施分为 83 个节点，根据麦克唐纳和埃莫尔（McDonnell & Elmore, 1987）的政策工具分类方法具体可以见表4.3.1。

表4.3.1　　校长轮岗政策工具表

命令		激励				能力建设		系统变革				劝告
行政要求	惩罚	薪酬待遇与绩效倾斜	职称评聘	评优评先	职务晋升	针对性培训	优秀校长培养	岗位与编制	校长职级制	与其他政策的衔接	纳入重要考核指标	宣传

从校长教师的轮岗的实施来看，政策工具应用相对考虑比较周全，具体到校长轮岗，其激励工具的针对性有待提高，能力建设工具不足以满足校长轮岗可持续性推进的要求，并没有针对轮岗校长进入新学校的常见问题进行培训方面的支持，系统变革工具的支持性不足。职称评聘作为一个重要的激励工具，根据我们调研发现，一半以上的校长是副高级职称，其职称的晋升只能从副高到正高级，正高级职称的评定数量由国家进行总量控制，因此，职称评聘对校长轮岗的激励作用相对有限。同时，从不同地理位置校长职称的分布情况来看，农村一级职称的校长略多于副高级职称的校长。可以初步判断，职称评聘这一奖励工具对农村校长参与轮岗的激励作用会略高于城市，而从校长轮岗走向来看，职称评聘的激励更多会鼓励农村校长在农村学校之间流动，与政策的预期会有所出入。

第 五 章

我国校长轮岗的现状扫描

本章通过对全国 2022 名中小学校长进行问卷调查,主要通过"哪些校长在轮岗?他们的轮岗走向是怎样的?"等问题,来呈现我国中小学校长轮岗的现状。

一 我国校长轮岗调查的基本情况

(一)调查研究的基本过程

本研究通过两次问卷,共对 2022 名中小学校长进行了调查。首先,结合访谈获得的信息,设计了中小学校长轮岗调查问卷(见附录一)。问卷分为两个部分,第一部分包括校长的基本信息、校长任职经历、校长轮岗信息,第二部分是校长对轮岗的认识、校长对轮岗的态度、校长身份认同、轮岗校长领导力(建立愿景、发展人、重构组织、建立对外关系领导力)、教学领导力的结构性问卷,采用 Likert5 点计分法,从"完全不赞同"到"完全赞同"依次计分。具体分为 1 = "完全不赞同",2 = "较不赞同",3 = "不确定",4 = "较赞同",5 = "完全赞同",了解校长对轮岗的认识与态度、校长身份认同、校长领导力。发放之后有 1038 人填写。其次,回收问卷之后,对问卷进行了探索性因子分析,根据探索性因子分析的结果,问卷保留 5 个维度,即轮岗认识维度、继任领导力维度、重构组织维度、对外关系领导力维度、身份认同维度。在结构化问卷部分,删掉了 11 道题。再次,发放修订版的问卷(见附录一),共有 984 名中小学校长填写问卷。最后,对问卷进行了结构效度分析,并运用 AMOS22.0 对 984 个数据进行验证性因子分析,得出继任领导力、重构组织、对外关系领导力三个维度，共 18 道题。结果如下：各项拟合指标分别为，$\chi^2 = 539.85$，$df = 121$，$\chi^2/df = 4.46$，GFI = 0.94，NFI = 0.93，IFI = 0.94，TLI = 0.93，CFI = 0.94，RMSEA = 0.06，各项指标均达到可接受的范围，表明该模型拟合良好，具有较好的结构效度。结构方程拟合模型图如图 5.1.1 所示。

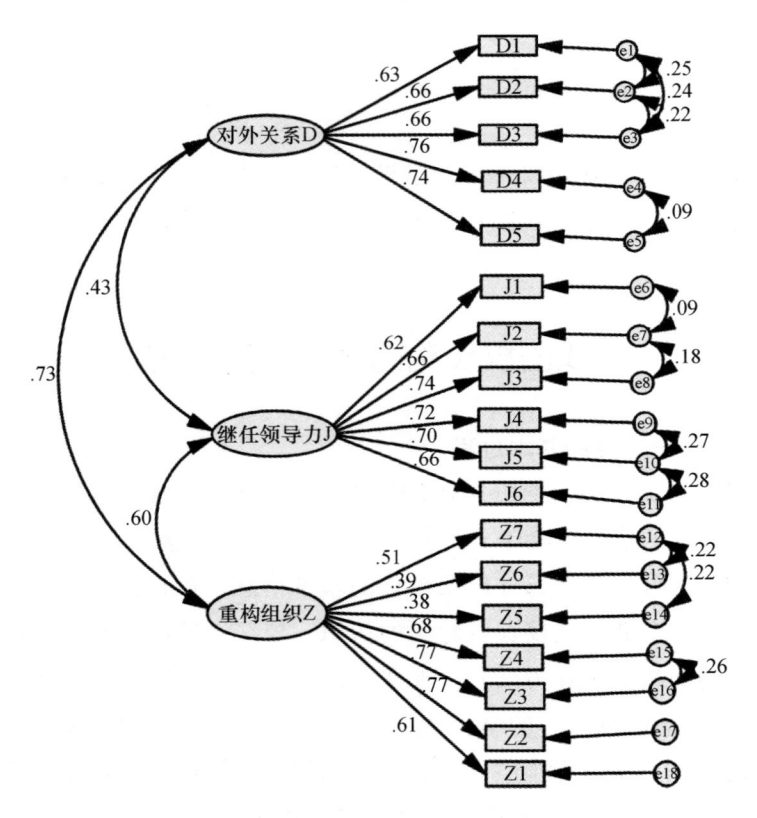

图 5.1.1　校长轮岗领导力问卷验证性因子分析

（二）调研数据的基本情况

1. 全国校长轮岗现状的基本信息

在两次问卷调查中，校长的基本信息、任职经历、轮岗经历信息是相同的，能够反映我国校长轮岗开展的基本情况，因此，在中小学校长轮岗的现状描述中，本研究将两次调查的数据进行整合，分析 2022 名中小学校长的基本信息、任职经历和轮岗经历，以期反映我国中小学校长的基本情况。调查并未采用严格的随机抽样,校长的地区分布见表5.1.1。

表5.1.1　　　　　　　调研校长地区分布

地区	人数	百分比(%)
华东地区	632	31.3
华南地区	447	22.1
华中地区	52	2.6
华北地区	215	10.6
西北地区	28	1.4
西南地区	577	28.5
东北地区	71	3.5

调研校长的具体情况见表5.1.2。

表5.1.2　　中小学校长轮岗调查研究样本分布情况（n=2022）

变量	分类	人数	百分比(%)
职务	校长	1093	54.1
	教学副校长	404	20
	德育副校长	256	12.7
	后勤副校长	125	6.2
	其他	144	7.1
校长任职学段	小学	1002	49.6
	初中	436	21.6
	高中	261	12.9
	九年一贯制学校	132	6.5
	完全中学	110	5.4
	十二年一贯制学校	28	1.4
	其他	53	2.6
性别	男	1433	70.9
	女	589	29.1

续表

变量	分类	人数	百分比（%）
年龄	"50后"	32	1.6
	"60后"	444	22
	"70后"	1199	59.3
	"80后"	337	16.7
	"90后"	10	0.5
职称	三级	4	0.2
	二级	58	2.9
	一级	748	37
	副高	1149	56.8
	正高	42	2.1
	其他	21	1
学历	中专及以下	5	0.2
	大专	185	9.1
	本科	1698	84
	硕士研究生	127	6.3
	博士研究生	7	0.3
校长任职学校数量	一所	931	46
	两所	556	27.5
	三所	312	15.4
	四所	146	7.2
	五所及以上	77	3.8
晋升途径	本校晋升	785	38.8
	外校调任	1042	51.5
	教育集团派遣	75	3.7
	其他	120	5.9
学校地理位置	城市	720	35.6
	城乡接合部	312	15.4
	乡镇	577	28.5
	农村	413	20.4

续表

变量	分类	人数	百分比（%）
学校类型	国家、省级示范学校	340	16.8
	市、县级示范学校	537	26.6
	普通学校	1050	51.9
	新（筹）建学校	95	4.7
学校规模	12个班以下	411	20.3
	12—24个班	640	31.7
	25—36个班	388	19.2
	37—48个班	196	9.7
	48个班以上	387	9.1

2. 第二次调研的基本信息

第二次调研的基本信息见表5.1.3。

表5.1.3　　　　　　人口学信息描述统计

	类别	频数	百分比（%）
性别	男	715	72.7
	女	269	27.3
年龄	"60后"	266	27.0
	"70后"	572	58.1
	"80后"	146	14.8
职称	二级	31	3.2
	一级	326	33.1
	副高	578	58.7
	正高	34	3.5
	其他	15	1.5
学历	大专	105	10.7
	本科	790	80.3
	硕士研究生	89	9.0

续表

	类别	频数	百分比（%）
任职学校数量	1 所	448	45.5
	2 所	277	28.2
	3 所	159	16.2
	4 所	66	6.7
	5 所及以上	34	3.5
学段	小学	431	43.8
	初中	178	18.1
	高中	183	18.6
	九年一贯制学校	53	5.4
	完全中学	99	10.1
	十二年一贯制学校	20	2.0
	其他	20	2.0
职务	校长	549	55.8
	教学副校长	185	18.8
	德育副校长	143	14.5
	后勤副校长	59	6.0
	其他	48	4.9
任职年限	1 年以下	121	12.3
	1—3 年	359	36.5
	4—6 年	253	25.7
	7—10 年	135	13.7
	10 年以上	116	11.8
地理位置	城市	442	44.9
	乡镇	249	25.3
	农村	178	18.1
	城乡接合部	115	11.7
学校类型	国家、省级示范学校	198	20.1
	市级、县级普通学校	296	30.1

二 我国校长轮岗现状描述

我国中小学校长轮岗的现状描述是基于 2022 名校长的调研数据来进行分析的，将呈现轮岗校长的群体特征、不同学段校长的轮岗情况、不同地理位置学校校长的轮岗情况、不同类型学校校长的轮岗情况以及校长轮岗的走向。

（一）轮岗校长群体特征

研究通过对数据进行分析，呈现了轮岗校长的群体特征，发现"70后"校长是轮岗群体的主力军，轮岗校长的职称多为副高级职称。

1."70 后"校长是轮岗群体的主力军

表 5.2.1　　　　　　　　　不同年龄校长任职学校数量

		任职学校数量		合计
		1 所	2 所及以上	
年龄	"50 后"	7	25	32
	"60 后"	134	310	444
	"70 后"	543	656	1199
	"80 后"	239	98	337
	"90 后"	8	2	10
合计		931	1091	2022

表 5.2.2　　　　　　　　　卡方检验

	值	df	渐进 Sig.（双侧）
Pearson 卡方	141.359[a]	4	0.000
似然比	145.154	4	0.000
线性和线性组合	133.695	1	0.000
有效案例中的 N	2022		

注：a. 1 单元格（10.0%）的期望计数少于 5。最小期望计数为 4.60。

条形图

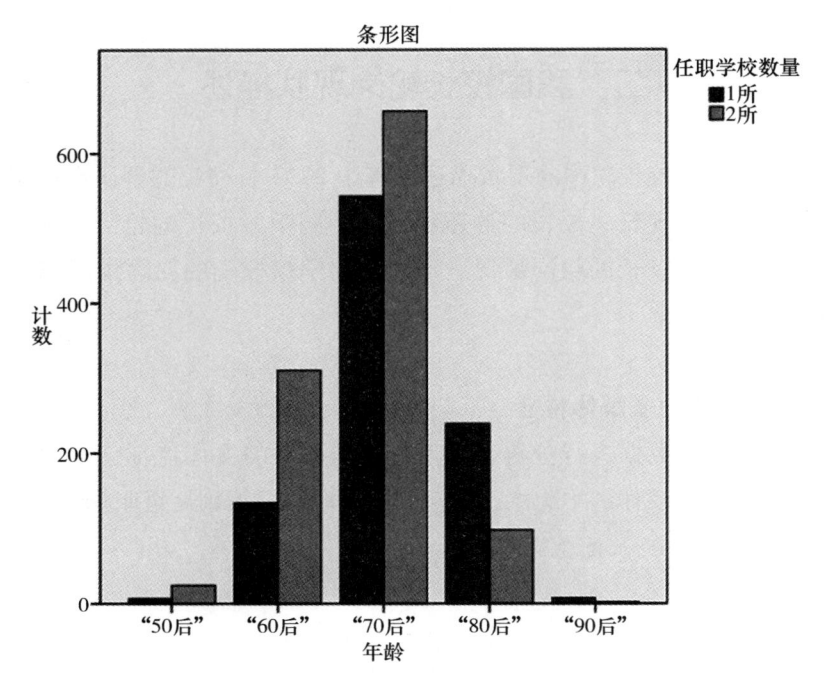

图5.2.1　不同年龄段校长任职学校数量

说明：数据表明"70后"校长的轮岗流动性最多，其次是"60后"校长，轮岗流动性差异达到极显著水平（p<0.001）。

我们将在两所及以上学校任职的校长作为有轮岗经历的校长，在研究中发现，"70后"校长是轮岗校长群体的主力军。

表5.2.3　　　　　　　　　轮岗校长年龄分布

		任职学校数量				合计
		2所	3所	4所	5所及以上	
年龄	"50后"	13	8	2	2	25
	"60后"	118	98	59	35	310
	"70后"	354	184	80	38	656
	"80后"	70	22	5	1	98
	"90后"	1	0	0	1	2
合计		556	312	146	77	1091

数据表明"70 后"校长的轮岗流动性最多,与其他年龄段校长的差异性达到极显著水平($p<.000$)。

2. 轮岗校长的职称多为副高级职称

表 5.2.4　　　　　　校长职称与任职学校数量分析

		任职学校数量		合计
		1 所	2 所	
职称	三级	2	2	4
	二级	43	15	58
	一级	415	333	748
	副高	448	701	1149
	正高	8	34	42
	其他	15	6	21
合计		931	1091	2022

表 5.2.5　　　　　　卡方检验

	值	df	渐进 Sig.（双侧）
Pearson 卡方	86.045[a]	5	0.000
似然比	87.908	5	0.000
线性和线性组合	52.653	1	0.000
有效案例中的 N	2022		

注:a. 2 单元格（16.7%）的期望计数少于 5。最小期望计数为 1.84。

（二）不同地理位置学校校长轮岗走向分析

在考虑校长轮岗时,需要从校长个人专业发展、薄弱学校改进及区域教育优质均衡发展的角度来思考轮岗的决策。具体而言,需要思考,具体到不同的校长,在不同地理位置、不同类型学校工作的经历能够为其职业发展提供什么类型的历练（威廉·罗斯维尔,2014）。具体到薄弱学校的改进,这所学校的问题是什么,对未来学校领导的需求是什么?具有什么经历、处于哪个职业发展阶段的校长更能引领这所学校的可持续发展（D. Fink,2010）?具体到区域教育的优质均衡发展,需要分析当我们将这位校长轮岗到其他学校,谁来做他的接班人最合适?如何避免

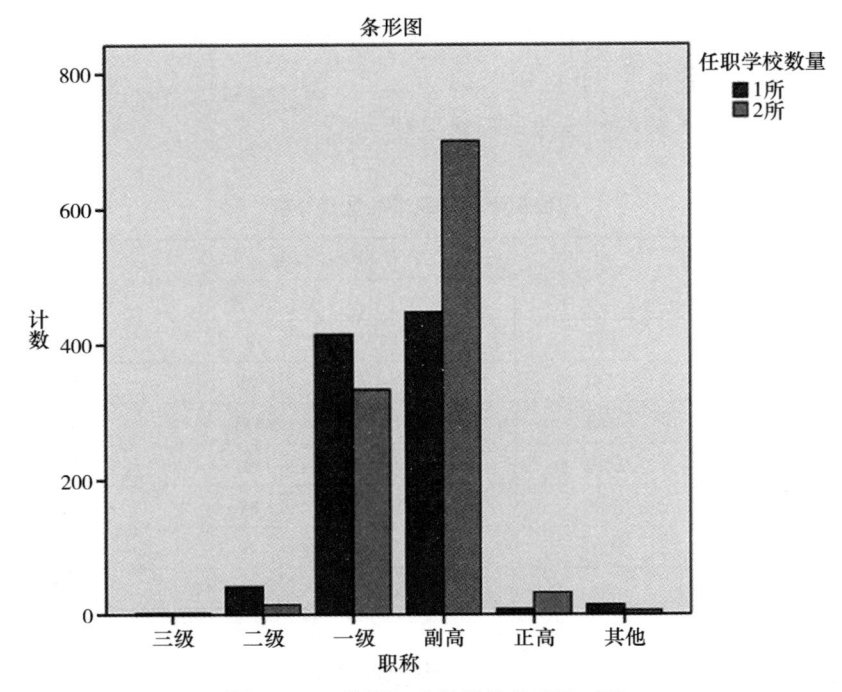

图 5.2.2 轮岗与未轮岗校长职称对比

因为一个校长的轮岗而导致一连串学校受到波动的"多米诺骨牌效应"（E. G. Bengtson，2010）。

在国家颁布的多个政策文本中，均提出要引导优秀校长、城区校长向薄弱学校、农村学校流动。研究通过了解校长现任职学校及之前任职学校的地理位置和学校类型，来判断分析校长的轮岗走向。在调查的2022名校长中，校长之前任职学校的地理位置见表5.2.6。

表 5.2.6　校长之前任职学校地理位置

之前任职学校地理位置	数量	百分比（%）
城市	611	30.2
城乡接合部	318	15.7
乡镇	366	18.1
农村	727	36.0

图 5.2.3—图 5.2.6 反映了他们的轮岗走向。

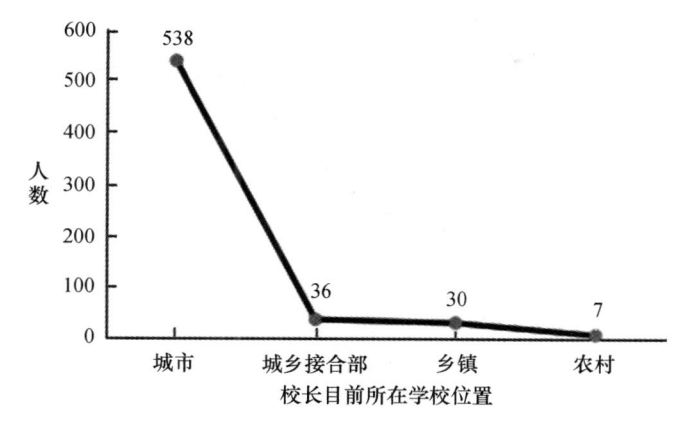

图 5.2.3　城市校长轮岗地域走向

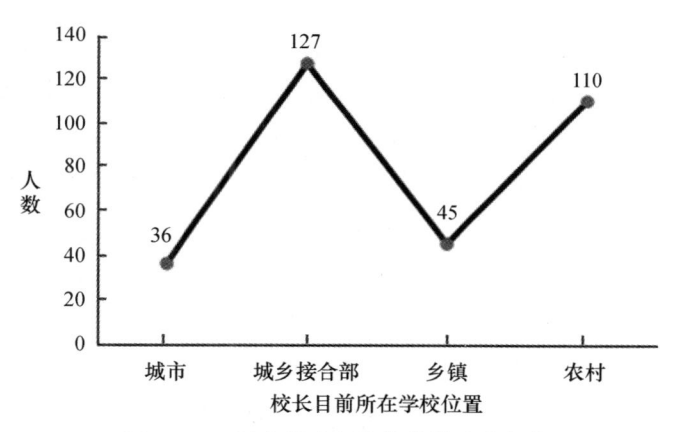

图 5.2.4　城乡接合部校长轮岗地域走向

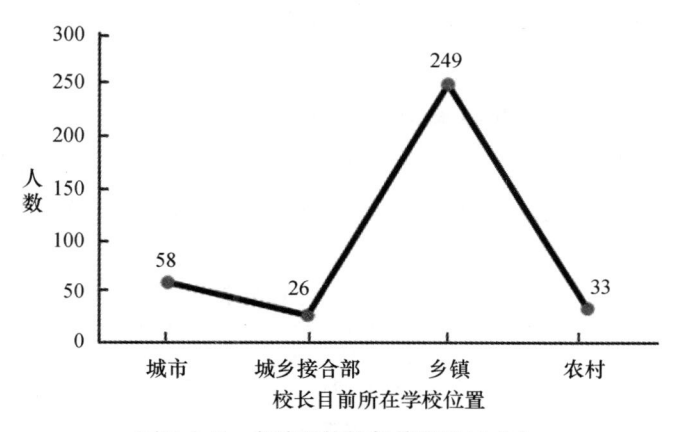

图 5.2.5　乡镇学校校长轮岗地域走向

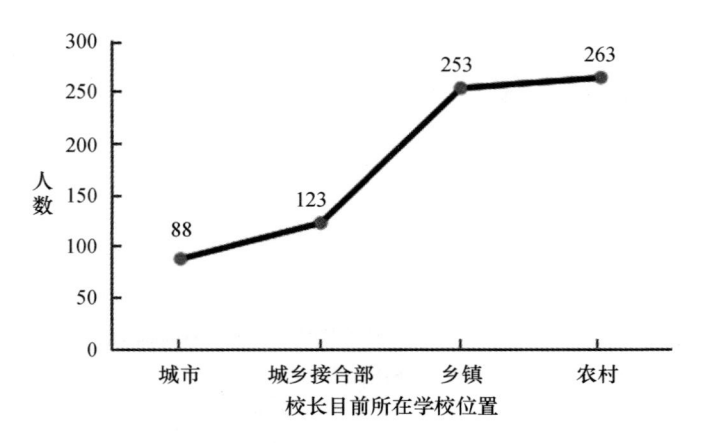

图 5.2.6　农村学校校长轮岗地域走向

从城市学校校长的轮岗走向来看，88.1% 的校长仍然在城市学校间轮岗，5.9% 的校长轮岗到城乡接合部，4.9% 的校长轮岗到乡镇，1.1% 的校长轮岗到农村。从城乡接合部学校校长的轮岗走向来看，39.5% 的校长仍然在城乡接合部学校间轮岗，35% 的校长从城乡接合部学校轮岗到农村学校，14.2% 的城乡接合部校长轮岗到乡镇学校，11.3% 的校长轮岗到城市学校。从乡镇学校校长的轮岗走向来看，68% 的校长仍然在乡镇学校间轮岗，15.8% 的校长轮岗到城市学校，9% 的校长轮岗到农村学校，7% 的校长轮岗到城乡接合部学校。从农村学校校长的轮岗走向来看，36.2% 的农村学校校长仍在农村学校之间流动，34.8% 的农村学校校长流动到乡镇学校，12.1% 轮到城市，16.9% 轮到城乡接合部。由此可以发现，校长的轮岗具有同质性，即大部分校长是在同区位学校间流动。

（三）不同类型学校校长轮岗走向分析

调查的 2022 名校长之前的任职学校类型见表 5.2.7，从不同学校类型的校长轮岗走向来看，也存在较大的同质性，具体见图 5.2.7。

表 5.2.7　　　　　　　校长之前任职学校类型

之前任职学校类型	数量	百分比（%）
国家省级示范校	293	14.5
市县级示范校	377	18.6

续表

之前任职学校类型	数量	百分比（%）
普通学校	1328	65.7
新筹建学校	24	1.2

以下四图反映了他们的轮岗走向。56.3%的国家级、省级示范校校长在同级学校之间轮岗，21.5%的校长轮到市、县级示范校，14%的校长轮到普通学校，8%的校长轮到新筹建学校。14.8%的市县级示范校校长轮岗到国家级、省级示范校，60%的校长在同级学校之间轮岗，20%轮到普通学校。69.6%的普通学校校长在普通学校之间轮岗，18.3%轮到市、县示范校，8.9%轮到国家级、省级示范学校。由此可以发现，校长的轮岗具有同质性，即大部分校长是在相同区位、相同层次的学校间流动。

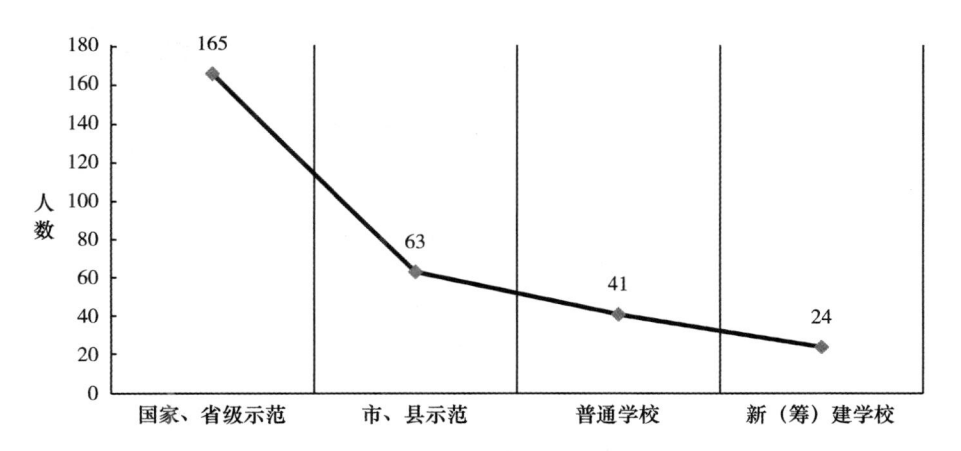

图 5.2.7　国家、省级示范学校校长轮岗学校类型走向

尽管国家从政策层面要求校长从城市流向乡村、从优质学校流向薄弱学校，但也有实证研究表明：（1）城乡交流背景下校长角色适应的关键时段为 11—15 年教龄，这一时段校长在人际协调方面的适应最好，但在工作承载因子上的得分最低；（2）同层次校际变动（普通到普通、重点到重点）的校长角色适应好于跨层次校际变动（普通到重点、重点到

普通）的校长；（3）从农村学校到城市学校挂职的校长角色适应好于从城市学校到农村学校挂职的校长；（4）交流前后学校差距不大的校长角色适应好于交流前后学校差距较大的校长（刘晓辰，2013）。

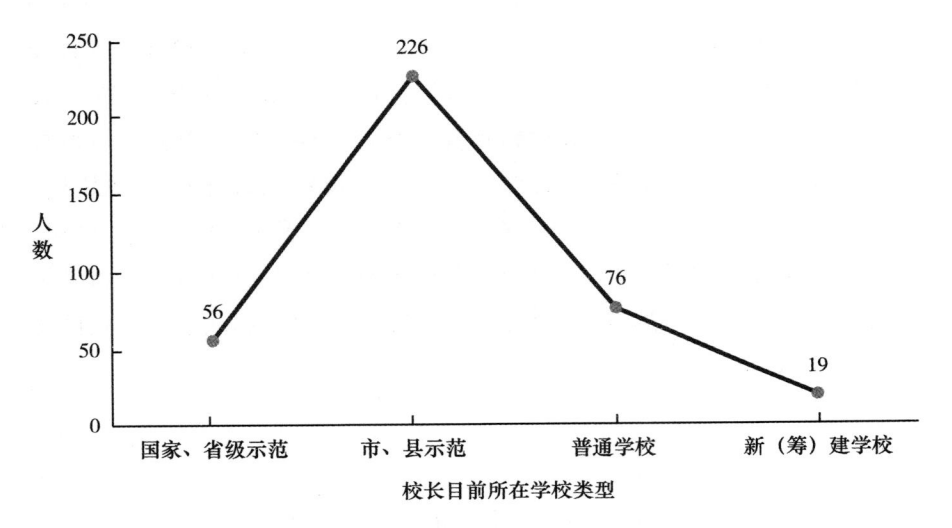

图 5.2.8　市、县示范学校校长轮岗学校类型走向

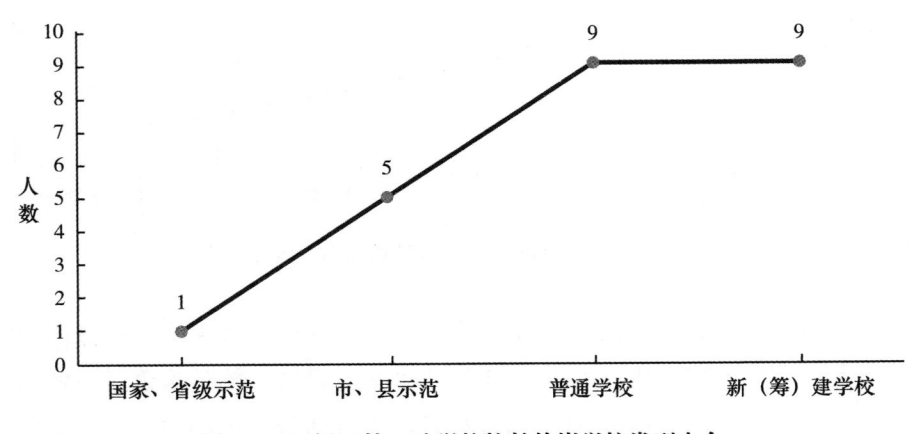

图 5.2.9　新（筹）建学校校长轮岗学校类型走向

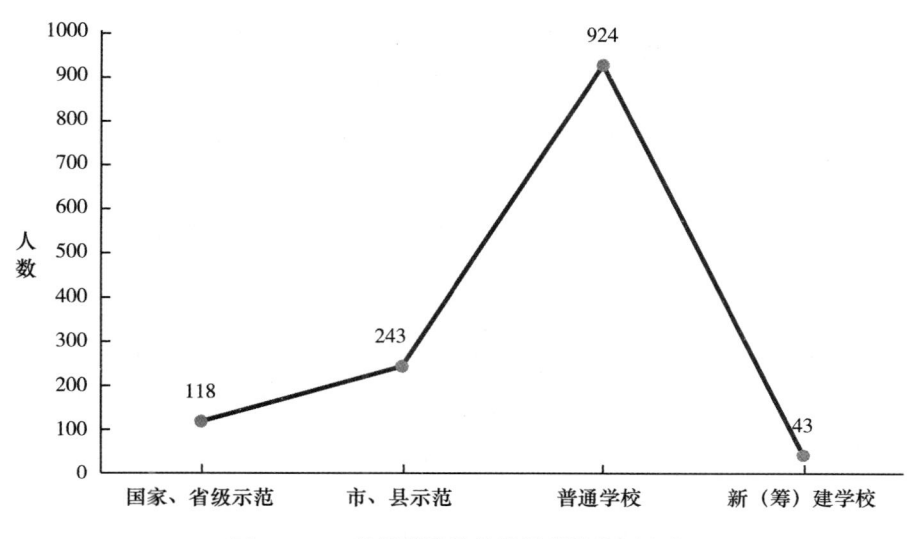

图 5.2.10 普通学校校长轮岗学校类型走向

三 校长对轮岗的认识、态度与校长身份认同分析

(一) 校长对轮岗的认识、态度与身份认同差异分析

1. 男性校长对轮岗的认识与态度更为积极

校长对轮岗认识与态度、身份认同的性别差异检验结果如表 5.3.1 所示：不同性别的被试在身份认同上得分不存在显著性差异（p > 0.05），在轮岗认识与态度上存在显著性差异（p < 0.05），且男性被试在轮岗认识与态度上显著高于女性。

表 5.3.1　　　　　　　各变量的性别差异分析

	性别	N	均值	标准差	T	P
轮岗认识与态度	男	715	35.0545	4.79041	4.164	0.000
	女	269	33.5874	5.26931		
身份认同	男	715	8.6098	2.12499	0.627	0.531
	女	269	8.5130	2.24207		

2. "60后"校长身份认同显著高于"70后"和"80后"

轮岗认识与态度、身份认同的年龄差异检验结果如表5.3.2所示：不同年龄的被试在轮岗认识与态度上得分不存在显著性差异（$p > 0.05$），在身份认同上存在显著性差异（$p < 0.05$），进一步经由事后分析可知，"60后"被试的身份认同显著高于"70后"和"80后"被试。

表 5.3.2　　　　　　各变量的年龄差异分析

	年龄	N	均值	标准差	F	P	事后分析
轮岗认识与态度	"60后"	266	34.5226	4.93748	0.199	0.819	
	"70后"	572	34.7378	5.10806			
	"80后"	146	34.5616	4.4551			
身份认同	"60后"	266	9.0376	2.02961	9.483	0.000	"60后">"70后"、"80后"
	"70后"	572	8.479	2.17965			
	"80后"	146	8.1644	2.16883			

3. 一级职称的校长身份认同度显著低于副高和正高级职称的校长

轮岗认识与态度、身份认同的职称差异检验结果如表5.3.3所示：不同职称的被试在轮岗认识与态度上得分不存在显著性差异（$p > 0.05$），在身份认同上存在显著性差异（$p < 0.05$），进一步经由事后分析可知，职称为一级的被试的身份认同显著低于副高、正高的被试。

表 5.3.3　　　　　　各变量的职称差异分析

	职称	N	均值	标准差	F	P	事后分析
轮岗认识与态度	二级	31	35	4.53872	1.732	0.141	
	一级	326	34.7025	4.84026			
	副高	578	34.7318	5.01841			
	正高	34	32.4706	6.02135			
	其他	15	34.8	2.88345			
身份认同	二级	31	8.3571	2.18598	4.191	0.002	一级<副高、正高
	一级	326	8.2117	2.19678			
	副高	578	8.763	2.08424			

续表

	职称	N	均值	标准差	F	P	事后分析
身份认同	正高	34	8.9706	2.72458	4.191	0.002	一级＜副高、正高
	其他	15	9.2667	1.53375			

4. 不同学历的校长对轮岗的认识与态度、身份认同不存在显著差异

轮岗认识与态度、身份认同的学历差异检验结果如表5.3.4所示：不同学历的被试在轮岗认识与态度、身份认同上得分不存在显著性差异（p＞0.05）。

表5.3.4　　　　　各变量的学历差异分析

	学历	N	均值	标准差	F	P
轮岗认识与态度	大专	105	34.619	4.97567	0.841	0.432
	本科	790	34.7304	5.01298		
	硕士研究生	89	34.0112	4.52642		
身份认同	大专	105	8.2667	2.01564	2.231	0.108
	本科	790	8.5873	2.14774		
	硕士研究生	89	8.9213	2.36078		

5. 任职学校数量为1所的被试的身份认同显著低于5所及以上的被试

任职学校数量不同的校长对轮岗认识与态度、身份认同的差异检验结果如表5.3.5所示：不同任职学校数量的被试在轮岗认识与态度上得分不存在显著性差异（p＞0.05），在身份认同上存在显著性差异（p＜0.05），进一步经由事后分析可知，任职学校数量为1所的被试的身份认同显著低于5所及以上的被试。这在一定程度上反映出，在不同学校轮岗的经历有助于增强校长的身份认同。

表5.3.5　　　　　各变量的任职学校数量差异分析

	任职学校数量	N	均值	标准差	F	P	事后分析
轮岗认识与态度	1所	448	34.2701	4.9027	1.998	0.093	
	2所	277	35.13	5.0265			

续表

	任职学校数量	N	均值	标准差	F	P	事后分析
轮岗认识与态度	3 所	159	34.9182	5.15453	1.998	0.093	
	4 所	66	34.0909	4.62677			
	5 所及以上	34	35.6765	4.74642			
身份认同	1 所	448	8.3839	2.10887	2.72	0.029	1 所＜5 所及以上
	2 所	277	8.6534	2.2155			
	3 所	159	8.7673	2.17638			
	4 所	66	8.7727	1.98297			
	5 所及以上	34	9.4118	2.31094			

6. 不同学段的校长在轮岗认识与态度、身份认同上不存在显著差异

不同学段的校长在轮岗认识与态度、身份认同的差异检验结果如表 5.3.6 所示：不同学段的被试在轮岗认识与态度、身份认同上得分不存在显著性差异（$p>0.05$）。

表 5.3.6　　　　　　各变量的学段差异分析

	学段	N	均值	标准差	F	P	事后分析
轮岗认识与态度	小学	431	34.529	5.04846	1.758	0.105	
	初中	178	34.6461	4.83905			
	高中	183	34.8361	4.96752			
	九年一贯制学校	53	35.566	4.95561			
	完全中学	99	35.2121	4.64291			
	十二年一贯制学校	20	32.35	6.20081			
	其他	20	32.85	3.78744			
身份认同	小学	431	8.4988	2.10302	0.948	0.46	
	初中	178	8.6966	2.37646			
	高中	183	8.4317	1.95118			
	九年一贯制学校	53	8.6792	2.27675			
	完全中学	99	8.7475	2.04212			
	十二年一贯制学校	20	9.3	2.83029			
	其他	20	9	2.53398			

7. 不同职务的校长对轮岗的认识与态度、身份认同不存在显著差异

不同职务的校长对轮岗认识与态度、身份认同的职务差异检验结果如表5.3.7所示：不同职务的被试在轮岗认识与态度、身份认同上得分不存在显著性差异（p>0.05）。

表5.3.7　　　　　　　各变量的职务差异分析

	职务	N	均值	标准差	F	P	事后分析
轮岗认识与态度	校长	549	34.5009	5.10211	1.397	0.233	
	教学副校长	185	34.7568	4.26694			
	德育副校长	143	34.4825	5.65543			
	后勤副校长	59	36.0678	4.54049			
	其他	48	34.7708	4.01189			
身份认同	校长	549	8.5719	2.22642	0.549	0.7	
	教学副校长	185	8.4216	2.04184			
	德育副校长	143	8.7413	2.15822			
	后勤副校长	59	8.6949	2.03634			
	其他	48	8.7292	1.94323			

8. 不同任职年限的校长在轮岗认识与态度、身份认同上不存在显著差异

轮岗认识与态度、身份认同的任职年限差异检验结果如表5.3.8所示：不同任职年限的被试在轮岗认识与态度、身份认同上得分不存在显著性差异（p>0.05）。

表5.3.8　　　　　　　各变量的任职年限差异分析

	任职年限	N	均值	标准差	F	P	事后分析
轮岗认识与态度	1年以下	121	34.5868	4.24003	2.056	0.085	
	1—3年	359	34.8384	4.90429			
	4—6年	253	34.4506	5.09693			
	7—10年	135	35.4074	4.83658			
	10年以上	116	33.7155	5.59162			

续表

	任职年限	N	均值	标准差	F	P	事后分析
身份认同	1年以下	121	8.4298	2.0076	0.324	0.862	
	1—3年	359	8.6045	2.11792			
	4—6年	253	8.5455	2.26141			
	7—10年	135	8.6074	2.13393			
	10年以上	116	8.7328	2.24328			

9. 不同地理位置学校校长对轮岗认识与态度存在显著性差异

不同地理位置学校校长对轮岗认识与态度、身份认同的差异检验结果如表5.3.9所示：不同地理位置的被试在身份认同上得分不存在显著性差异（$p > 0.05$），在轮岗认识与态度上存在显著性差异（$p < 0.05$），进一步经由事后分析可知，地理位置为城市的被试在轮岗认识与态度上显著低于乡镇、城乡接合部的被试。也就是说，与乡镇学校、城乡接合部学校的校长相比，城市学校的校长对轮岗的态度更为消极。

表5.3.9　　　　　　各变量的地理位置差异分析

	地理位置	N	均值	标准差	F	P	事后分析
轮岗认识与态度	城市	442	34.0588	4.96803	4.596	0.003	城市＜乡镇、城乡接合部
	乡镇	249	35.0522	5.17372			
	农村	178	34.882	4.75651			
	城乡接合部	115	35.7217	4.57213			
身份认同	城市	442	8.6878	2.09032	2.268	0.079	
	乡镇	249	8.6867	2.29969			
	农村	178	8.2191	2.1079			
	城乡接合部	115	8.5217	2.12895			

10. 不同类型学校校长在轮岗的认识与态度、身份认同上存在显著差异

不同类型学校校长对轮岗认识与态度、身份认同的差异检验结果如

表 5.3.10 所示：不同学校类型的被试在轮岗认识与态度、身份认同上存在显著性差异（p<0.05），进一步经由事后分析可知，学校类型为国家、省级示范学校的校长在轮岗认识与态度上显著低于市级、县级示范学校，普通学校，新（筹）建学校。市级、县级示范学校校长的身份认同显著高于普通学校的校长。

表5.3.10　　　　　各变量的学校类型差异分析

	学校类型	N	均值	标准差	F	P	事后分析
轮岗认识与态度	国家、省级示范学校	198	33.5505	5.28718	4.442	0.004	国家、省级示范学校＜市级、县级普通学校，普通学校，新（筹）建学校
	市级、县级示范学校	296	35.125	4.99979			
	普通学校	439	34.7768	4.76146			
	新（筹）建学校	51	35.1373	4.71177			
身份认同	国家、省级示范学校	198	8.6818	2.12664	3.34	0.019	市级、县级普通学校＞普通学校
	市级、县级示范学校	296	8.8277	2.12986			
	普通学校	439	8.3485	2.16746			
	新（筹）建学校	51	8.8039	2.19107			

11. 不同规模学校校长的身份认同存在显著差异

轮岗认识与态度、继任领导力、组织重构领导力、对外关系领导力、身份认同的学校规模差异检验结果如表 5.3.11 所示：不同学校规模的被试在轮岗认识与态度上得分不存在显著性差异（p>0.05），在身份认同上存在显著性差异（p<0.05），进一步经由事后分析可知，学校规模为 12 个班以下的校长身份认同上显著低于 12—24 个班、37—48 个班、48 个班以上的校长。即学校规模越大，校长的身份认同越强。

表 5.3.11　　　　　　　各变量的学校规模差异分析

	学校规模	N	均值	标准差	F	P	事后分析
轮岗认识与态度	12 个班以下	175	34.6457	4.81379	0.88	0.475	
	12—24 个班	246	34.6057	4.97289			
	25—36 个班	185	34.5838	5.41884			
	37—48 个班	113	35.4425	4.51572			
	48 个班以上	265	34.4151	4.91686			
身份认同	12 个班以下	175	8	2.2024	4.206	0.002	12 个班以下 < 12—24 个班、37—48 个班、48 个班以上
	12—24 个班	246	8.8049	2.11952			
	25—36 个班	185	8.7135	2.16922			
	37—48 个班	113	8.7257	2.08844			
	48 个班以上	265	8.6113	2.12931			

12. 对在现任学校任职的持不同态度的校长在对轮岗的认识与态度、身份认同上存在显著差异

对在现任学校任职的持不同态度的校长在轮岗认识与态度、身份认同的差异检验结果如表 5.3.12 所示：不同对在现任学校任职的态度的被试在轮岗认识与态度、身份认同上得分存在显著性差异（p<0.05），且对在现任学校任职的态度越好的被试在轮岗认识与态度、身份认同上的得分越高。这也说明，尊重校长的任职意愿，有助于提高校长的身份认同，也能较好地改善、提高校长对轮岗的认识与态度。

表 5.3.12　　　　　　各变量对在现任学校任职的态度差异分析

	对在现任学校任职的态度	N	均值	标准差	F	P	事后分析
轮岗认识与态度	非常愿意	520	35.5	5.02709	16.301	0.000	非常愿意 > 领导做工作后愿意 > 无所谓 > 不愿意
	领导做工作后愿意	248	34.1935	4.38377			
	无所谓	154	33.8052	4.57484			
	不愿意	62	31.5	5.76806			

续表

	对在现任学校任职的态度	N	均值	标准差	F	P	事后分析
身份认同	非常愿意	520	9.0846	2.02026	24.242	0.000	非常愿意 > 领导做工作后愿意 > 无所谓 > 不愿意
	领导做工作后愿意	248	8.1048	1.96866			
	无所谓	154	8.1818	2.10959			
	不愿意	62	7.2903	2.86521			

13. 各变量在地区上的差异分析

不同地区的校长轮岗认识与态度、身份认同的差异检验结果如表5.3.13所示：不同地区的被试在轮岗认识与态度上得分不存在显著性差异（p > 0.05），在身份认同上存在显著性差异（p < 0.05），经由事后进一步分析可知，华东地区的校长的身份认同显著高于东北地区、华南地区、西南地区的校长，西南地区校长的身份认同显著低于华北地区、华中地区、华南地区校长。

表5.3.13　　　　　各变量的地区差异分析

	地区	N	均值	标准差	F	P	事后分析
轮岗认识与态度	东北地区	30	33.7667	6.09513	0.566	0.758	
	华东地区	86	34.0814	5.20682			
	华北地区	24	34.9167	4.48104			
	华中地区	22	33.8636	4.55961			
	华南地区	360	34.6917	4.69895			
	西南地区	427	34.8407	5.03303			
	西北地区	35	34.4571	5.85282			
身份认同	东北地区	30	8.5	2.38675	5.4	0.000	西南地区 < 华北地区、华中地区、华南地区
	华东地区	86	8.8256	1.87987			
	华北地区	24	8.2917	2.57883			
	华中地区	22	9.2273	2.09152			
	华南地区	360	8.9833	2.11369			
	西南地区	427	8.171	2.08421			
	西北地区	35	8.6857	2.77352			

（二）校长对轮岗的认识与态度、校长身份认同研究结论

1. 校长对轮岗的认识与态度

研究发现，男性校长对轮岗的认识更为正向，态度更为积极。学校所处的地理位置、学校的类型影响着校长对轮岗的认识与态度。简而言之，相对较好的学校，如城区的学校、示范学校的校长对轮岗的认识与态度得分相对较低。同时，校长个人任职意愿是否得到尊重也会影响校长对轮岗的认识与态度。

2. 校长身份认同

从校长个体因素来看，年龄、职称影响校长的身份认同，"60后"校长的身份认同更强，职称相对较低的校长身份认同低于高职称的校长。任职学校的数量，而不是任职年限影响校长身份认同，从某种程度上说，轮岗能够增强校长的身份认同。从学校层面的因素来看，学校越好、规模越大，校长身份认同就越强。从轮岗的程序来看，个人意愿是否得到尊重也会影响校长身份认同。

整体而言，校长的学历、职务、任职年限与任职学段对校长轮岗的认识与态度、身份认同都没有显著影响。

四 校长轮岗领导力分析

（一）校长轮岗领导力的构成

通过对数据的分析，校长轮岗领导力包含三个维度，即对外关系领导力、继任领导力及组织重构领导力。

对外关系领导力，关注校长如何通过建立对外关系来推动学校发展，包括动用行政部门、同行、专家、家长等资源的意识和能力。体现在：

D1-56 现有的政策支持我请专家到校指导学校发展

D2-57 我校与高校专家建立了长期的诊断、改进与指导关系

D3-58 我校根据需求邀请专家开展讲座

D4-59 我校与同行学校常进行互访交流

D5-60 我校与同行学校有常规性的深度合作，如题库共享、共同教研等

继任领导力（succession leadership），关注校长处理学校的延续与变革的意识和能力。体现在：

J1-39 我会基于曾经管理的成功经验在新的学校寻找发展突破点

J2-40 我会有意识地培养继任者使得学校延续发展

J3-41 我愿意把我对学校的建议分享给我的继任者

J4-42 我愿意培养我校的领导团队成员成为其他学校的领导

J5-43 我注重物色有领导潜力的教师，并培养他/她

J6-46 我会有意识地支持专业能力强的老师发挥影响力

组织重构领导力，指校长通过组织重构来推动学校变革与发展的意识和能力。体现在：

Z1-44 我校有培养一线教师成长成为学校领导的路径和具体要求

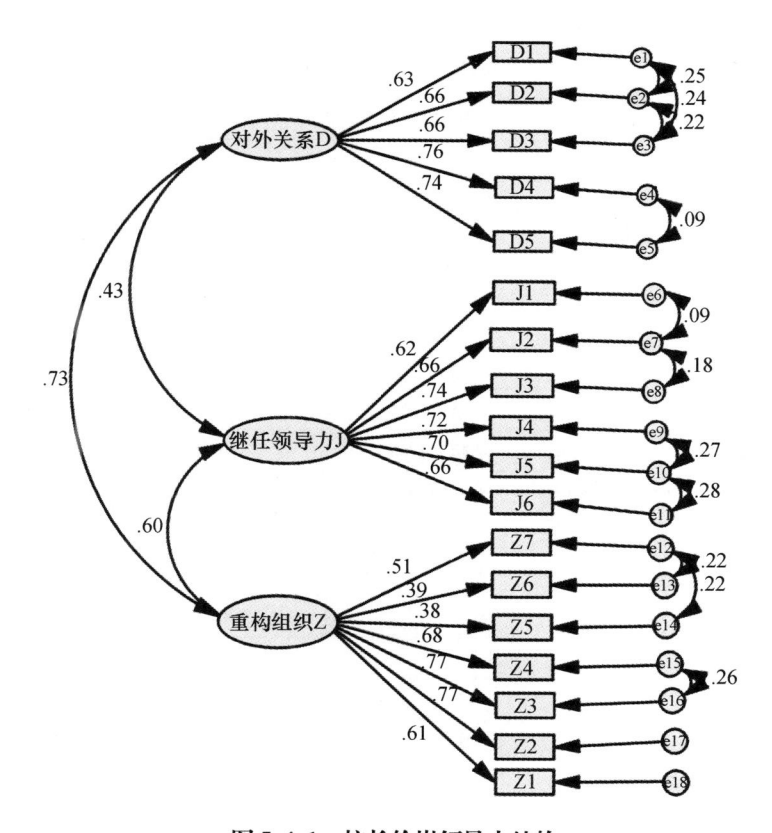

图 5.4.1 校长轮岗领导力结构

Z2-52 学校现有的制度能够得到落实

Z3-53 学校各项工作都有清晰的做事流程

Z4-54 学校的制度常规能保障目标的实现

Z5-48 我会根据学校工作的需要设立新的管理岗位

Z6-49 当工作进展不顺利时，我会及时调整学校中层领导干部的分工

Z7-50 我会定期分析完善学校管理工作的流程

（二）我国校长轮岗领导力的调查对象基本情况

我们对984名校长进行了轮岗领导力的调查研究，基本信息见表5.4.1。

表5.4.1　　　　　　　　　人口学信息描述统计

	类别	频数	百分比（%）
性别	男	715	72.7
	女	269	27.3
年龄	"60后"	266	27.0
	"70后"	572	58.1
	"80后"	146	14.8
职称	二级	31	3.2
	一级	326	33.1
	副高	578	58.7
	正高	34	3.5
	其他	15	1.5
学历	大专	105	10.7
	本科	790	80.3
	硕士研究生	89	9.0
任职学校数量	1所	448	45.5
	2所	277	28.2
	3所	159	16.2
	4所	66	6.7
	5所及以上	34	3.5

续表

	类别	频数	百分比（%）
学段	小学	431	43.8
	初中	178	18.1
	高中	183	18.6
	九年一贯制学校	53	5.4
	完全中学	99	10.1
	十二年一贯制学校	20	2.0
	其他	20	2.0
职务	校长	549	55.8
	教学副校长	185	18.8
	德育副校长	143	14.5
	后勤副校长	59	6.0
	其他	48	4.9
任职年限	1年以下	121	12.3
	1—3年	359	36.5
	4—6年	253	25.7
	7—10年	135	13.7
	10年以上	116	11.8
地理位置	城市	442	44.9
	乡镇	249	25.3
	农村	178	18.1
	城乡接合部	115	11.7
学校类型	国家、省级示范学校	198	20.1
	市级、县级普通学校	296	30.1
	普通学校	439	44.6
	新（筹）建学校	51	5.2
学校规模	12个班以下	175	17.8
	12—24个班	246	25.0
	25—36个班	185	18.8
	37—48个班	113	11.5
	48个班以上	265	26.9

续表

	类别	频数	百分比（%）
上任准备时间	一周及以下	213	21.6
	一周以上一个月以内	412	41.9
	两个月	126	12.8
	三个月	58	5.9
	半年	175	17.8
对在现任学校任职的态度	非常愿意	520	52.8
	领导做工作后愿意	248	25.2
	无所谓	154	15.7
	不愿意	62	6.3

（三）我国校长轮岗领导力的差异性分析

1. 不同性别的校长在继任领导力、组织重构领导力、对外关系领导力上不存在显著差异

不同性别的校长在继任领导力、组织重构领导力、对外关系领导力上的差异检验结果如表5.4.2所示：不同性别的被试在继任领导力、组织重构领导力、对外关系领导力上得分不存在显著性差异（$p>0.05$）。

表5.4.2　　　　　各变量的性别差异分析

	性别	N	均值	标准差	T	P
继任领导力	男	715	25.2895	2.58065	-1.188	0.235
	女	269	25.5093	2.60111		
组织重构领导力	男	715	27.4853	3.23293	-0.470	0.639
	女	269	27.5948	3.32047		
对外关系领导力	男	715	18.3986	3.31819	-1.894	0.059
	女	269	18.8587	3.59759		

2. 不同年龄的校长在继任领导力、组织重构领导力、对外关系领导力上不存在显著差异

不同年龄的校长在继任领导力、组织重构领导力、对外关系领导力差异检验结果如表5.4.3所示：不同年龄的被试在继任领导力、组织重构

领导力、对外关系领导力上得分不存在显著性差异（p＞0.05）。

表 5.4.3　　　　　各变量的年龄差异分析

	年龄	N	均值	标准差	F	P
继任领导力	"60 后"	266	25.2932	2.53364	1.119	0.327
	"70 后"	572	25.4406	2.5787		
	"80 后"	146	25.0959	2.7097		
组织重构领导力	"60 后"	266	27.688	3.10149	0.516	0.597
	"70 后"	572	27.4458	3.18472		
	"80 后"	146	27.4726	3.77687		
对外关系领导力	"60 后"	266	18.8421	3.10165	2.06	0.128
	"70 后"	572	18.4685	3.48136		
	"80 后"	146	18.1644	3.57583		

3. 不同职称的校长在继任领导力、组织重构领导力、对外关系领导力上不存在显著差异

不同职称的校长在继任领导力、组织重构领导力、对外关系领导力上的差异检验结果如表 5.4.4 所示：不同职称的校长在继任领导力、组织重构领导力、对外关系领导力上得分不存在显著性差异（p＞0.05）。

表 5.4.4　　　　　各变量的职称差异分析

	职称	N	均值	标准差	F	P
继任领导力	二级	31	24.3548	2.16869	1.882	0.111
	一级	326	25.2638	2.63311		
	副高	578	25.4325	2.55812		
	正高	34	25.8824	2.93118		
	其他	15	24.8667	2.29492		
组织重构领导力	二级	31	26.6452	3.71078	1.338	0.254
	一级	326	27.546	3.39539		
	副高	578	27.5311	3.15897		
	正高	34	28.2059	3.38248		
	其他	15	26.4667	2.19957		

续表

	职称	N	均值	标准差	F	P
对外关系领导力	二级	31	17.7097	3.57951	1.544	0.187
	一级	326	18.3374	3.75679		
	副高	578	18.6367	3.20736		
	正高	34	19.4118	2.93482		
	其他	15	17.9333	2.78944		

4. 不同学历的校长在继任领导力、组织重构领导力、对外关系领导力上不存在显著差异

不同学历的校长在继任领导力、组织重构领导力、对外关系领导力上的差异检验结果如表5.4.5所示：不同学历的被试在继任领导力、组织重构领导力、对外关系领导力上得分不存在显著性差异（$p > 0.05$）。

表5.4.5　　　　　　　各变量的学历差异分析

	学历	N	均值	标准差	F	P
继任领导力	大专	105	25.0667	2.62483	0.707	0.493
	本科	790	25.3861	2.58524		
	硕士研究生	89	25.3596	2.56394		
组织重构领导力	大专	105	27.4667	2.93214	0.804	0.448
	本科	790	27.4747	3.33833		
	硕士研究生	89	27.9326	2.85163		
对外关系领导力	大专	105	18.0286	3.57195	2.304	0.1
	本科	790	18.5278	3.38357		
	硕士研究生	89	19.0787	3.30022		

5. 任职学校数量不同的校长在继任领导力、组织重构领导力、对外关系领导力上不存在显著差异

任职学校数量不同的校长在继任领导力、组织重构领导力、对外关系领导力上的差异检验结果如表5.4.6所示：不同任职学校数量的被试在继任领导力、组织重构领导力、对外关系领导力上得分不存在显著性差异（p>0.05）。

表 5.4.6　　　　各变量的任职学校数量差异分析

	任职学校数量	N	均值	标准差	F	P
继任领导力	1 所	448	25.2411	2.56459	0.421	0.794
	2 所	277	25.491	2.82537		
	3 所	159	25.3711	2.23763		
	4 所	66	25.4242	2.44358		
	5 所及以上	34	25.3824	2.71934		
组织重构领导力	1 所	448	27.5446	3.27457	0.359	0.838
	2 所	277	27.6354	3.39339		
	3 所	159	27.3333	3.10505		
	4 所	66	27.4545	3.14365		
	5 所及以上	34	27.1176	2.84727		
对外关系领导力	1 所	448	18.5313	3.49162	0.372	0.829
	2 所	277	18.426	3.50038		
	3 所	159	18.4465	3.34824		
	4 所	66	18.9242	2.9629		
	5 所及以上	34	18.8235	2.34159		

6. 小学校长组织重构领导力显著高于初中和十二年一贯制学校校长

不同学段的校长在继任领导力、组织重构领导力、对外关系领导力上的学段差异检验结果如表 5.4.7 所示：不同学段的被试在继任领导力、对外关系领导力上得分不存在显著性差异（p>0.05），在组织重构领导力上存在显著性差异（p<0.05），经由事后进一步分析可知，学段为小学的被试在组织重构领导力上显著高于初中、十二年一贯制学校被试。

表 5.4.7　　　　各变量的学段差异分析

	学段	N	均值	标准差	F	P	事后分析
继任领导力	小学	431	25.5684	2.50475	1.581	0.149	
	初中	178	25.2247	2.75662			

续表

	学段	N	均值	标准差	F	P	事后分析
继任领导力	高中	183	25.1967	2.69403	1.581	0.149	
	九年一贯制学校	53	25.1321	2.42612			
	完全中学	99	25.3333	2.56746			
	十二年一贯制学校	20	25.05	2.45967			
	其他	20	24.1	2.10013			
组织重构领导力	小学	431	27.8561	3.24112	2.582	0.017	小学＞小学、初中、十二年一贯制学校
	初中	178	27.0955	3.3894			
	高中	183	27.1694	3.18457			
	九年一贯制学校	53	27.8491	3.02805			
	完全中学	99	27.697	3.3699			
	十二年一贯制学校	20	26.3	2.65766			
	其他	20	26.5	2.68524			
对外关系领导力	小学	431	18.5383	3.59558	0.68	0.666	
	初中	178	18.2809	3.28664			
	高中	183	18.6448	3.11846			
	九年一贯制学校	53	18.4717	3.48957			
	完全中学	99	18.9394	3.14551			
	十二年一贯制学校	20	17.65	3.8835			
	其他	20	18.25	3.19333			

7. 德育副校长在组织重构领导力上显著低于校长、教学副校长和后勤副校长

不同职务的校长在继任领导力、组织重构领导力、对外关系领导力的差异检验结果如表5.4.8所示：不同职务的被试在继任领导力、对外关系领导力上得分不存在显著性差异（$p>0.05$），在组织重构领导力上存在显著性差异（$p<0.05$），经由事后进一步分析可知，德育副校长在组织重构领导力上显著低于校长、教学副校长、后勤副校长。

表 5.4.8　　　　　　　　各变量的职务差异分析

	职务	N	均值	标准差	F	P	事后分析
继任领导力	校长	549	25.4536	2.51639	1.195	0.311	
	教学副校长	185	25.4541	2.70251			
	德育副校长	143	25.021	2.76158			
	后勤副校长	59	25.1356	2.72572			
	其他	48	25	2.15367			
组织重构领导力	校长	549	27.6867	3.20017	3.26	0.011	德育副校长＜校长、教学副校长、后勤副校长
	教学副校长	185	27.5135	3.40733			
	德育副校长	143	26.7063	3.46173			
	后勤副校长	59	28.1356	3.1919			
	其他	48	27.2083	2.26874			
对外关系领导力	校长	549	18.4863	3.43637	2.172	0.07	
	教学副校长	185	18.4973	3.48775			
	德育副校长	143	18.0979	3.48299			
	后勤副校长	59	19.4746	2.83668			
	其他	48	19.1667	2.81586			

8. 不同任职年限的校长在继任领导力上不存在显著差异，但在组织重构领导力和对外关系领导力上存在显著差异

不同任职年限校长在继任领导力、组织重构领导力、对外关系领导力上的差异检验结果如表 5.4.9 所示：不同任职年限的被试在继任领导力上得分不存在显著性差异（$p>0.05$），在组织重构领导力、对外关系领导力上存在显著性差异（$p<0.05$），经由事后进一步分析可知，任职年限为 10 年以上的被试在组织重构领导力、对外关系领导力上显著高于 1 年以下、1—3 年、4—6 年的被试。

表 5.4.9　　　　　　　　各变量的任职年限差异分析

	任职年限	N	均值	标准差	F	P	事后分析
继任领导力	1 年以下	121	25.1983	2.63192	1.535	0.19	
	1—3 年	359	25.5822	2.58883			
	4—6 年	253	25.1423	2.58573			

续表

	任职年限	N	均值	标准差	F	P	事后分析
继任领导力	7—10 年	135	25.1407	2.55145	1.535	0.19	
	10 年以上	116	25.4828	2.55201			
组织重构领导力	1 年以下	121	26.9669	3.4398	4.031	0.003	10 年以上 > 1 年以下、1—3 年、4—6 年
	1—3 年	359	27.4708	3.27656			
	4—6 年	253	27.2134	3.3193			
	7—10 年	135	27.9778	2.99369			
	10 年以上	116	28.3448	2.96385			
对外关系领导力	1 年以下	121	17.7107	3.85668	4.353	0.002	10 年以上 > 1 年以下、1—3 年、4—6 年
	1—3 年	359	18.4624	3.3648			
	4—6 年	253	18.3755	3.58642			
	7—10 年	135	18.9556	2.83861			
	10 年以上	116	19.3879	2.96874			

9. 不同地理位置学校校长在对外关系领导力上存在显著差异

不同地理位置学校校长在继任领导力、组织重构领导力、对外关系领导力上的差异检验结果如表5.4.10所示：不同地理位置的被试在继任领导力、组织重构领导力上得分不存在显著性差异（p > 0.05），对外关系领导力上存在显著性差异（p < 0.05），经由事后进一步分析可知，地理位置为城市的被试在对外关系领导力上显著高于乡镇、城乡接合部的被试。

表5.4.10　　　　各变量的地理位置差异分析

	地理位置	N	均值	标准差	F	P	事后分析
继任领导力	城市	442	25.4027	2.65145	1.497	0.214	
	乡镇	249	25.4739	2.59659			
	农村	178	24.9831	2.44135			
	城乡接合部	115	25.4435	2.51379			
组织重构领导力	城市	442	27.6018	3.25622	1.427	0.233	
	乡镇	249	27.7229	3.18			
	农村	178	27.2978	3.36081			
	城乡接合部	115	27.0696	3.23284			

续表

	地理位置	N	均值	标准差	F	P	事后分析
对外关系领导力	城市	442	18.8281	3.24751	4.659	0.003	城市＞乡镇、城乡接合部
	乡镇	249	18.6988	3.3278			
	农村	178	17.8258	3.77892			
	城乡接合部	115	18.0609	3.35942			

10. 不同类型学校校长在对外关系领导力上存在显著差异

不同类型学校校长在继任领导力、组织重构领导力、对外关系领导力上的差异检验结果如表 5.4.11 所示：不同学校类型的被试在继任领导力、组织重构领导力上得分不存在显著性差异（$p > 0.05$），在对外关系领导力上存在显著性差异（$p < 0.05$），经由事后进一步分析可知，普通学校校长在对外关系领导力上显著低于国家、省级示范学校、新（筹）建学校的校长。

表 5.4.11　　　　各变量的学校类型差异分析

	学校类型	N	均值	标准差	F	P	事后分析
继任领导力	国家、省级示范学校	198	25.2475	2.55783	1.132	0.335	
	市级、县级普通学校	296	25.4392	2.55177			
	普通学校	439	25.2711	2.62615			
	新（筹）建学校	51	25.902	2.54759			
组织重构领导力	国家、省级示范学校	198	27.5909	3.19888	1.04	0.374	
	市级、县级普通学校	296	27.5473	3.17369			
	普通学校	439	27.3804	3.36632			
	新（筹）建学校	51	28.1961	2.9531			

续表

	学校类型	N	均值	标准差	F	P	事后分析
对外关系领导力	国家、省级示范学校	198	19.0404	3.06087	3.931	0.008	普通学校＜国家、省级示范学校、新（筹）建学校
	市级、县级普通学校	296	18.6014	3.32171			
	普通学校	439	18.1617	3.60603			
	新（筹）建学校	51	19.1961	2.96661			

11. 小规模学校校长在对外关系领导力上显著低于中大规模学校校长

不同规模学校校长在继任领导力、组织重构领导力、对外关系领导力上的差异检验结果如表 5.4.12 所示：不同学校规模的被试在继任领导力、组织重构领导力上得分不存在显著性差异（p＞0.05），在对外关系领导力上存在显著性差异（p＜0.05），经由事后进一步分析可知，学校规模为 12 个班以下的校长的对外关系领导力显著低于 12—24 个班、37—48 个班、48 个班以上的校长。

表 5.4.12　　　　　　各变量的学校规模差异分析

	学校规模	N	均值	标准差	F	P	事后分析
继任领导力	12 个班以下	175	25.0057	2.49251	1.765	0.134	
	12—24 个班	246	25.5976	2.67197			
	25—36 个班	185	25.3676	2.60956			
	37—48 个班	113	25.6018	2.52325			
	48 个班以上	265	25.2264	2.56315			
组织重构领导力	12 个班以下	175	27.3829	3.26893	0.17	0.954	
	12—24 个班	246	27.6179	3.2338			
	25—36 个班	185	27.5838	3.42223			
	37—48 个班	113	27.5044	3.13427			
	48 个班以上	265	27.4642	3.21921			

续表

	学校规模	N	均值	标准差	F	P	事后分析
对外关系领导力	12个班以下	175	17.7943	3.81512	3.923	0.004	12个班以下＜12—24个班、37—48个班、48个班以上
	12—24个班	246	18.5203	3.55906			
	25—36个班	185	18.3135	3.34096			
	37—48个班	113	18.823	3.15445			
	48个班以上	265	19.0302	3.00741			

12. 各变量就职准备时间与轮岗领导力的差异分析

就职准备时间不同的校长在继任领导力、组织重构领导力、对外关系领导力上的差异检验结果如表5.4.13所示：就职准备时间不同在继任领导力、组织重构领导力、对外关系领导力上得分不存在显著性差异（$p>0.05$）。

表5.4.13　　　各变量就职准备的时间差异分析

	就职准备时间	N	均值	标准差	F	P
继任领导力	一周及以下	213	25.4225	2.71089	0.228	0.923
	一周以上一个月以内	412	25.3155	2.51564		
	两个月	126	25.2143	2.44821		
	三个月	58	25.2931	2.4567		
	半年及以上	175	25.4571	2.75371		
组织重构领导力	一周及以下	213	27.1972	3.49239	1.674	0.154
	一周以上一个月以内	412	27.5801	3.03442		
	两个月	126	27.4841	2.99796		
	三个月	58	27	3.15116		
	半年及以上	175	27.9429	3.62735		

续表

	就职准备时间	N	均值	标准差	F	P
对外关系领导力	一周及以下	213	18.2207	3.76091	2.348	0.053
	一周以上一个月以内	412	18.5146	3.10674		
	两个月	126	18.7619	3.5064		
	三个月	58	17.7069	3.18994		
	半年及以上	175	19.0171	3.54037		

13. 轮岗就职意愿不同的校长在继任领导力、组织重构领导力、对外关系领导力上存在显著差异

轮岗就职意愿不同的校长在继任领导力、组织重构领导力、对外关系领导力上的差异检验结果如表5.4.14所示：不同轮岗就职意愿的校长在继任领导力、组织重构领导力、对外关系领导力上得分存在显著性差异（p<0.05），且对在现任学校任职的态度越好的校长在继任领导力、组织重构领导力、对外关系领导力上的得分越高。

表5.4.14　　　　各变量的对在现任学校任职的态度差异分析

	对在现任学校任职的态度	N	均值	标准差	F	P	事后分析
继任领导力	非常愿意	520	25.6788	2.65751	6.867	0.000	非常愿意>领导做工作后愿意>无所谓>不愿意
	领导做工作后愿意	248	25.125	2.40371			
	无所谓	154	24.9091	2.65035			
	不愿意	62	24.5806	2.12363			
组织重构领导力	非常愿意	520	28.1135	3.16967	18.196	0.000	非常愿意>领导做工作后愿意>无所谓>不愿意
	领导做工作后愿意	248	27.3548	2.91775			
	无所谓	154	26.4351	3.34298			
	不愿意	62	25.8226	3.71759			

续表

	对在现任学校任职的态度	N	均值	标准差	F	P	事后分析
对外关系领导力	非常愿意	520	19.2	3.12834	22.534	0.000	非常愿意 > 领导做工作后愿意 > 无所谓 > 不愿意
	领导做工作后愿意	248	18.3105	3.26253			
	无所谓	154	17.513	3.49647			
	不愿意	62	16.2258	4.16629			

14. 各变量在地区上的差异分析

不同区域的校长在继任领导力、组织重构领导力、对外关系领导力上的地区差异检验结果如表5.4.15所示：不同地区的被试在继任领导力、组织重构领导力上得分不存在显著性差异（p>0.05），在对外关系领导力上存在显著性差异（p<0.05），经由事后进一步分析可知，华东地区校长的对外关系领导力显著高于东北地区、华南地区、西南地区的校长。

表5.4.15　　　　　各变量的地区差异分析

	地区	N	均值	标准差	F	P	事后分析
继任领导力	东北地区	30	25.3	2.49344	1.192	0.308	
	华东地区	86	25.6628	2.56038			
	华北地区	24	25.875	2.4902			
	华中地区	22	25.1818	2.97027			
	华南地区	360	25.0972	2.431			
	西南地区	427	25.452	2.66245			
	西北地区	35	25.7143	3.08289			
组织重构领导力	东北地区	30	27.4	3.74718	1.51	0.172	
	华东地区	86	28.3372	3.28852			
	华北地区	24	27.9583	2.23566			
	华中地区	22	27.2727	4.04948			
	华南地区	360	27.2306	3.01337			
	西南地区	427	27.5761	3.42467			
	西北地区	35	27.6286	2.88083			

续表

	地区	N	均值	标准差	F	P	事后分析
对外关系领导力	东北地区	30	18.2	4.23776	2.115	0.049	华东地区＞东北地区、华南地区、西南地区
	华东地区	86	19.6395	2.85704			
	华北地区	24	19.375	2.51625			
	华中地区	22	18.1818	3.99567			
	华南地区	360	18.4556	3.21265			
	西南地区	427	18.3443	3.54991			
	西北地区	35	18.6	3.66381			

（三）我国校长轮岗领导力研究结论

不同职务的校长、任职年限不同的校长、在不同学段任职的校长在组织重构领导力上有显著差异。在不同地理位置、不同类型学校、不同规模学校任职的校长，在对外关系领导力上有显著差异。轮岗校长的不同的就职意愿与继任领导力、组织重构领导力及对外关系领导力均有显著差异。

校长的性别、年龄、职称、学历、任职学校数量、就职准备时间在继任领导力、组织重构领导力和对外关系领导力上没有显著差异。

第 六 章

我国校长轮岗的案例研究

一 广东省校长轮岗案例研究

本部分通过对广东省与校长轮岗相关的 20 个政策文本进行分析，描述分析其校长轮岗的目标定位、校长轮岗的对象界定、校长轮岗的方式、校长轮岗的程序及校长轮岗的保障措施。在此基础上，结合对广东省 408 名中小学校长的问卷调查结果，呈现广东省中小学校长的轮岗走向，反映广东省中小学校长轮岗政策实施现状，在此基础上，从系统领导力的视角提出系统规划中小学校长轮岗及达成轮岗专业目的的策略方法。

在我国的实践中，国家颁布了系列政策，将实行校长教师交流轮岗作为推进教育均衡发展、实现教育公平的重要举措。广东省也颁布实施了校长轮岗政策，有序推动校长教师轮岗的制度化与常态化。在调查中发现，71.1% 的校长有两所以上的学校任职经历。管控校长轮岗对学校带来的影响成为推行轮岗政策后的新课题。与西方国家不同，我们的校长轮岗是强制的、周期性的、大规模的。不同于西方校长的市场化流动，我国中小学校长是受教育行政部门与组织部门管理的教育干部，其轮岗交流决定仍然属于干部人事任命。这也就意味着通过自上而下的科层管理机制，强制的、周期性、大规模的校长轮岗有其独到的制度性基础，是可达成的。

（一）广东省校长轮岗政策文本分析

1. 广东省校长轮岗政策类型与要点

政策本质上是政府所选择做或者不做的事，是政府带有目的性与指向性的干预行为（Dye，1998）。有关校长轮岗的政策体现着政府对校长轮岗的基本理解、要求与目的。通过对相关政策的梳理与分析，我们可以更清晰地了解广东省对校长轮岗的期望及具体取向。本研究整理分析了网络上能公开查到的广东省中小学校长轮岗相关政策文本 20 份（见表 6.1.1），其中与校长轮岗相关的综合类政策 10 份、专项政策 10 份，围绕其对校长轮岗的目标定位、校长轮岗的对象界定、校长轮岗的方式、校长轮岗的程序及校长轮岗的保障措施描述并分析了广东省校长轮岗政策。

表 6.1.1　　　　　　　　广东省校长轮岗相关政策要点

政策名称	关于校长轮岗的重点论述	政策类别	备注
广东省人民政府关于统筹推进县域内城乡义务教育一体化改革发展的实施意见	推动城乡教师交流，重点引导优秀校长和骨干教师向乡村学校流动。	综合	校长轮岗与教师轮岗合在一起论述
广东省教育厅《关于推进中小学教师"县管校聘"管理改革的指导意见》解读	完善中小学教师均衡配置机制，引导优秀校长教师向农村学校、薄弱学校有序流动，缩小城乡间、校际教师队伍水平差距。	综合	校长轮岗与教师轮岗合在一起论述
广东省教育厅　广东省机构编制委员会办公室　广东省财政厅　广东省人力资源和社会保障厅关于推进中小学教师"县管校聘"管理改革的指导意见	为促进校长教师合理流动、优化教师资源配置提供制度保障。 各地教育行政部门根据本地实际制定校长教师交流轮岗实施方案并组织实施，通过多种交流轮岗形式，逐步实现学校之间专任教师高一层次学历比例、中高级教师职称比例和骨干教师比例大体相当，实现区域内教师资源的均衡配置。要采取切实有效措施，加强对交流轮岗校长教师的管理和服务，为交流校长教师的生活和工作提供便利，积极引导优秀校长教师向农村学校、薄弱学校有序流动，缩小城乡间、校际教师队伍水平差距。	综合	校长轮岗与教师轮岗合在一起论述

续表

政策名称	关于校长轮岗的重点论述	政策类别	备注
关于进一步加强县域内义务教育学校校长教师交流轮岗工作的实施意见（广东省教育厅）	建立完善县域内公办义务教育学校校长、教师定期流动的刚性约束机制，力争用3至5年时间实现县域内校长教师交流轮岗的制度化、常态化，逐步实现校长教师资源均衡配置，为义务教育均衡优质标准化发展提供师资保障。 引导城镇学校校长教师向农村学校流动，优质学校校长教师向薄弱学校流动。校长和骨干教师一般应在全县域范围内进行交流。 根据各地经验和做法，校长教师交流轮岗可采取定期交流、跨校竞聘、学区一体化管理、学校联盟、集团化办学、对口支援、乡镇中心学校教师走教等多种途径和方式。各地也可结合实际，创新其他方式方法。校长教师交流轮岗的重点是推动优秀校长和骨干教师到农村学校、薄弱学校任职任教并发挥示范带动作用。有镇区和乡村学校的县区，重点推动城镇学校向乡村学校交流轮岗；没有乡村学校的市辖区，重点推动优质学校向薄弱学校交流轮岗；乡镇范围内，重点推动中心学校向村小学、教学点交流轮岗。 义务教育学校校长提拔任用前，应有在2所以上义务教育学校工作的经历，直接提拔至农村学校或薄弱学校任职的除外。优先任（聘）用具有农村学校或薄弱学校管理岗位任职经历的人员担任校长。 将义务教育学校教师校长交流轮岗工作纳入教育强县、强市和推进教育现代化先进县区、先进市督导验收和复评的重要指标，并作为义务教育学校标准化建设的重要依据。	专项	校长轮岗与教师轮岗合在一起论述

续表

政策名称	关于校长轮岗的重点论述	政策类别	备注
广州市中小学教师"区管校聘"管理改革的指导意见	强化交流轮岗力度，实行"区管全局统筹，学校择优选派"。	综合	校长轮岗与教师轮岗合在一起论述
关于进一步推进区域内义务教育学校校长教师交流轮岗工作的意见（广州市教育局）	校长交流轮岗的对象范围为义务教育阶段公办学校校长、副校长。校长一般在区域内进行交流。校长实行异校任职。 （1）校长在同一所学校连续任职满两届的，原则上交流到其他学校任职。 （2）副校长提任校长的，原则上要有在2所或以上学校任中层干部或副校长的经历。 （3）新提拔的副校长，原则上实行异校任职。新任义务教育学校校长应有在2所及以上学校（含教学点，下同）工作的经历，且每所学校工作时间不少于3年。 重点组织骨干校长教师向农村学校、薄弱学校流动，超编学校向缺编学校流动，切实避免"为了交流而交流"的现象。	专项	校长轮岗与教师轮岗分开论述
东莞市公办义务教育阶段学校校长教师交流轮岗工作的指导意见	1. 交流类型 （1）校长期满交流：公办义务教育阶段学校校长、副校长（包括书记、副书记，下同）在同一所学校（不含分校区，下同）连续任职满8年或2个聘期的，原则上需要交流轮岗。 （2）校长提任交流：新提任校长、副校长时，鼓励交流到其他学校任职。 （3）承办新校交流：受教育主管部门委托，近5年内负责承办新校（含分校、新校区）的校长、副校长，视为交流。	专项	校长轮岗与教师轮岗分开论述

续表

政策名称	关于校长轮岗的重点论述	政策类别	备注
东莞市公办义务教育阶段学校校长教师交流轮岗工作的指导意见	2. 工作关系 以上第（1）、（2）类交流，人事、工资、组织关系须转入流入学校；第（3）类交流，承办的新校（分校）为独立法人的，校长、副校长人事、工资、组织关系可保留在原学校，也可转入新学校。 2016年9月起，义务教育学校副校长提任校长的，原则上要有在2所或以上学校任中层干部或副校长（含支教、挂职职务）的经历；提任副校长的，原则上要有在2所或以上学校工作的经历。优先聘用具有薄弱学校管理岗位任职经历的人员担任校长。	专项	校长轮岗与教师轮岗分开论述
关于推进汕头市中小学教师"县管校聘"管理制度改革的实施意见	教育行政部门根据本地实际制定校长教师交流轮岗实施方案并组织实施，通过多种交流轮岗形式，逐步实现学校之间专任教师高一层次学历比例、中高级教师职称比例和骨干教师比例大体相当，实现区域内教师资源的均衡配置。加强对交流轮岗教师的管理和服务，为交流教师的生活和工作提供便利。采取有效措施，积极引导优秀教师向农村学校、薄弱学校流动，缩小城乡间学校师资配置的差异。每学年区（县）域内义务教育学校教师交流轮岗的比例不低于5%，城镇学校和优质学校教师每学年到乡村学校交流轮岗的比例不低于符合交流条件教师总数的10%，其中骨干教师不低于交流轮岗教师总数的20%。积极鼓励和引导乡村志愿支教活动。学校要认真执行教育部门在校长教师交流轮岗工作上的整体安排，按照相关要求择优选派。教师交流轮岗经历和支教工作经历，纳入教师职称评聘、推荐评优评先等工作考核范畴。	综合	校长轮岗与教师轮岗合在一起论述

续表

政策名称	关于校长轮岗的重点论述	政策类别	备注
深圳市中小学校长教师轮岗交流工作的指导意见	1. 交流类型 （1）校长提任交流：新提任的校长、副校长原则上交流到其他学校任职（特殊教育学校、开办不到5年的新办学校及其他不适合交流的情况例外）。 （2）校长期满交流：在同一所学校连续任职满8年或2个聘期的校长、副校长，原则上交流到其他学校任职（特殊教育学校、距离退休不满1届的校长及其他不适合交流的情况例外）。 （3）承办新校交流：受教育行政部门委托，近5年内负责承办新校（含分校、新校区）的校长、副校长，视为交流。 以上三种交流类型，学校专职书记、副书记参照执行。 2. 工作关系 以上第（1）、（2）类交流，人事、工资、组织关系须转入流入学校；第（3）类交流，承办的新校（分校）为独立法人的，校长、副校长人事、工资、组织关系可保留在原学校，也可转入新学校。 3. 交流管理 以上校长轮岗交流工作由市、区教育行政部门按管理权限负责组织实施。 4. 激励措施 （1）干部选拔任用方面：2016年9月以后，凡提拔任校长、副校长及学校中层干部的人选，原则上要有在2所以上学校工作的经历或至少有一年帮扶交流的工作经历（教育部门同意不交流例外）。 （2）校长职级评定方面：实行校长职级制后，优质学校校长、副校长到偏远学校参加帮扶交流的，自然晋升1个职级；有名额限制的职级，同等条件下优先评定。	专项	校长轮岗与教师轮岗分开论述

续表

政策名称	关于校长轮岗的重点论述	政策类别	备注
阳江高新区义务教育学校校长教师交流轮岗实施方案	全区所有公办义务教育学校校长（含副校长，下同）在同一所学校（不含分校区，下同）任职满2届以上（每届任期一般不应少于3年）原则上要在本区内交流轮岗。 校长交流轮岗。对符合交流轮岗条件的学校校长，按管理权限，由区教育文体卫生局在区域内统筹安排交流轮岗，交流轮岗的校长的人事工资关系转入新单位，交流轮岗期满后教育主管部门可根据实际继续安排下一周期的轮岗。 新任义务教育学校校长应有2所及以上学校任教的工作经历，或有3年以上村办分教点任教的工作经历。	专项	校长轮岗与教师轮岗合在一起论述
珠海市义务教育学校校长教师交流指导意见（试行）	在同一所学校连续任职满两届（6年）的原则上应交流，在同一学校连续任职9年及以上的必须交流；专任教师在同一所学校连续工作满9年及以上的必须交流。而今后也将严格控制农村学校或薄弱学校的骨干教师调入城区学校，实行总量控制。 交流原则上在同一行政区（功能区）内的义务教育同类学校之间进行。重点推进优质学校与相对薄弱学校之间、城乡学校之间、公办学校与民办学校之间的校长教师交流，着重推进骨干教师和优秀管理干部交流。各行政区（功能区）每年交流人数占本区专任教师总数的比例不低于5%。同一所学校党政班子每次交流人数一般不超过班子成员的30%。	专项	校长轮岗与教师轮岗合在一起论述

续表

政策名称	关于校长轮岗的重点论述	政策类别	备注
关于贯彻落实"强师工程"提高教育核心竞争力的实施意见	公办学校校长在同一所学校连续任职满8年或2个聘期的，原则上需要交流轮岗，任职满12年或3个聘期的，必须交流轮岗。	综合	
中山市关于推进区域内义务教育学校校长教师交流轮岗工作实施意见（试行）	在同一所学校连续任职满2个聘期的校长、3个聘期的副校长原则上需要在本市区域内交流轮岗，镇区学校原则上在本镇区内交流，市直属学校原则上通过合作办学、对口扶持等形式开展交流轮岗。 校长交流 1. 交流类型 （1）提任交流：新提任的校长、副校长到其他同类型学校任职。 （2）转任交流：在同一所学校连续任职满2个聘期的校长、3个聘期的副校长原则上需要在本市区域内交流轮岗，以区域内交流为主。 （3）承办新校交流：受教育行政部门委托，近5年内负责承办新校、合作学校的校长、副校长，视为交流。 （4）扶持镇区教育交流：市教育行政部门选派市直属学校优秀中层干部到镇区学校任职的校长、副校长，视为交流。 （5）挂职锻炼交流：镇区教育行政部门选派所属学校校级领导到市直属等学校挂职锻炼，视为交流。 （6）扶持民办教育交流：市镇（区）教育主管部门选派公办义务教育学校中层以上干部到民办学校支教，任职校长或副校长的，视为交流。	专项	校长轮岗与教师轮岗分开论述

续表

政策名称	关于校长轮岗的重点论述	政策类别	备注
中山市关于推进区域内义务教育学校校长教师交流轮岗工作实施意见（试行）	2. 工作关系 以上第（1）、（2）类交流，人事、工资、组织关系须转入流入学校；第（3）类交流，承办的新校（分校）为独立法人的，校长、副校长人事、工资、组织关系可保留在原学校，也可转入新学校。第（4）类交流，校长人事、工资、组织关系可保留在原学校，也可转入新学校。第（5）、（6）类交流，校长（或学校中层干部）人事、工资、组织关系保留在原学校，挂职锻炼（或到民办学校支教）时间至少1年。 3. 交流管理 以上校长交流轮岗工作由市、镇区教育行政部门按管理权限负责组织实施。 2017年9月以后，义务教育学校提拔任用校长、副校长及学校中层干部的人选，原则上要有在2所以上学校工作的经历或至少有1年帮扶交流的工作经历，直接提拔至农村学校或一般学校任职的除外。新提任正职校长原则上要有不少于2所学校的中层以上管理岗位任职经历，优先任用具有农村学校或一般学校管理岗位任职经历的人员担任校级领导。 实行校长职级制后，优质学校校长、副校长到偏远、一般学校参加帮扶交流的，同等条件下优先评定。义务教育学校校长、教师申报高级职称、特级教师，要有1年以上交流轮岗经历。	专项	校长轮岗与教师轮岗分开论述

续表

政策名称	关于校长轮岗的重点论述	政策类别	备注
关于推进江门市中小学教师"县管校聘"管理改革的实施意见	教育行政部门根据本地实际制定校长教师交流轮岗实施方案并组织实施,通过多种交流轮岗形式,逐步实现学校之间专任教师高一层次学历比例、中高级教师职称比例和骨干教师比例大体相当,实现区域内教师资源的均衡配置。 积极引导优秀校长教师向农村学校、薄弱学校有序流动,缩小城乡间、校际教师队伍水平差距。	综合	校长轮岗与教师轮岗合在一起论述
佛山市教育局《关于做好2016年校长教师交流轮岗工作的通知》	公办学校校长、副校长在同一所学校连续任满两届后,教师在同一所学校任教满9年必须参与轮岗交流。	专项	校长轮岗与教师轮岗合在一起论述
湛江市推进县域内义务教育学校校长教师交流轮岗工作实施意见(代拟稿)	校长交流轮岗的对象范围为义务教育阶段公办学校校长(含副校长,下同)。在同一所学校任职满2届以上(每届任期一般应不少于3年)的公办义务教育学校校长,原则上要在本区域内交流轮岗。 在同一所学校任职满2届以上(每届任期一般应不少于3年)的公办义务教育学校校长原则上进行交流轮岗。校长轮岗在同层次学校之间根据组织安排实施,每次轮岗期限不少于一届聘任期(每届任期一般应不少于3年),轮岗期间其人事、组织关系转入新任职学校。轮岗校长在农村学校、薄弱学校任职时间可根据工作需要予以延长。 规定新任义务教育学校校长应有在2所及以上学校(含教学点,下同)工作的经历,且每所学校工作时间不少于3年。优先任(聘)用有农村学校或薄弱学校管理岗位任职经历的人员担任校长。	专项	校长轮岗与教师轮岗合在一起论述

续表

政策名称	关于校长轮岗的重点论述	政策类别	备注
肇庆市教育局 肇庆市机构编制委员会办公室 肇庆市财政局 肇庆市人力资源和社会保障局关于推进中小学教师"县管校聘"管理改革的实施意见	采取切实有效措施，加强对交流轮岗校长教师的管理和服务，为交流校长教师的生活和工作提供便利，积极引导优秀校长教师向农村学校、薄弱学校有序流动，缩小城乡间、校际教师队伍水平差距。	综合	校长轮岗与教师轮岗合在一起论述
云浮市人民政府办公室关于印发《关于推进全市基础教育公办学校教师"县管校聘"管理改革工作的意见（试行）》的通知	教育行政部门要根据本地实际，制定校长教师交流轮岗实施方案并组织实施，通过多种交流轮岗形式，逐步实现学校之间专任教师高一层次学历比例、中高级教师职称比例和骨干教师比例大体相当，实现县域内教师资源的均衡配置。	综合	校长轮岗与教师轮岗合在一起论述
江门台山市义务教育学校校长教师交流轮岗工作实施方案	（一）校长交流任职 1. 义务教育学校校长（含副校长）任职满两届或满8年，原则上要交流到其他学校任职。 2. 副校长提任校长的，原则上要有在2所或以上学校担任或交流挂任中层干部（或副校长）的经历。直接提拔至农村学校或薄弱学校任职的除外。 3. 新提拔副校长的，原则上要有在2所或以上学校任中层干部或交流挂任中层干部的经历。 （二）挂职锻炼交流 教育局定期从城区学校选派一批优秀中层领导干部到农村学校挂职锻炼，从农村学校选派一批优秀中层领导干部到城区学校挂职锻炼。每两年选派一次，挂职锻炼时间2年。	专项	校长轮岗与教师轮岗合在一起论述

续表

政策名称	关于校长轮岗的重点论述	政策类别	备注
河源市龙川县人民政府办公室关于印发推进全县中小学教师"县管校聘"管理改革实施方案的通知	积极引导优秀校长教师向农村学校、薄弱学校有序流动，缩小城乡间、校际教师队伍水平差距。	综合	校长轮岗与教师轮岗合在一起论述

2. 广东省校长轮岗政策目标指向校长资源重新配置，推动实现区域教育的优质均衡发展

通过对广东省校长轮岗相关的政策文本进行分析，我们发现，与国家颁布的校长轮岗政策高度一致，校长轮岗的政策目标存在较高的内在一致性，将校长视为可配置、可流动的资源，期望通过建立制度，对资源尤其是优质资源进行合理、科学的配置，以提升学校办学水平和质量，缩小学校之间、区域之间的差距，进而推动教育的优质均衡发展，破解现实中的"择校"难题实现教育公平。具体而言，校长轮岗有三个层次的目标：首先，将校长尤其是优秀校长资源通过轮岗的方式进行重新配置，从区域层面实现教育的优质均衡发展，以破解择校难题；其次，从校长个体层面，通过轮岗，消除校长尤其是有较长任职经历的校长的职业倦怠，让其重新焕发工作热情，提升创新能力；再次，用制度化的方式，让校长动起来，优化校长队伍的结构，让其保持动态平衡，提升校长队伍的专业水平。

3. 广东省校长轮岗对象的界定依赖校长在同一学校"任职时长（聘期）"这一指标

在校长轮岗对象与范围的确定上，根据"任职时长（聘期）"标准，将校长轮岗对象以必须轮岗、原则上轮岗进行区分。如校长在同一所学校连续任职满8年或2个聘期的，原则上需要交流轮岗，任职满12年或3个聘期的，必须交流轮岗（广东省中山市）。同时也对暂不纳入轮岗的人员进行了规定，其中包括对学校可持续发展的考虑，如正在承担重大科研项目；班子成员不同时交流；对个人的人文关怀因素，如距法定退

休年龄不足 5 年；有对个人任职经历的考虑，如有在农村、薄弱学校任职经历；其他如正在接受司法调查等因素的考虑。

从轮岗对象的确定来看，"时间"是可操作性较强的指标，从校长轮岗情况来看，调查的结果也发现，71.1% 的校长任职学校数量在两所及以上。从校长晋升途径来看，外校调任占 69.9%，本校晋升占 21.3%，集团派遣占 1.7%，其他方式占 7.1%。从这个数据可以看出，广东省的校长流动起来了。从轮岗政策的初衷来看，有关部门是期望通过轮岗政策，引导优秀校长向农村学校、薄弱学校流动，而"任职时长（聘期）"标准这一可操作性指标与文件所指的"优秀"校长之间存在了智识上的脱节（Walker & Qian, 2012, Walker, 2016）。

4. 校长轮岗的方式与程序未考虑如何促进校长的组织社会化

20 份政策的分析可发现，整体而言，校长教师交流轮岗可采取定期交流、跨校竞聘、学区一体化管理、学校联盟、集团化办学、对口支援、乡镇中心学校教师走教等多种途径和方式，也鼓励各地结合实际进行探索创新。在程序上，政策均强调依法依规公开实施办法、工作流程和动态信息，规范操作程序，严肃工作纪律，加强监督检查，切实防止不规范、不公平的情况发生。

具体到校长的轮岗，东莞、深圳及中山关注到了校长不同的轮岗方式。深圳市及东莞市具体明确了校长提任交流、校长期满交流、承办新校交流三种校长轮岗方式，中山市提出了提任交流、转任交流、承办新校交流、扶持镇区教育交流、挂职锻炼交流、扶持民办教育交流等六种校长轮岗交流方式。其他政策文本都是与教师轮岗合在一起论述的，这说明，校长轮岗与教师轮岗有何不同并未引起足够的重视。一方面，校长是受教育行政部门与组织部门管理的教育干部，其轮岗交流决定仍然属于干部人事任命。这也就意味着在现有人事管理体制下，校长的轮岗相较于教师流动更容易达成。另一方面，校长轮岗对学校发展的影响范围更大、程度更深，轮岗的程序如何确保校长能够充分地获取关于情景的知识与关于角色的知识（Hargreaves, 2005），如何更好地实现校长组织社会化（E. Bengtson et al., 2010; Hart, 1991）是确保校长轮岗达成专业目的的关键。

5. 校长轮岗的保障措施致力于让校长愿意流动

从校长轮岗的保障措施来看,我们对这20份文件进行了编码,从编码的参考点的数量来看,排在前三位的是评优评先、职称评定、晋升机制,这三类措施均指向调动个体参与校长轮岗的积极性。广东省还将校长轮岗政策的落实纳入教育强县、强市和推进教育现代化先进县区、先进市督导验收和复评的重要指标,并作为义务教育学校标准化建设的重要依据。广州市也将校长教师交流轮岗工作纳入党政领导干部教育工作督导考核内容,并作为创建"广东省推进教育现代化先进区"的重要指标,这能够给相关管理部门施加压力,推动校长教师交流轮岗工作的落实,体现了其系统变革的取向。

表6.1.2　　　　　广东省校长轮岗政策保障措施分析表

保障措施	文件数	编码参考点	指向
岗位编制与职称结构	1	1	管理部门
轮岗制度建设	1	2	管理部门
轮岗考核评价	1	1	校长个人
待遇与生活保障	5	7	校长个人
惩罚	3	3	校长个人
系统变革	4	9	管理部门
政策宣传	4	4	管理部门
培养培训	6	6	校长个人
晋升机制	7	8	校长个人
职称评定	8	10	校长个人
评优评先	9	13	校长个人

轮岗政策保障性措施中,排在前三位的是针对校长个人的激励性措施,即对有轮岗经历的校长在评优评先、职称评聘及晋升上给予倾斜。在我们的调查中,69.4%的校长已经获得副高级职称,一级职称的占25.5%,对于大部分校长来说,职称的激励意味着从副高级向正高级晋升。其次,在校长晋升的条件上,激励校长轮岗的要求就是要有两所以上学校任职的经历,然而71.1%的校长任职学校数量在两所及以上。因

此,需要进一步思考保障性措施的针对性。

然而,从保障措施来看,有关部门并未对校长轮到新的学校之后的工作开展给予一定的保障性条件。由此也可以推断出,目前政策的重心在于如何让校长流动起来,对于流动的目标与质量要求,并未从政策上有可操作性的保障措施。

(二)广东省校长轮岗问卷调查

本研究对广东省 408 名中小学校长进行了问卷调查,具体情况见表 6.1.3。

表 6.1.3　　　　　　　调查样本分布情况($n = 408$)

变量	分类	人数	百分数
职务	校长	260	63.7
	教学副校长	58	14.2
	德育副校长	63	15.4
	后勤副校长	17	4.2
	其他	10	2.5
校长任职学段	小学	189	46.3
	初中	90	22.1
	高中	48	11.8
	九年一贯制学校	24	5.9
	完全中学	44	10.8
	12 年一贯制学校	5	1.2
	其他	8	2.0
性别	男	274	67.2
	女	134	32.8
年龄	"50 后"	13	3.2
	"60 后"	145	35.5
	"70 后"	234	57.4
	"80 后"	15	3.7
	"90 后"	1	0.2

续表

变量	分类	人数	百分数
职称	二级	1	0.2
	一级	104	25.5
	副高	283	69.4
	正高	18	4.4
	其他	2	0.5
学历	大专	2	0.5
	本科	362	88.7
	硕士研究生	44	10.8
校长任职学校数量	一所	118	28.9
	两所	130	31.9
	三所	95	23.3
	四所	47	11.5
	五所及以上	18	4.4
晋升途径	本校晋升	87	21.3
	外校调任	285	69.9
	教育集团派遣	7	1.7
	其他	29	7.1
学校地理位置	城市	191	46.8
	城乡接合部	60	14.7
	乡镇	107	26.2
	农村	50	12.3
学校类型	国家、省级示范学校	82	20.1
	市、县级示范学校	161	39.5
	普通学校	150	36.8
	新（筹）建学校	15	3.7
学校规模	12个班以下	26	6.4
	12—24个班	142	34.8
	25—36个班	96	23.5
	37—48个班	53	13
	48个班以上	91	22.3

1. 广东省中小学校长轮岗的基本情况

71.1%的校长有两所以上的学校任职经历,且有轮岗经历的义务教育阶段学校校长比例远高于高中校长。

表 6.1.4 卡方检验

	值	df	渐进 Sig.（双侧）	精确 Sig.（双侧）	精确 Sig.（单侧）
Pearson 卡方	7.763[a]	1	0.005		
连续校正[b]	6.815	1	0.009		
似然比	7.187	1	0.007		
Fisher 的精确检验				0.008	0.006
线性和线性组合	7.739	1	0.005		
有效案例中的 N	408				

注：a. 0 单元格（.0%）的期望计数少于5。最小期望计数为13.06。
b. 仅对 2×2 表计算。

2. 广东省不同地理位置学校校长轮岗走向

在考虑校长轮岗时，需要从校长个人专业发展、薄弱学校改进及区域教育优质均衡发展的角度来思考轮岗的决策。具体而言，需要思考不同的校长在不同地理位置、不同类型学校工作的经历能够为其职业发展提供什么类型的历练（威廉·罗斯维尔，2014）。具体到薄弱学校的改进，这所学校的问题是什么？对未来学校领导的需求是什么？具有什么经历、处于哪个职业发展阶段的校长更能引领这所学校的可持续发展（D. Fink，2010）？具体到区域教育的优质均衡发展，需要分析当我们将这位校长轮岗到其他学校，谁来做他的接班人最合适？如何避免因为一个校长的轮岗而导致一连串学校受到波动的"多米诺骨牌效应"（E. G. Bengtson，2010）？

（三）广东省中小学校长轮岗走向分析

在广东省的多个政策文本中，均提出要引导优秀校长、城区校长向薄弱学校、农村学校流动。研究对广东省408位中小学校长进行了问卷调查，通过了解校长现任职学校及之前任职学校的地理位置和学校类型，来判断分析校长的轮岗走向。

从不同地理位置学校校长轮岗走向来看，在调查的 408 名校长中，之前在城市学校任职的有 184 名，城乡接合部学校任职的有 52 名，乡镇学校任职的有 104 名，农村学校任职的有 68 名。以下四图（图 6.1.1—图 6.1.4）反映了他们的轮岗走向。

调查发现，不同地理位置学校校长的轮岗流动具有较大的同质性，即城市学校的校长主要在城市学校间流动，城乡接合部学校校长主要在城乡接合部学校间流动，乡镇学校校长主要在乡镇学校间流动，农村学校校长主要在农村学校间流动。从城市流向农村学校的比例非常小。这种同质性的流动对农村薄弱学校校长的成长尤为不利，与政策的初衷有所不符。

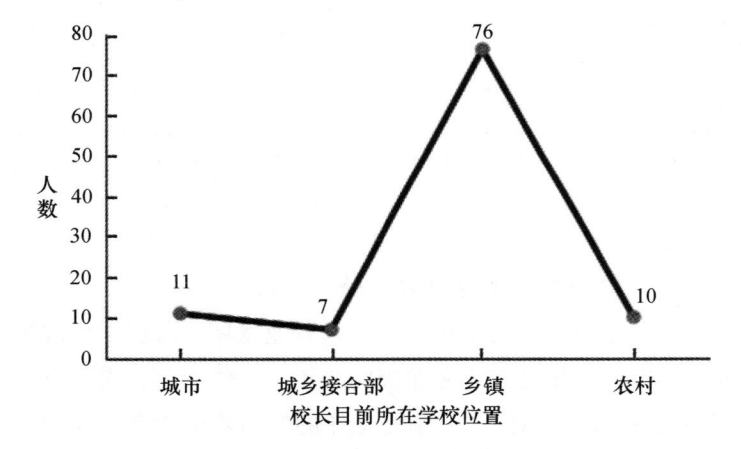

图 6.1.1　广东省乡镇学校校长轮岗地域走向

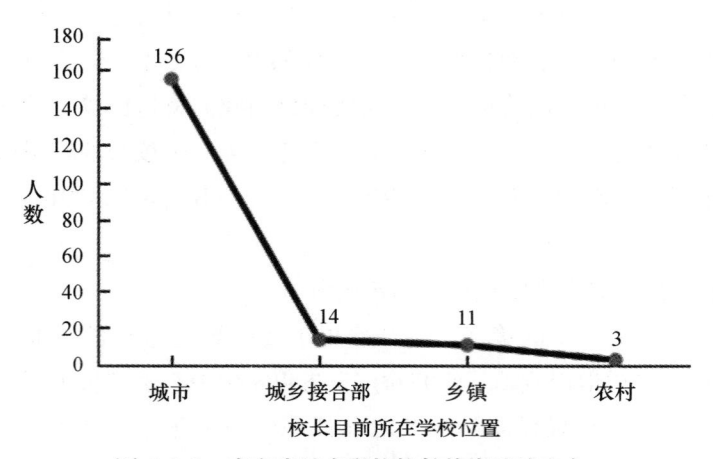

图 6.1.2　广东省城市学校校长轮岗地域走向

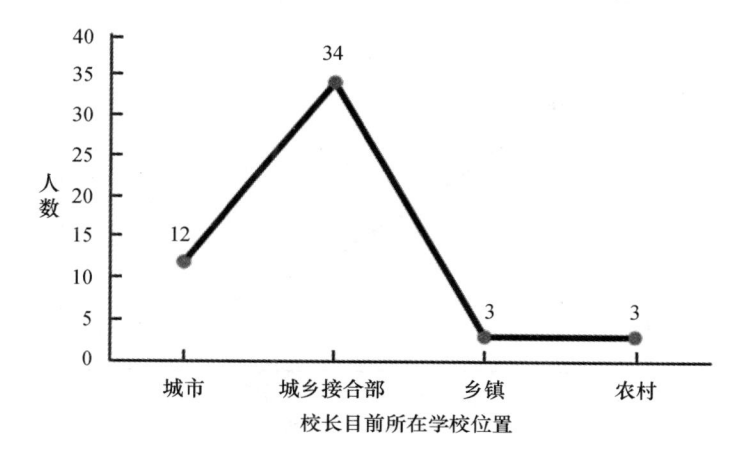

图6.1.3 广东省城乡接合部学校校长轮岗地域走向

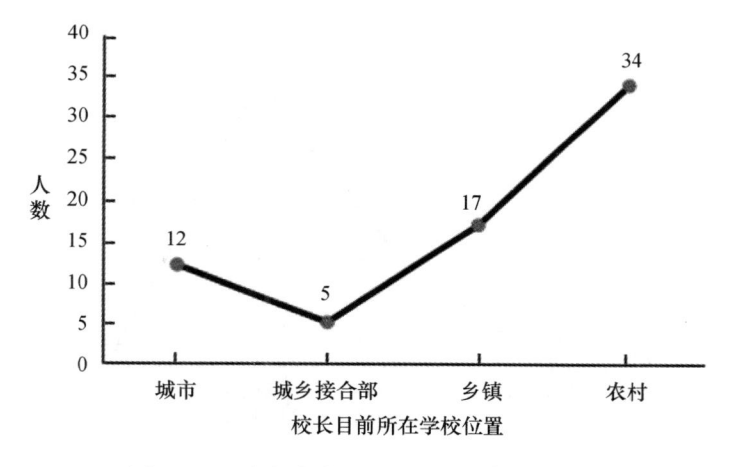

图6.1.4 广东省农村学校校长轮岗地域走向

3. 不同类型学校校长轮岗走向

在调查中，我们将校长任职学校分为四种不同的类型，分别为国家、省级示范学校，市、县级示范学校，普通学校，新（筹）建学校。在调查的408名校长中，之前在国家、省级示范学校任职的有101名，市、县级示范学校任职的有136名，普通学校任职的有167名，新（筹）建学校任职的有4名。以下四图（见图6.1.5—图6.1.8）反映了他们的轮岗走向。

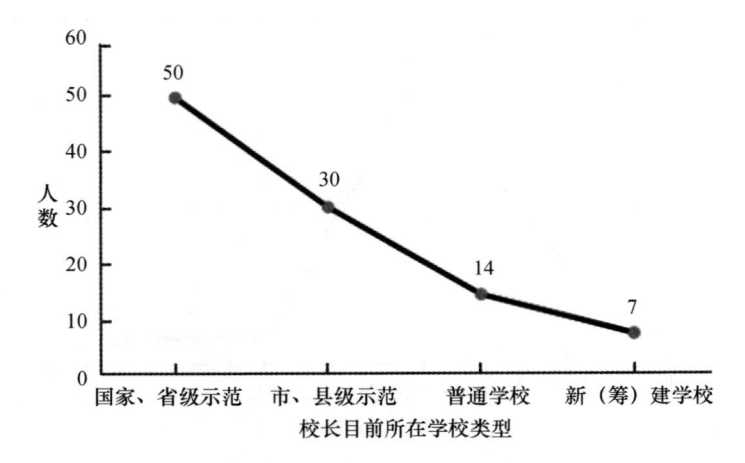

图 6.1.5　广东省国家级、省级示范学校校长轮岗学校类型走向

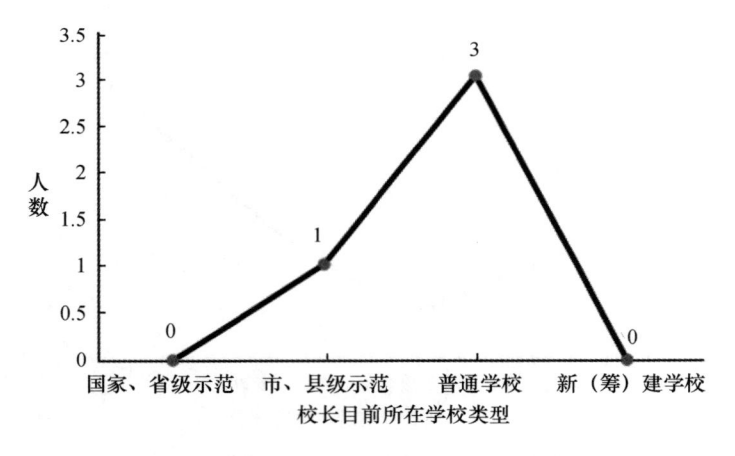

图 6.1.6　广东省新（筹）建学校校长轮岗学校类型走向

从不同类型学校校长的轮岗走向来看，校长的轮岗流动也具有较大的同质性，即示范学校校长主要在示范学校间流动，普通学校校长主要在普通学校间流动，示范学校校长流向普通学校的比例非常小。从校长实际的轮岗走向来看，与政策中引导城镇校长、优质学校校长向农村学校、薄弱学校流动的初衷不符。

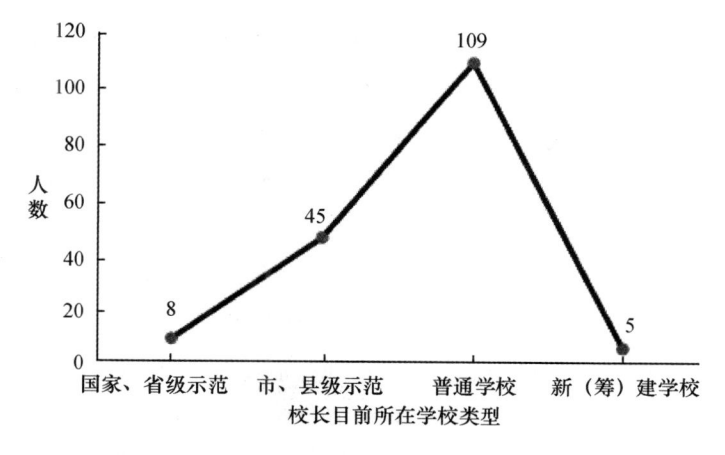

图 6.1.7　广东省普通学校校长轮岗学校类型走向

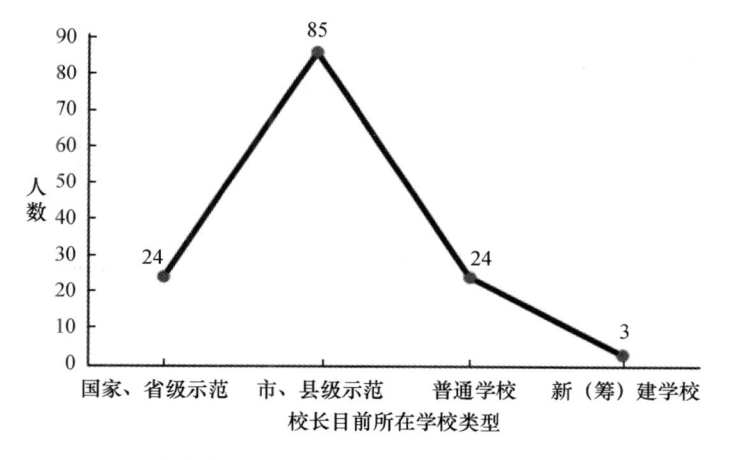

图 6.1.8　广东省市级、县级示范学校校长轮岗学校类型走向

二　浙江省校长轮岗案例研究

（一）浙江省中小学校长轮岗政策文本分析

浙江省在总结试点工作（2012 年在桐庐县试点，2013 年杭州上城区试点）的基础上，于 2013 年 8 月 9 日出台了省级文件《关于推进县（市、区）域内义务教育学校教师校长交流工作的指导意见》，要求在 2014 年全省实施校长教师交流轮岗制度，比《教育部　财政部　人力资源和社会保障部关于推进县（区）域内义务教育学校校长教师交流轮岗的意见》（2014年8月15日印发）还早一年，校长轮岗交流的工作走在全国的前列。2016年1月出台的《浙江省乡村教师支持计划（2015—2020年）实施办法》提出"全面落实义务教育教师、校长交流制度，在同一公办义务教育学校校长连续任职达到10年、教师连续任教达到12年的，均要实行交流，并随迁人事关系"，并提出"大力推进义务教育教师队伍'县管校聘'管理体制改革，加强县（市、区）域内义务教育教师的统筹管理，打破教师交流轮岗的管理体制障碍，为城镇教师到乡村学校任教提供制度保障。"2016年10月27日，浙江省教育厅印发的《浙江省中小学教师队伍建设"十三五"规划》中也明确"进一步完善教师岗位聘任和竞争上岗制度，理顺教育行政部门、学校与教师的关系，促进教师合理配置"。2018年4月印发了《关于深入推进中小学教师"县管校聘"管理改革试点的指导意见》（浙教人〔2016〕103号），指出"2017年33个试点地区顺利完成改革任务，取得了明显成效，探索形成了可复制可推广的改革经验。2018年改革范围扩大到全省所有地区"，提出"教育局统筹使用的高级岗位原则上要用于评聘跨校竞聘上岗交流的教师，通过编制和岗位的合理调控，推动优秀教师从超编超岗学校向缺编缺岗学校流动，从城镇学校向乡村学校、薄弱学校流动"，要求"新任义务教育学校校长应有在2所及以上学校工作的经历，其中每所学校工作时间一般不得低于3年，或在农村学校有6年及以上的工作经历"，明确"2018年确定在舟山市及其所属县（区）和江山市开展中小学教师'县管校聘'管理改革与教师校长交流制度改革的有效融合探索"，并要求各县市区积极制定地方文件政策，推动县管校聘的管理改革。"县管校聘"制度的实施进一步促进了浙江省各地对校长轮岗交流制度的落地。

综上所述，浙江省2012年、2013年开始试点校长轮岗（含教师交流），到2014年开始全省铺开，由于浙江省实行了基础教育以县为主的管理体制，关于校长的轮岗文件，除省级文件《关于推进县（市、区）域内义务教育学校教师校长交流工作的指导意见》以外，各市、县（区）均发布了地方推动实施校长交流轮岗制度的文件。

(二) 浙江省中小学校长轮岗现状调查

通过对浙江省354名中小学校长进行问卷调查，了解浙江省中小学校长轮岗的现状，尤其是中小学校长的轮岗走向，调查对象具体情况见表6.2.1。

表6.2.1　　　　　　　调查对象基本情况表（n=354）

变量	分类	人数	百分数
性别	男	278	78.5
	女	76	21.5
年龄	"50后"	4	1.1
	"60后"	49	13.8
	"70后"	246	69.5
	"80后"	54	15.3
	"90后"	1	0.3
职称	二级	6	1.7
	一级	111	31.4
	副高	230	65
	正高	5	1.4
	其他	2	0.6
学历	大专	16	4.5
	本科	320	90.4
	硕士研究生	15	4.2
	博士研究生	3	0.8

通过对浙江省354位中小学校长进行问卷调查，我们发现，从校长轮岗情况来看，57.3%的校长任职学校数量在两所及以上。从校长晋升途径来看，外校调任占56.5%，本校晋升占35.9%，集团派遣占2.3%，其他方式占5.4%。从这个数据可以看出，浙江省的校长基本流动起来了。

(三) 浙江省中小学校长轮岗走向分析

在浙江省的多个政策文本中，均提出要引导优秀校长、城区校长向薄弱学校、农村学校流动。研究通过对浙江省354位中小学校长进行问卷调查，通过了解校长现任职学校及之前任职学校的地理位置和学校类型，来判断分析校长的轮岗走向。在调查的354名校长中，之前在城市学校任职的有41名，城乡接合部学校任职的有92名，乡镇学校任职的有4名，农村学校任职的有217名。以下四图（图6.2.1—图6.2.4）反映了他们的轮岗走向。

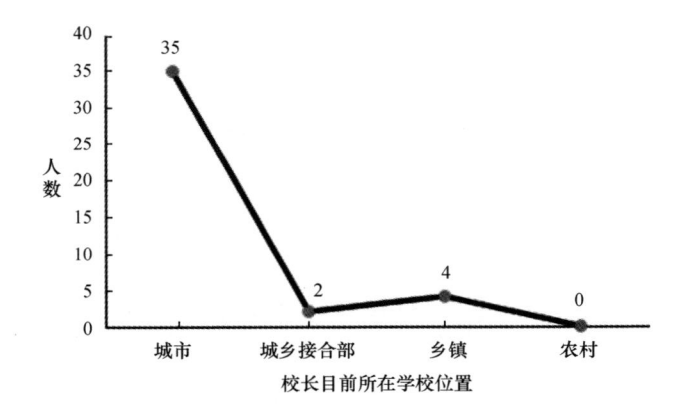

图6.2.1　浙江省城市学校校长轮岗地域走向

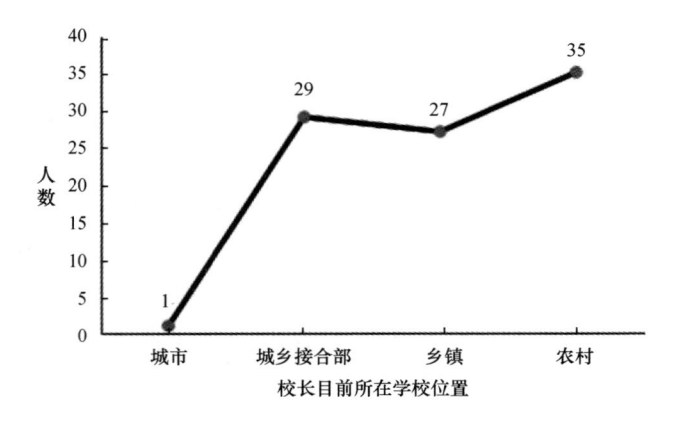

图6.2.2　浙江省城乡接合部学校校长轮岗地域走向

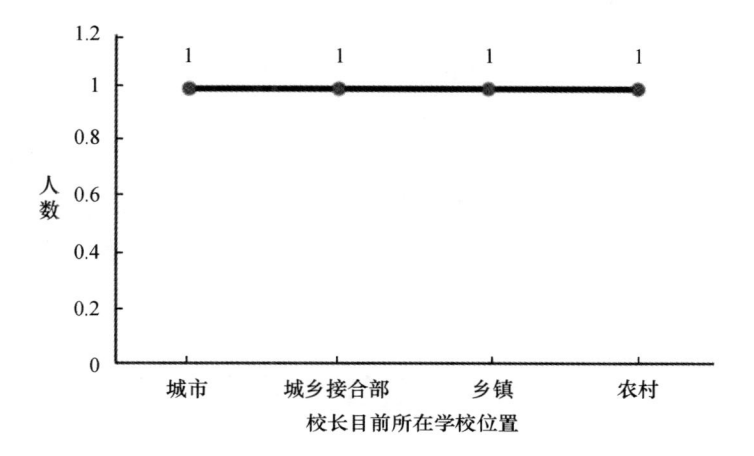

图 6.2.3　浙江省乡镇学校校长轮岗地域走向

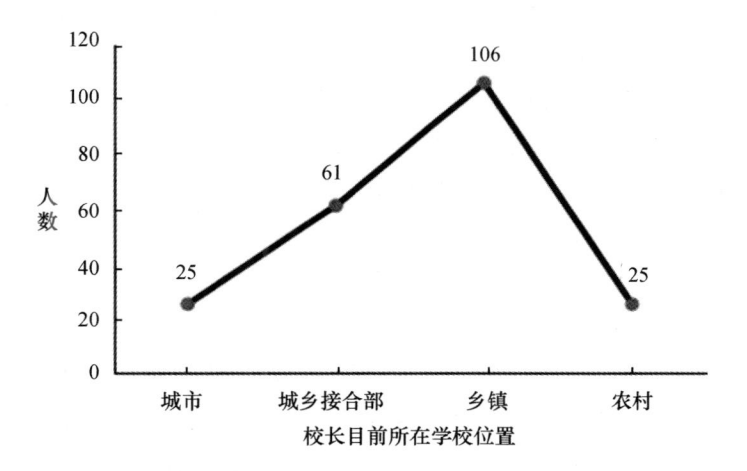

图 6.2.4　浙江省农村学校校长轮岗地域走向

从城市中小学校长走向来看，浙江省的城市学校校长向农村流动的占 40.3%，这更符合国家的政策预期。有 65.6% 的原来在城乡接合部工作的校长轮岗流向农村学校。从乡镇学校校长轮岗走向来看，76.8% 的校长流向了农村，19.6% 流向了城乡接合部，2.9% 流向了城市。从农村学校校长轮岗走向来看，浙江省 57.3% 的农村学校校长轮岗到了城乡接合部，40.9% 在农村学校间轮岗。从整体来看，浙江省的校长轮岗给了更多农村校长到城市、城乡接合部学校轮岗交流的机会，更有利于校长的成长与发展。

从不同学校类型的校长轮岗走向来看，国家级、省级示范学校校长主要流向普通学校，占57%，市、县级示范学校校长主要流向普通学校，占50%，普通学校校长主要在同类型学校之间轮岗，占84.4%，普通学校校长轮岗到市、县级示范学校比例为9.6%，新（筹）建学校校长从整体来看数量不多，主要流向国家级、省级示范学校和普通学校。

三　贵州省校长轮岗案例研究

（一）贵州省中小学校长轮岗政策文本分析

本研究对贵州省中小学校长轮岗政策进行了梳理，具体见表6.3.1。

在此基础上，本研究将贵州省500名中小学校长与全国2022名中小学校长的调查数据进行比较分析，发现贵州省校长队伍具有年轻化的倾向，但任课比例与职称相对偏低；校长以校内提拔为主，缺乏多所学校的管理历练；校长队伍城乡差异较大，现行校长的轮岗具有同质性，以同区位、同类型学校轮岗为主，并不能缩小城乡差异。因此，本研究立足于贵州的实际，结合推进义务教育优质均衡发展，缩小城乡教育差距及校际差距，实现教育强省的政策目标，提出将科学的校长轮岗作为重要抓手，建立校长人才库和学校常态数据库，形成学习型轮岗、升任型轮岗、考验型轮岗和辐射型轮岗四种轮岗类型，统筹专业资源，为轮岗校长提供支持，系统集成式推进各项政策在实施过程中形成联动，提升校长队伍的整体素质，最终实现校长个人发展、学校改进和区域教育优质均衡发展。

一个好校长就是一所好学校，通过轮岗对校长这一重要资源进行调配是国家实现义务教育优质均衡发展的举措之一，也将成为实现贵州省"教育强省"战略的关键一环。

表6.3.1 贵州省中小学校长轮岗政策文本分析

层级	轮岗实施时间和走向	轮岗比例	轮岗范围	轮岗对象	轮岗时长	轮岗程序	轮岗管理	交流类型	目标	保障措施
贵州省 1	2015年教育文正式发文强调加强乡村教师支持计划的实施。2017年再次提出细化的轮岗相关内容，自此之后逐渐提高和细化轮岗细节。	校长、教师每年交流原则上在编人数依县级以上主管部门确定）的校长将被列为交流对象，其他校级管理人员参照执行。因病、孕等原因不能坚持正常教育教学工作的教师可根据实际暂不纳入当年度交流对象范畴。	任职满两届（每届一般3~6年，具体年限依隶属关系由县级以上主管部门确定）的校长将被列为交流对象，其他校级管理人员参照执行。没有农村学校工作经历的校长、薄弱学校要率先纳入交流范畴。在同一所学校任职6年的教师和任职一届的校长，以及距法定退休年龄不足5年的校长、不足10年的教师，原则上可不参与交流。	符合轮岗要求的校长及教师	教师交流时间不少于2年	乡镇中心学校校长、教师向村小、教学点交流轮岗；城区重点推动优质学校校长教师向薄弱学校交流轮岗。	校长教师交流工作原则上在暑假期间进行，交流人员应于每年8月15日前安排到位。参与交流的教师周转房优先安排进教师周转房。在推荐评优及中级以上各类来中级以上各类荣誉及学术称号时，被评人近1年以来具有1年以上交流任教工作经历的优先；新选拔任用校长时优先任用具有农村学校或薄弱学校管理经历的人员。交流到农村学校、薄弱学校参与"二次交流"时，应先考虑其交流意愿。	坚持组织选派与个人志愿相结合，按照人事调配的相关规定，采取镇（乡）内交流、支教交流、学校结对交流、调动交流、分片区交流、学区一体化、学校联盟、集团化办学等形式开展校长教师交流工作。 1. 镇（乡）内交流。镇（乡）中心学校组织实施，由教师本人申请、学校推荐，并报教育局组镇（乡）中心学校可打破镇内学校界限，让教师由"学校人"变为"系统人"，骨干教师可跨学校任课。 2. 支教交流。由教育局组织实施，每年从县城学校选派一定数量的教师到边远、薄弱缺编学校支教交流，支教交流期满再回原单位工作。	力争至2017年，全省基本实现县域内义务教育师资均衡配置，城乡教育均衡协调发展，普通高中、中职业学校按编制配足齐教师。	新选拔任用校长时优先任用具有农村学校或薄弱学校管理经历人员。交流到农村学校、薄弱学校参与"二次交流"时，应先优先考虑其交流意愿。

续表

层级	轮岗实施时间和走向	轮岗比例	轮岗范围	轮岗对象	轮岗时长	轮岗程序	轮岗管理	交流类型	目标	保障措施
								3. 学校结对交流。由教育局组织县城优质学校与农村学校结对，采取开设讲座、上示范课、观摩课、座谈会、上挂学习等形式进行交流。 4. 调动交流。由教育局、编办、人社局组织实施。主要采取校长轮岗、教师调动的方式进行。教师调动原则上缺编镇（乡）严控调出，编制人员富余的镇（乡）严控调入。 5. 教育局、编办、人社局积极探索分片区交流、学区一体化、学校联盟、名校办分校、集团化办学交流形式。交流方式分为轮岗交流、帮扶型交流、学区型交流、集团化交流。		

续表

市级地区

层级	轮岗实施时间和走向	轮岗比例	轮岗范围	轮岗对象	轮岗时长	轮岗程序	轮岗管理	交流类型	目标	保障措施
贵阳市（涵盖年份2017—2020）	2017发布的具体文件，大力推动校长教师的交流人数和比例。	校长、教师每年交流人数不低于符合交流条件的人数的10%，其中骨干教师交流比例不低于教师总数的20%。		城区校长、教师		鼓励城区（含县城所在地）义务教育阶段优秀校长到农村学校或薄弱学校任职。	加大教师支教力度，城区学校教师到农村学校、薄弱学校支教3年以上的经历（小学教师至少到村小、教学点或薄弱学校支教1年）作为申报中级以上专业技术职务和特级教师的必要条件。（2020）			优化公共教育资源配置。重点加大新建、改扩建小区配建教育设施配建工作，着力加快普惠性学前教育机构建设，加快推进义务教育城乡一体化发展，通过学区化、集团化办学方式，进一步缩小办学差距，率先在全省教育基本均衡发展基础上普及十五年教育。

续表

市级地区

层级	轮岗实施时间和走向	轮岗比例	轮岗范围	轮岗对象	轮岗时长	轮岗程序	轮岗管理	交流类型	目标	保障措施
2 毕节市	2017年依据省政府发2015年所发文件提出具体轮岗交流事项。	城镇学校和优质学校教师每学年到乡村学校、薄弱学校交流轮岗比例不低于符合交流条件教师总数的10%，其中，骨干教师不低于交流轮岗教师总数的20%。	重点引导优秀校长和骨干教师向乡村学校流动。鼓励退休教师到乡村学校支教。	校长教师，部分退休教师			城镇中小学教师评聘高级教师职务时，应有一年以上农村或薄弱学校任教经历。	重点引导优秀校长和骨干教师向乡村学校流动。鼓励退休教师到乡村学校支教。	到2020年，培育10名乡村教育家，建设30个市级乡村校本研修示范学校，200个乡村名师工作室。	加大财政支持力度，依法保障教师平均工资水平不低于当地公务员的平均工资水平。完善绩效工资制度，按照多劳多得、优绩优酬的原则，重点向承担教育教学任务重、教学成绩突出的一线教师和骨干教师倾斜。对农村教师工资福利待遇、职称评聘政策、职称倾斜政策等落实农村教师倾斜政策，稳定农村校长教师队伍。加大对校长教师队伍建设、校本教研科研、学校文化建设、学生素质教育活动等方面的经费保障力度。

续表

市级地区

层级		轮岗实施时间和走向	轮岗比例	轮岗范围	轮岗对象	轮岗时长	轮岗程序	轮岗管理	交流类型	目标	保障措施
2	六盘水	2015年首次提出和相关文件，强调轮岗交流的重要性和比例性要逐步提升；2017年更提出更加长久和具体的文件内容。	建立区域内、校际教师交流机制，推动城镇学校、农村学校及薄弱学校的教师多渠道交流率每年达10%，其中，校长所占比例不低于20%，骨干教师和高级职称教师所占比例不低于50%。	重点引导优秀校长和骨干教师向乡村学校流动。	校长、教师	交流年限不少于一年	向农村学校和薄弱学校倾斜，推动教师合理流动，完善城镇中小学教师到农村学校或薄弱学校任教服务期制度，缩小城乡学校之间特别是城镇学校与农村学校间教师资源上的差距。				为农村教师提供廉价住房，把农村教师周转住房建设列入中小学基本建设规划，建设农村艰苦边远地区学校教师周转宿舍，优先保障寄宿制学校教师、特岗教师、支教教师等交流和支教教师的住宿基本需求。

续表

市级地区

层级	轮岗实施时间和走向	轮岗比例	轮岗范围	轮岗对象	轮岗时长	轮岗程序	轮岗管理	交流类型	目标	保障措施
安顺市	2014年发文提出轮岗比例，2017年发文具体阐述教师交流的相关内容。	城镇学校和优质学校每学年到乡村学校、薄弱学校交流轮岗教师比例不低于符合交流条件教师总数的10%，其中骨干教师不低于交流轮岗教师总数的20%。		城镇教师和校长		重点引导优秀校长和骨干教师向乡村学校流动。	城镇教师晋升高级职称（职务）应有在乡村学校任教1年以上的经历。	跨校聘用、学校联盟、对口支援等。城乡校长学校开展一定期限的支教和挂职，鼓励城镇退休教师到贫困地区乡村中小学支教讲学。		全面落实集中连片特困地区乡村教师生活补助政策，推进边远艰苦地区农村学校周转宿舍建设，切实改善乡村教师工作和生活条件。
铜仁市	2017年发文	交流轮岗比例不低于专任教师的10%，其中骨干教师不低于20%。		教师、校长		重点引导优秀校长和骨干教师向乡村学校流动。		集团办学、跨校聘用、学校联盟、对口支援等		

续表

市级地区

层级	轮岗实施时间和走向	轮岗比例	轮岗范围	轮岗对象	轮岗时长	轮岗程序	轮岗管理	交流类型	目标	保障措施
2 黔东南苗族侗族自治州						重点引导优秀校长和骨干教师向乡村学校流动。	县级及以上中小学在编在岗教师具有中级及以上职称，调动交流到乡村中小学；或是乡村中小学引进的急需高层次人才，可不受单位岗位结构比例限制。向优秀乡村教师倾斜。对在村级（含教学点）或在边远困难地区和艰苦边远贫困地区和艰苦边远民族地区乡镇薄弱学校连续任教三年及以上，且符合具体评价标准的教师，在评聘教师岗位时，可不受单位岗位结构比例限制。符合具体评价条件标准的教师，在评聘岗位时，可不受单位岗位结构比例限制。(2021)			

续表

市级地区

层级	轮岗实施时间和走向	轮岗比例	轮岗范围	轮岗对象	轮岗时长	轮岗程序	轮岗管理	交流类型	目标	保障措施
2 黔南布依族苗族自治州	2017年发文再次强调轮岗交流对城乡一体化的重要性。	城镇学校和优质学校教师每学年到乡村学校和薄弱学校交流轮岗的比例不低于符合交流条件教师总数的10%,其中骨干教师交流轮岗教师总数的20%。		城镇学校和优质学校的教师和校长		重点引导优秀校长和骨干教师向乡村学校流动,鼓励退休教师到乡村学校支教,鼓励具备条件的志愿者到乡村学校支教,积极引导国家免费师范毕业生到乡村学校工作支教,深入实施城区学校与乡村学校的对口帮扶工作。		集团办学、跨校聘用、学校联盟、对口支援等		

第六章 我国校长轮岗的案例研究 / 155

续表

市级地区

层级		轮岗实施时间和文件描述	轮岗比例	轮岗范围	轮岗对象	轮岗时长	轮岗程序	轮岗管理	交流类型	目标	保障措施
2	黔西南布依族苗族自治州	2015年发文详细描述轮岗交流具体内容,此后与该文件内容无太大出入。	校长、教师每年交流人数原则上在应交流对象总人数的10%以上,其中参加交流的骨干教师比例不得低于交流教师总数的20%。	在同一所学校(小学以完小为单位)工作已完满6年及以上或学校学科岗位人员结构不尽合理的教师,必要交流人员。以及在同一所学校任职满6年及以上的校长均列为校级管理对象,其他校级管理人员参照执行。因病、孕等原因不能坚持正常教育教学工作的教师可根据实际暂不纳入当年度交流对象范畴。薄弱学校工作经历不满6年的教师和任职不满6年的校长,以及距法定退	符合轮岗要求的校长及教师	交流时间一般教师不少于2年,校长不少于3年。	重点引导优秀校长、骨干教师向农村学校、薄弱校、超编学校向缺编学校流动。	校长教师交流工作原则上在暑假期间进行,交流人员应于每年8月15日前安排到位。参与交流的教师可优先住进教师周转房。在推荐县级以上各类荣誉及学术称号时,具有5年以上交流经历的优先;新选拔任用校长时优先具有农村学校或薄弱学校任职经历的人员,对主动参与校教育工作中发挥示范作用的教师,在评先评	坚持组织选派与教师个人志愿相结合,按照人事调配的相关规定,采取多种形式开展校长教师校际交流工作。(1)指导性交流。县级教育行政部门制定方案,将应交流教师指标落实到学校,实施城镇学校与薄弱学校、优质学校与农村学校、超编学校向缺编学校教师交流。(2)岗位竞聘交流。县级教育行政部门根据核定的岗位结构比例,做好县域内中小学教师岗位竞聘指导实施工作,促进城乡校际交流。(3)校际协作交流。建立对口帮扶关系的城镇学校和农村学校、优质学校与县级教育行政部门批准后实施。(4)个人申请交流。符合校际交流条件的在职教	组织县域内校长、教师由优质学校向薄弱学校,城镇学校向农村学校,优质学校向缺编学校合理调配。2017年,全州基本实现县域内义务教育基本均衡配置,城乡教育均衡协调发展,普通高中、职业学校按编制配	1. 加大教师周转房建设力度。各县、义龙试验区要结合中小学布局结构调整和师资均衡配置的需要,选择距离学校较近、环境适宜、交通方便的地点,采取多种形式,新建、租借等方式,加大农村教师周转房建设力度,保证校长教师轮岗使用,切实解决参与交

续表

市级地区

层级	轮岗实施时间和走向	轮岗比例	轮岗范围	轮岗对象	轮岗时长	轮岗程序	轮岗管理	交流类型	目标	保障措施
黔西南布依族苗族自治州	2		休年龄不足5年的校长，不足10年的教师，原则上可不参与交流。为保护学校办学特色，特色课程的领衔教师，经县级教育行政部门批准，可不参与交流。				评优等方面给予倾斜。具备资格的高级职称教师交流到农村学校、薄弱学校任教，优先聘任中、高级职务；交流到异校中、高级岗位的教师，其在原学校聘任的中、高级职务的细分等级应保留。	师，可自愿申请到异校任教，经县和县级教育行政部门批准后实施交流。义龙试验区以城乡学校交流为主，义龙试验区以优质学校和薄弱学校之间交流为辅，采取学区一体化管理、学校联盟、集团化办学、乡镇中心小学等办学模式和手段，对口支援等办学模式和手段，共享校长教师优质资源。	足配齐教师。	1.轮岗教师的住房问题。2.完善教师交流激励机制。要切实解决教师交流中工作、生活等实际困难，长期任教农村（支）教的，要格纳入当地保障性住房建设体系，有条件允许的县，可探索建立交流教师津贴补贴制度，交流到薄弱学校的教师，学校的教师，

第六章 我国校长轮岗的案例研究 / 157

续表

市级地区

层级	轮岗实施时间和走向	轮岗比例	轮岗范围	轮岗对象	轮岗时长	轮岗程序	轮岗管理	交流类型	目标	保障措施
2	黔西南布依族苗族自治州									参与"二次交流"时，应优先考虑其交流意愿。参与交流过的教师退休时，由所在地县级教育行政部门协调其在当地曾任教的一所学校，为其提供退休管理和服务。3. 发挥教师职称评聘导向作用。实施城镇学校教师任（支）教服务制度，引导期教师到农村学校、

续表

层级	轮岗实施时间和走向	轮岗比例	轮岗范围	轮岗对象	轮岗时长	轮岗程序	轮岗管理	交流类型	目标	保障措施
市级地区										
2 黔西南布依族苗族自治州										薄弱学校任教。城镇中小学高级教师评聘职务，应有农村学校或薄弱学校(支)教1年以上经历，其中城镇义务教育学校40周岁(含40周岁)以下青年教师评聘高级职务，应有农村学校或薄弱学校任(支)教2年以上经历。对扎根基层、从事本专业工作、年度考

续表

市级地区

层级	轮岗实施时间和走向	轮岗比例	轮岗范围	轮岗对象	轮岗时长	轮岗程序	轮岗管理	交流类型	目标	保障措施
2	黔西南布依族苗族自治州									核合格以上等次的专业技术人员，具有本科、专科、中专学历并在基层工作分别满4年、6年、9年的，可申报中级专业技术职务；具有本科、专科、中专学历，基层专业技术岗位工作分别满12年、16年、20年，担任中级专业技术职务满2年的，可申报认定副高级专业技术职务。

续表

层级	轮岗实施时间和走向	轮岗比例	轮岗范围	轮岗对象	轮岗时长	轮岗程序	轮岗管理	交流类型	目标	保障措施
						市级地区				
2	黔西南布依族苗族自治州									4. 加强校长教师培养培训工作。充分发挥骨干教师、优秀教师的传、帮、带作用,大力开展校本培训,带动农村学校教师素质能力提升。切实开展农村教师为重点的中小学教师全员培训,加大农村学校音、体、美等紧缺学科教师培训,提升教师队伍整体素质和能力。加

续表

市级地区

层级	轮岗实施时间和走向	轮岗比例	轮岗范围	轮岗对象	轮岗时长	轮岗程序	轮岗管理	交流类型	目标	保障措施
2	黔西南布依族苗族自治州									强中小学校长后备力量培养工作，将优秀的年轻教师、特岗教师纳入培养范畴，建立符合成长规律的选拔培养机制，为本县、区中小学班子建设提供优良、数量充足、结构合理的后备力量。5.强化工作纪律。要严肃工作纪律，对出现不服

续表

层级	轮岗实施时间和走向	轮岗比例	轮岗范围	轮岗对象	轮岗时长	轮岗程序	轮岗管理	交流类型	目标	保障措施
市级地区										
2 黔西南布依族苗族自治州										从交流轮岗工作安排、不履行岗位职责等违法违纪行为的教师，以及学校交流轮岗工作的学校建立责任人要建立责任追究机制，予以责任追究。

（二）贵州省中小学校长轮岗现状调查

本研究将贵州省 500 名中小学校长的调查数据与全国 2022 名中小学校长的调查数据进行比较分析，对重要数据信息进行深度分析（具体信息见表 6.3.2），就某些指标与浙江、广东进行比较，以此来分析贵州省中小学校长轮岗的现状、问题，并提出相应的对策。

表 6.3.2　贵州省中小学校长与全国中小学校长对比数据表

变量	分类	贵州	全国
年龄	"50 后"	0.4	1.6
	"60 后"	11.2	22
	"70 后"	52.6	59.3
	"80 后"	35	16.7
	"90 后"	0.8	0.5
职称	二级	5	2.9
	一级	53.8	37
	副高	38.4	56.8
	正高	0.6	2.1
	其他	2	1
学历	中专及以下	0.8	0.2
	大专	16	9.1
	本科	81	84
	硕士研究生	2.2	6.3
校长晋升途径	本校晋升	56.2	38.8
	外校调任	33.4	51.5
	教育集团派遣	5.2	3.7
	其他	5.2	5.9
任职学校数量	一所	65.4	46
	两所	22.0	27.5
	三所	8.4	15.4
	四所	3.2	7.2
	五所及以上	1.0	3.8

续表

变量	分类	贵州	全国
校长评职称的压力	有	76.4	68.7
	没有	23.6	31.3
校长是否任课	任课	23.6	51.8
	不任课	76.4	48.2

1. 贵州省的校长呈现出年轻化的倾向。"80后"校长的比例比全国高出将近一倍。同时，仅有一所学校任职经历的校长为65.4%，比全国高出近20%。学历与全国相比存在一定的差距。从校长的职称结构来看，整体偏低（见图6.3.1）。一级职称的校长占一半以上，高于全国的平均水平，副高级职称的校长占比比全国低18.4个百分点。

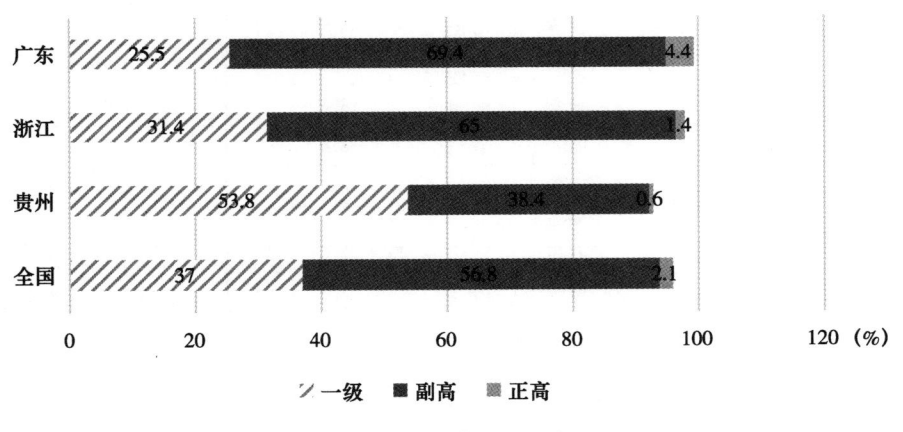

图6.3.1 校长职称比例

	一级	副高	正高
广东	25.5	69.4	4.4
浙江	31.4	65	1.4
贵州	53.8	38.4	0.6
全国	37	56.8	2.1

以上数据说明，贵州省的校长较为年轻，职称偏低，缺乏多所学校管理的经验。因此，如何通过轮岗政策的实施，为处于不同发展阶段的校长，尤其是年轻校长提供不同学校轮岗经历的历练，是轮岗政策有效实施的关键。

2. 晋升途径以校内提拔为主，轮岗政策的实施力度有提升空间。从校长晋升途径来看，贵州省校内提拔的比例为56.2%，校内提拔的比例高于全国的平均数据38.8%，而这一数据，浙江仅占35.9%，广东占

21.3%。这说明,贵州省推动校长轮岗的力度还有提升的空间。不同学校任职经历对校长专业成长的作用并未引起重视。

3. 贵州省校长任课比例远远低于全国平均水平,仅23.6%的校长任课,而全国为51.8%,这一比例在浙江高达91.5%。这有可能是制约贵州省中小学校长晋升的因素之一,也可能是制约校长专业影响力发挥的因素之一。校长是否需要任课,或校长如何任课以更好地对教师发挥专业引领作用值得引起专业的讨论。

4. 校长队伍城乡差异较大。校长是教师队伍中的一员,其职称的高低在一定程度上反映了校长从教年限及其专业能力。由图6.3.2可以看出,在乡镇和农村,一级职称的校长的比例远远高于副高级职称的校长,存在较大的城乡差异。

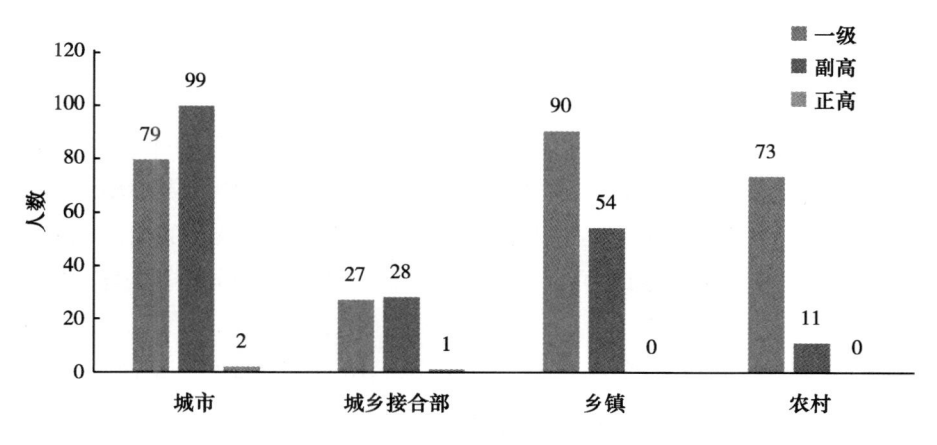

图6.3.2 贵州省不同地理位置学校校长职称分布情况

与全国的数据比对,我们发现,副高以上职称在农村及乡镇学校任职的比例相对较低,在农村任职的副高级职称的校长,贵州为5.7%,而全国是29.3%(见图6.3.3)。

我们面临的一方面是提升农村薄弱学校校长的职称水平,另一方面是引导更多高职称的校长到农村学校、薄弱学校任职。"引导优秀校长向农村学校、薄弱学校流动"也是轮岗政策的要求所在。用好职称评聘这一激励杠杆,向农村学校、薄弱学校校长倾斜的同时,还需要借鉴上海等地的做法,为农村学校、薄弱学校留出专用名额,鼓励部分优秀校长到农村学校、薄弱学校任职,以此来提升增量,从存量与增量两方面来考虑。

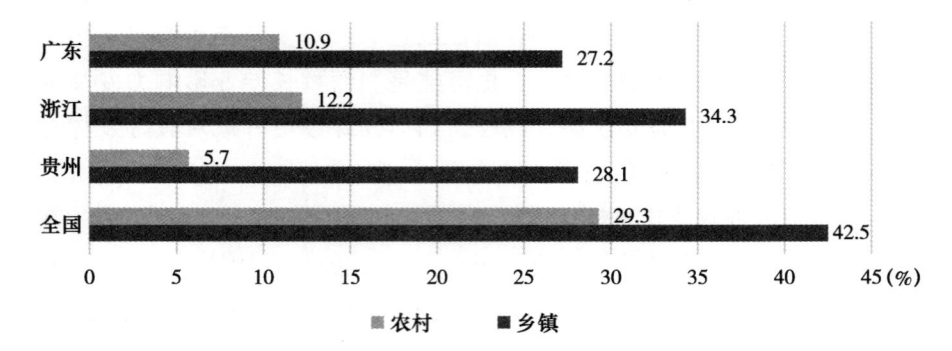

```
广东   农村 10.9    乡镇 27.2
浙江   农村 12.2    乡镇 34.3
贵州   农村 5.7     乡镇 28.1
全国   农村 29.3    乡镇 42.5
```

图 6.3.3　副高职称校长在农村和乡镇学校任职比例比较

(三) 贵州省中小学校长轮岗走向分析

贵州省中小学校长轮岗走向存在同质性。在贵州省的多个政策文本中,均提出要引导优秀校长、城区校长向薄弱学校、农村学校流动。研究通过对贵州省500位中小学校长进行问卷调查,通过了解校长现任职学校及之前任职学校的地理位置和学校类型,来判断分析校长的轮岗走向。研究发现,校长轮岗走向存在同质性,即是在同区位和同类型学校进行流动,具体见表6.3.3。

农村学校的校长主要在农村学校轮岗,比例高达71%,乡镇学校校长主要在乡镇学校轮岗,比例高达66.9%,城市学校流向农村学校的比例为0。

表 6.3.3　贵州省中小学校长轮岗走向

原学校＼流向学校	城市(百分比)	城乡接合部	乡镇	农村
城市	137 (86.2%)	15 (9.4%)	7 (4.4)	0 (0)
城乡接合部	15 (31.9%)	26 (55.3%)	3 (6.4%)	3 (6.4%)
乡镇	32 (17.1%)	13 (7%)	125 (66.9%)	17 (9%)
农村	6 (5.6%)	3 (2.8%)	22 (20.6%)	76 (71%)

从学校类型来看，国家级、省级示范学校向普通学校流动的比例较低，仅占 8.6%，普通学校向国家级省级、市县级示范学校流动的比例，加起来也不到 20%，具体见表 6.3.4。

表 6.3.4　　　　　　贵州省不同类型学校校长轮岗走向

原学校＼流向学校	国家级、省级示范	市、县示范学校	普通学校	新（筹）建学校
国家级、省级示范	39（67.2%）	10（17.2%）	5（8.6%）	4（6.9%）
市、县级示范学校	6（10%）	38（63.3）	11（16.2%）	5（7.4%）
普通学校	18（4.8%）	56（15%）	282（75.6%）	17（4.6%）
新（筹）建学校	0（0）	1（11.1%）	4（44.4%）	4（44.4%）

（四）贵州省中小学校长轮岗政策建议

如果对校长轮岗给予重视，并推进得当，能够很好地盘活年轻化的校长资源，将校长管理的制度优势转变为治理效能，成为实现教育强省战略的重要抓手；而如果不进行系统规划与治理，将会因校长的不流动或无序流动给义务教育学校带来致命的影响。根据研究所发现的问题，特提出以下建议。

1. 建立数据库，理清轮岗类型，为实现校长与学校匹配性轮岗奠定基础

在县级层面，建立校长人才库和学校常态数据库，为校长轮岗科学匹配决策提供数据基础。校长轮岗的责任主体是"省级统筹、以县为主"，立足于贵州省大数据的优势，建立县域的校长人才库和学校常态数据库。校长人才库包括退休校长、在任校长、副校长、后备校长的个人基本信息、职称、工作单位、任职经历、业绩表现、典型管理案例报告、职业发展期望，以此为基础判断校长的专业发展阶段、社会资本、专业资本。学校常态数据库可根据学校的地理位置及发展阶段对辖区内的学校进行分类，包括学校规模、设施设备、发展规划、教师基本情况、生源、经费及使用、教学常规运行情况等信息。运用大数据带来的新思维及工具，将校长的信息及学校的信息数据化，定期进行更新。当校长人才库与学校发展状态基本数据库建立起来，并且成为校长发展的知识基

础时,县域层面就有了轮岗过程中实现校长与学校科学匹配的数据基础。

理清不同的校长轮岗类型,为校长梯队的建设提供可循的路径。根据校长的专业发展阶段,将校长、副校长乃至学校中层领导分为职业准备期、入职与适应期、称职期和成熟引领期。根据学校发展取向,将不同地理位置学校分为变革主导的学校与延续主导的学校。变革主导与延续主导是一个连续体。变革主导的学校是俗称的"薄弱学校",延续主导的学校是俗称的"优质学校"。从推动校长个人专业发展的轮岗设计来看,在职业准备期,进行学习型轮岗,校长需要有机会轮到优质学校做中层领导或副校长,或通过挂职锻炼的方式,获取关于角色的知识,学习如何做校长,同时积累社会资本,了解区域学校运作的情境性知识。在入职与适应期,进行升任型轮岗,校长在有专业支持的情况下到介于优质学校和薄弱学校中间的小规模学校去任校长。积累一定经验之后,在称职期轮到薄弱学校,进行考验型轮岗。成熟引领期的校长,轮岗并非强调具体个人的流动,而是需要考虑如何通过名校长工作室、集团化办学、委托管理等机制和平台,让校长的专业能量在区域内流动起来,让成熟引领期的校长在校长人才的培养与薄弱学校的改进中发挥更大的作用,打破学校之间固有的边界,进行辐射型轮岗。让校长能够有意识地将自己的职业生涯发展与在不同学校任职的历练有机结合起来,实现校长个人发展、薄弱学校改进和区域教育的优质均衡发展最大程度的统一。

2. 进行制度改革与机制创新,为轮岗促进校长与学校持续发展提供保障

针对贵州省校长高学历、职称及任课比例偏低的现状,需要在校长的评聘制度上进行改革。首先,在职称评定上,改变职称评定中教师和校长的竞争关系,设定针对校长的职称序列和评聘标准,鼓励有条件的地方探索实施校长职级制。校长评聘标准注重校长在教学上的专业引领作用,鼓励校长提升学历水平。其次,将不同类型学校的任职经历作为校长提拔、任命、评优、评职、晋级的条件,引导校长主动规划积累不同学校轮岗经历,提升校长视野与领导力。最后,注重对轮岗校长的考核。轮岗政策均以"任期"为时间指标,将任期内学校发展规划的制定与实施、校内领导的培养作为重要指标,对轮岗校长进行考核,使学校

的发展不因更换校长而受影响。

通过机制创新，形成学校改进的团队力量。将拟轮岗的校长区分为正校长库与副校长库，在派任前，允许正校长在副校长人才库中选择搭配自己的校级领导班子，搭好班子之后集体派任。赋予校长和副校长双向选择权，使新校长到学校后能够更快地启动学校改革工作，减少校级领导之间的内耗。同时，实现校长轮岗政策和教师轮岗政策的联动，形成校长教师"组团式"定点轮岗，即要轮岗的校长与学校内要轮岗的骨干教师同时轮岗到一所学校，形成轮岗校长和轮岗骨干教师合力，一方面可以解决轮岗教师到新学校后没有发挥专业影响力的平台，使教师个人能量得不到最大程度发挥的问题；另一方面，也可以使轮岗流出学校的优秀经验得以快速在流入学校生根发芽，在学校改进中汇聚协同性力量。

3. 统筹专业资源，为轮岗校长提供专业支持

在贵州省的教育改革中，通过集团化办学、名校长工作室、学区化办学、校长培训等实践来推动实现教育优质均衡发展，因此需要对专业资源进行统筹。依托现有的资源，将区域内的学校均分到不同的名校长工作室或集团，利用现有的实践平台，让名校长或集团总校校长带领成员校长对区域内的每一所学校的信息进行分析与专业解读，就每一所学校的诊断、发展规划贡献自己的专业智慧，并将定期发布区域学校发展年度报告作为活动的考核指标，以此激活校长群体的专业能量，将区域内校长之间的竞争关系转化为基于专业认知的合作。再次，为新轮岗的校长配备导师，包括当地具有一定影响力的校长、高校专家。导师的职责是帮助轮岗校长获得校长的角色知识、情境知识和学校知识，指导校长制定与实施学校发展规划。最后，建立新老校长共处接班的程序。即区域做出轮岗决策之后，让新校长和老校长有机会共事一段时间（从两周到两个月不等），开发学校信息清单，让新老校长围绕提出的核心信息，进行深度的交流。以此让老校长从容退出，新校长自信进入。

四 集团化、学区化办学背景下的校长轮岗实践研究

义务教育均衡发展是我国教育的重要战略。自 2012 年起，北京、浙

江、重庆等地不断推进义务教育阶段的制度改革，指向教育的优质均衡发展。本部分通过笔者 2015—2016 年间对北京五个教育集团，其中小学四个（BX1，BX2，BX3，BX4），中学 1 个（BZ）；重庆三个教育集团，其中小学两个（CX1，CX2），中学一个（CZ）；杭州一个小学教育集团（HX）进行调研，开展集团化办学背景下的校长轮岗交流研究。其受访人员编码见表 6.4.1。

表 6.4.1　　　　　　集团化、学区化办学受访人员信息

集团学段	北京		重庆		浙江杭州	
	集团编码	受访人员	集团编码	受访人员	集团编码	受访人员
小学	BX1	总校校长（BX1 P）	CX1（学区化）	总校校长（CX1P）	HX	总校校长（HXP）
		副校长（BX1 P01）				
		分校校长（BX1 FP）				
	BX2	总校校长（BX2 P）				
	BX3	总校校长（BX3 P）				
		分校校长（BX3 FP）	CX2	总校校长（CX2P）		
	BX4	总校校长（BX4 P）				
		分校校长（BX4 FP）				
初中	BZ	总校校长（BZ P）	CZ	总校校长（CZP）		

（一）破解择校难题、扩大优质资源是集团化、学区化办学的核心指向

随着社会的发展、国力的强盛，提升教育公平，特别是缩减城乡教育发展差距已逐渐成为政府关注的问题。从近十年我国的教育政策来看，"统筹城乡义务教育资源的均衡配置"及"扩大优质教育资源覆盖面"等教育改革主张得到不断的推进，呈现出一条清晰的促进教育均衡发展的政策脉络（叶菊艳和卢乃桂，2016）。从北京、重庆、浙江义务教育改革整体的发展趋势上来说，最主要的政策问题是解决教育发展的不均衡问题。

(二) 教育集团作为扩大优质资源覆盖面的实施途径

建立教育集团,以"法人独立、理念共享、资源共享、优势互补、品牌共建、实验先行"为原则,可以通过文化认同、机制创新和教师资源共享等手段,不断扩大优质教育资源。其中教育资源均衡化是最主要的改革核心。这种均衡包括两个方面:其一是解决学校间教育资源的不平衡,包括校园文化、师资力量等方面;其二是解决学校之间的生源质量差异,将校间生源差异转换为校内生源差异。教育集团作为扩大优质资源覆盖面的实施途径主要有以下五种。

1. 推动教育集团内各学校实现"统一教育理念、统一教学规划、统筹教研活动、统筹师资调配"。

2. 通过集团内制度共建,探索既有理念共识、课程共享、师资共用,又有特色发展,效益显著的区域教育均衡发展模式。

3. 教育集团实施师资培训一体化管理,负责各学校的教育教学质量和实验成果质量全面提升。

4. 集团内牵头校有责任输出干部、教师参与成员校的教育、教学管理;统筹集团教研、备课等活动;接纳成员校的干部教师挂职、实训。

5. 集团内成员校有义务按照集团规划进行必要的资源调整,参与集团的各项活动,同时将学校的德育、科技、艺术、体育和文化等资源向其他成员校开放共享。

(三) 教育集团内的校长轮岗与流动:实为与可为

在集团内实现切实的校长轮岗与流动,与集团是不是独立法人、是否有相应的财权、人事权有密切的关系。调研的各集团的基本情况见表6.4.2。

表6.4.2　　　　　　　　各集团对比分析

集团	是否独立法人	是否有相应的财权	是否有相应的人事权	是否有校长或中高层的校际流动轮岗	集团优质均衡的抓手
BX1	是	否	否	否	课程、教学理念的输出 视导制度

续表

集团	是否独立法人	是否有相应的财权	是否有相应的人事权	是否有校长或中高层的校际流动轮岗	集团优质均衡的抓手
BX2	是	是	是	否	课程联合开发
BX3	否	否	否	否	举办集团内学生同时参加的大型活动
BX4	是	是	是	是	管理与制度输出 对标发展 干部梯队发展
BZ	否	否	否	否	初中联合培养项目
CZ	否	否	否	否	联合教研
CX1	是	否	否	是	中层跨校兼任执行校长
CX2	否	否	否	否	联合教研
HX	否	是	是	是	集团之间由退休的有经验的老校长做总协调人，有专项经费

研究发现，教育集团政策作为北京西城区教育政策改革中的重要组成部分，其主要的政策目标是"均衡各学校之间的优质教育资源"。北京的集团（BX1、BX2、BX3、BZ）以"法人独立、理念共识、资源共享、优势互补、品牌共建、实验先行"为原则，各利益相关者对于教育理念输出、制度建设和师资培训这三项政策手段的认可程度均较高，但并没有校长或中层干部的实质性交流，以师资交流（包括统筹教研、备课活动）为主，尚未涉及管理人员的输出。由于工资、编制存在问题，以及距离的问题，集团总校校长主要是通过学校实地指导及接受其他学校校长到校跟岗的方式，使其个人的专业能量能够流动起来。但由于距离较远，每次时间成本较大。部分薄弱校的教学管理体制过于落后，不涉及管理人员的优质师资输出工作，不足以有效地提升学校的教学质量。

而BX4集团的总校校长明确地将集团分校作为其干部成长锻炼的实践场域，并且这种理念得到学校老师和中层的认可。在总校制度输出的基础上，由总校的中层到每个分校做执行校长，在总校校长的指导下，学期初在集团进行学校发展学期规划的陈述，期末进行对标考核。通过轮岗，分校校长感觉自己成长得非常快。

CX1 所在区进行了学区化改革探索，CX1 的校长改变了学校的组织架构，让学校的中层到学区其他校点做执行校长，每周在本部工作 2 天，在校点工作 3 天。教务主任兼 A 校的执行校长，后勤主任兼 B 校的执行校长，同时将本校要轮岗的教师与各执行校长组团派出。仅用不到两个月的时间，就让管理不规范的校点迅速规范起来，教学质量也得到提升。而中层团队的能力也得到极大的提升，且由于中层大量时间都要到校点工作，本部的领导梯队也成长了起来。

HX 集团是杭州名校集团的联盟，原集团的校长在任职期间，先后担任两个集团的总校长，经验丰富。在其退休后，由教育局返聘，成为名校集团联盟的负责人，每年给予专项经费 50 万元，实现集团之间资源共享。

总之，集团化、学区化办学背景下的校长轮岗，是实现优质资源均衡发展的重要助推器，对其轮岗的理解，可以分为能量的流动，如北京的集团（BX1、BX2、BX3、BZ），受制于制度、经费的规约，校长进行实地指导或是接受分校校长来进行跟岗学习。这对于学校的发展有效，但可持续性不强，因此，教育集团仍停留在名义上，各学校的融合程度过低，本位主义倾向较严重。而 BX4，由于是独立法人，且有经费和人事的保障，因此能够系统规划其领导团队的成长，使得集团的输出变成一种造血式的输出，其影响更为长远。CX1 在没有经费保障的情况下，从领导团队发展的角度入手，采用组织重构的方式，实现了学校领导团队和校点的双赢。

第七章

轮岗政策背景下的校长任职管理

2014年8月,为贯彻党的十八届三中全会关于校长教师交流轮岗的决策部署,教育部联合财政部、人力资源和社会保障部特别提出《关于推进县(区)域内义务教育学校校长教师交流轮岗的意见》,再次强调通过实现区域内校长教师交流轮岗的制度化、常态化以促进师资资源的均衡配置和区域教育均衡发展。各省市均制定了轮岗的相应政策,推动各地轮岗的有序进行。

校长轮岗的核心在于对校长的任职管理,即什么机构(人)在什么情境下决定具有什么资质的人员(轮)到什么学校担任(副)校长,以达到何种目的、以什么方式评价目的达成及应该提供什么后续支持的系统性管理。具体而言,校长轮岗背景下的校长任职管理包括如何科学地选拔校长,将校长与学校进行科学的匹配,通过轮岗为校长提供历练驱动的领导力发展平台(辛西亚·D.麦考利、D.斯科特·德鲁、保罗·R.约斯特 & 西尔维斯特·泰勒,2015),进一步实现校长领导力、学校改进与区域教育的优质均衡发展(Reynolds,White & Brayman,2005),是校长轮岗的专业目的与专业效果之所在。

一 校长轮岗政策背景下校长任职管理的必要性

(一)在校长教师轮岗交流制度化、常态化目标下,校长轮岗的特殊性并未引起应有的关注

在轮岗交流政策中,校长与教师是作为连带主体而出现的,校长轮岗与教师交流的差异并未引起应有的关注。作为一校之长的校长轮岗与

教师交流最大的不同首先在于两者的身份差异。校长是受教育行政部门与组织部门管理的教育干部，其轮岗交流决定仍然属于干部人事任命（徐玉特，2016）。这也就意味着在现有人事管理体制下，校长的轮岗相较于教师流动更容易达成。

（二）行政推动的校长轮岗是否能达成轮岗的专业目的受到质疑

新的校长轮岗政策的实施的确能实现所有校长常规性流动，相较于轮岗政策实施前，现在校长流动的范围扩大、频率增加了。但是这只是通过行政手段达到的结果，让校长流动起来了。校长轮岗了，能按政策规定时间流动到不同学校，但校长轮岗的安排与效果是否能有助于校长领导力的提升、学校持续改进与教育公平及区域教育质量的提升呢？现有轮岗校长的选拔、校长与学校的匹配及对轮岗校长的评价是否能够推动轮岗专业目的达成仍是一个问号。

（三）行政领导力与轮岗的专业性设计是否能实现区域教育均衡

行政领导力的关键在于区域层面以任职管理为抓手，在轮岗校长的选拔、校长与学校之间的匹配（Louis, 2013）与轮岗校长的评价中渗透校长领导力提升、学校改进与区域教育优质均衡的目标导向，进行轮岗的专业性设计。根据系统改进中的区域领导力框架，轮岗政策实施背景下的校长任职管理应该具备系统性的统筹管理，从行政性的人事决定转变为专业性的促进整个区域整体发展的领导力资源格局，通过选拔、匹配、评价、支持轮岗的校长来打破学校之间固有的边界，由校长和校长的资源与各种资本连接来形成新的校际与区域内的教育能量的裂变和聚集（Pont, Nusche & Hopkins, 2008）。那么理想的校长任职管理应该包括选拔并建立校长人才库；根据一定的标准在校长与学校之间进行匹配；根据一定的价值取向，对校长进行评价，循环往复，逐步实现在轮岗过程中，通过系统的校长任职管理，实现校长个人发展、薄弱学校改进与区域教育优质均衡的平衡与持续发展。

目前，我国区域层面的校长任职管理是怎样的，其校长轮岗的设计是否有专业性的考量，是否达成校长轮岗专业目的，或是在多大程度上达成其专业目的，哪些任职管理因素影响其专业目的的达成值得深入研究。因此，本研究将首先从轮岗校长的层面呈现当前轮岗政策下他们所经历的轮岗安排，然后从系统改进中的区域领导力的理论视角，建议在轮岗政策的背景下如何变革区域层面校长的任职管理，以更好地实现其政策目标。

本研究通过对四个省的校长轮岗实践进行调研，发现区域层面的校长任职管理是校长轮岗专业目的达成与否的关键所在。目前这些区域的校长轮岗交流还处于传统性的领导干部轮岗管理模式。本文从校长人才库的选拔与建立、轮岗校长与学校的匹配、轮岗校长的评价入手，对轮岗政策背景下的校长任职管理进行剖析。通过引入系统改进中的区域领导力视角，再提出如何专业地将传统的校长任职管理方式与区域教育均衡发展相结合的政策建议。

二 研究设计与方法

各地相继出台各种指导意见和办法，规定了轮岗的范围与年限，贯彻落实国家提出的校长教师轮岗交流政策。本研究选取了校长轮岗交流已经铺开得相对成熟的区域，包括 G 省、C 市与 S 市的常规轮岗实践，分别选取教育行政部门领导及经历轮岗的校长进行 1 个小时左右的半结构式深度访谈（见表 7.2.1）。访谈内容主要包括他们的校长任职经历、轮岗过程及他们对于校长轮岗对个人专业发展、当前学校发展和全区教育优质均衡发展的影响的看法。期望从访谈中了解他们所经历的轮岗，进而探究轮岗专业目的达成情况及其影响因素。

表 7.2.1　　　　　　　　　受访人员信息表

编码	省	轮岗方式	受访对象	备注
GC1－GC3 GC4－GC20	G 省	常规轮岗	3 名教育行政部门官员 17 名（副）校长	西部地区
CX1－CX8	C 市	松散型集团化	8 名（副）校长	西南地区直辖市
SC1 SC2－SC6	S 市	常规轮岗	1 名教育行政部门官员 5 名（副）校长	沿海地区

在受访校长中，按照从优质学校轮岗到薄弱/普通学校、从薄弱/普通学校到薄弱/普通学校、从薄弱/普通学校到优质学校、从优质学校到优质学校四个轮岗类型的标准，在每个类型下选择在两年内有过轮岗任职经验的校长（包括副校长升任校长）。在这个轮岗类型标准之下再兼顾选择不同性别、不同学段和不同任职阶段的轮岗校长（见表7.2.2）。

表7.2.2　　　　　　　　　受访校长轮岗类型表

	轮岗类型			
	从优质学校①到普通/薄弱学校	从优质学校到优质学校	从薄弱/普通学校到优质学校	从薄弱/普通学校到薄弱/普通学校
小学	SC5	CX3，GC18	GC5，SC4，SC3	SC2，CX1，CX2
中学	GC4，CX7，CX8，GC13 – GC17	GC3，SC6	GC12，GC19，GC20	G6 – G11，CX4，CX5，CX6

笔者将访谈录音进行逐字转录，应用 NVivo10 软件，应用主题分析（thematic analysis）的质性数据分析方法（Guest, Macqueen & Namey, 2011），经过结构编码（structural coding）与内容编码（content coding）两个阶段，然后再进行两个阶段结果的比较与综合，再与系统改进中的区域领导力框架结合，最终形成了从人才库、匹配和评价三个层面对目前五个城市五个区域的校长任职管理现状的分析。

三　校长轮岗与校长任职管理的现状与问题

本研究力图通过对经历不同轮岗实践的校长进行深度访谈，从系统改进中的区域领导力视角，解构其轮岗经历，探究轮岗专业目的的达成情况及其影响因素。

（一）轮岗校长的选拔程序日趋完善

轮岗校长的选拔涉及"轮谁"的问题，包括新任校长的选任（主要

---

① 这里的优质学校包含区域的重点学校及在当地具有一定声望的学校。

是从副校长到校长的升任）与现任校长的轮岗。新校长的升任性轮岗主要通过校长选拔，包括从组织的考察、任命逐渐发展为公推、笔试、专家团队面试、竞聘演讲、公示等相对公开透明的选拔程序。校长的基本素质、群众基础、教育理想、管理能力都成为选拔过程中的重要指标。在S市，每年部分校长和部分副校长会有一次大轮换。在轮岗派任之前，将拟轮岗的校长进一步区分了正校长库与副校长库，为了新校长到学校后能够更快地启动学校改革工作，减少校级领导之间的内耗，在派任和轮岗安排中，允许校长在副校长人才库中选择搭配自己的校级领导班子，搭好班子之后集体派任。这种做法在常规的校长选拔中，渗入了领导团队的意识，赋予校长和副校长双向选择权，在实践中，受到轮岗校长的好评。

（二）校长轮岗仍停留在干部交流阶段，行政机制占据主导地位

在轮岗交流政策中，校长是受教育行政部门与组织部门管理的教育干部，其轮岗交流决定仍然属于干部人事任命。因此，通过行政命令或正式文件来运作的校长轮岗是现实当中最常使用的交流机制。通过自上而下的管理机制，以实现科层制组织系统的运行效率。校长轮岗多为中央政策和地方政府指导下的行政性流动，其在轮岗频率和轮岗覆盖面上都有较高的要求，导致地方政府和省级教育行政部门更加注重轮岗工作的"数字"，而"忽略了轮岗背后的意义——教育资源的优化配置"（GC3）。校长轮岗对区域教育均衡发展到优质发展的专业意义并未得到重视，校长轮岗还停留在政策背景下的领导干部流动，导致其运行机制、动力机制和激励保障机制并不健全，因此校长轮岗交流的专业目的受到阻碍。

而行政调动对于校长来说是突然的、不可控的，甚至是不情愿的，导致校长到岗之后难以积极适应和展开新工作（GC19，GC20）。另外，这种"被动"的选拔方式也导致了部分校长对于自己的职业发展呈现出迷茫的状态，"自己处于'被'安排的状态，无法积极规划自己未来的职业生涯"（GC19）。尤其是在优质教育资源相对缺乏的区域，轮岗不仅难以实现教育资源的均衡发展，还有可能导致本来的优质教育资源被平庸化（GC18）。

（三）轮岗校长的派任缺乏科学的参考依据

研究发现，轮岗校长与学校的匹配仍处于经验型的阶段。校长与学校的匹配涉及的是怎么轮的问题。一方面，通过轮岗来为校长提供历练驱动的领导力发展机会，提升整个校长队伍的能力；另一方面，历练驱动的领导力发展机会能够让校长更好地胜任不同学校的改进与发展需求（辛西亚·D. 麦考利等，2015）。

在调研中发现，轮岗校长与学校的匹配没有可操作与参考的标准，更多的是一种经验性的做法。受调研的局长明确表示，在考虑校长与学校的匹配过程中，其对全区校长的了解是有限的，对学校的具体情况、发展阶段及其对校长领导力的需求的科学判断也不够，因此，在安排的过程中，只能凭借经验性的判断来做出匹配的决策（SC1，GC1，GC2）。除此之外，也通过校长过往的任职表现来考虑其流到何种学校。一种是由于其过往任职表现好，将其从薄弱的学校轮到相对较好的学校，或从农村学校轮到城镇学校，是一种"奖励性的轮岗（GC1，GC10，GC12）"；另一种是由于其过往的任职表现好，将其从好的学校轮到薄弱学校，希望以此来尽快改变薄弱学校的面貌。在校长看来，是一种"考验型的轮岗（SC5，CX1，GC8，GC4，CX7，CX8）"。

整体而言，轮岗校长与学校的匹配过程缺乏整体的计划性。往往会因为某一所学校校长失职、调动而导致多所学校校长临时变动的危机。有的是"因为（这个校长）能摆平这个学校的老师，平息突发性的事件（GC17）"，有的是"找不到更合适的人选（GC10）"。很少会关注通过校长轮岗与任命达到何种专业目的，不同的轮岗任命安排怎样可以培养校长、优化学校领导班子的结构，满足学校发展的需求。

轮岗校长封闭性的派任程序使得区域校长任职管理与校长职业规划无法形成合力，不利于轮岗专业目的的达成。由于目前校长作为领导干部的选拔与派任属于重要的组织人事事务，常规的轮岗，无论是新任校长还是现任校长，在涉及岗位轮换的事情上，干部任用都具有封闭性的特点，其派任采用的是封闭式的模式（威廉·罗斯维尔，2014），封闭的干部任用管理是将校长任职工作视为组织的高级机密。对校长潜力进行评估时，并不寻求这些被评估校长的意见。关于培养对象和方式的决策只限相关人员知道,校长本人的职业目标可能并不会影响到这些决策。组织部门或教育行政部门高层是管理工作唯一的负责人,不会轻易向别人透露消息。

所以校长对于轮岗下一站处于"被通知"的状态。受访者中并未有人被给予充分的知情权,在程序中,并不会征求当事人的意见,即使是找当事人谈话,也是"组织通知你这个事情(GC5,GC8,SC6)",校长更多是"服从组织安排(GC10,GC3)"。从知道到某所学校任职到上任,最长不超过三个月,最短只有三天的时间。上任前没有太多时间,几乎也没有正式的渠道了解区域内不同学校的发展状况。一般很难在到岗前有时间和机会提前探索与准备自己在不同学校领导可能的策略。时间的仓促使得轮岗校长在就任之前对于学校的了解有限,使其所拥有的领导力缺乏在地化的土壤。同时,校长们对未来会去哪所学校没有自主权与控制感,也无从进行自己职业发展的规划,积极主动地选择流动的方向。

(四)对校长的评价与对校长的专业支持相脱节

目前对校长的评价是一种终结性评价,评价标准缺乏可操作性。从对轮岗校长的评价来看,对校长的评价是依附于对学校的评价,从评价的内容来看,尽管有"德、能、勤、绩、廉"的概括性标准,但在各地的实践中,除了依据可测量、可比较的一些标准,如除学生考试成绩(GC5,GC6,GC9,CX1,CX6,CX8)之外,学校完成上级教育行政部门布置的任务(GC5、GC6、GC3)及接受各类检查情况(GC5,CX3,SC3)、学校获奖等也成为评价校长的"软"指标,而安全往往是一票否决的重要指标。这是一种终结性评价的指向。从轮岗校长改进学校的成效来看,校长更期望能够增加团队和教师成长、学生行为改进等形成性的指标。同时,对校长评价的结果如何应用在现阶段并未得到充分的重视,更多是在年终,在校长之间评出等级,给出相应的绩效奖励。由于其评价标准的模糊性,这样的绩效奖励对校长的激励作用并不明显。同时,现有的评价体系中,缺乏对校长的追踪性评价,即校长任职以来,在不同学校的领导表现。

除此之外,校长评价与校长专业支持脱节。轮岗的顺利推行及其轮岗专业目的的达成更有赖于根据评价的结果,为校长提供相应的专业支持。目前，由于校长的评价与专业发展支持体系的脱节，不同校长在改进不同情境学校过程中所积累的经验与教训，仍然停留于校长个人层面，随着校长的流动而带走了学校宝贵的组织记忆。不同学校的组织情境、不同校长的领导专长并未被当成是校长人才库中的宝贵资源加以有效的利用。学校之间孤立的状态并未因为校长的流动而得到改善，校长更多关注自己目前所在的学校，因此在工作过程中，以校长为代表的学校之间更多是一种竞争关系，很难发挥其"库"的作用，难以实现校长轮岗的专业目的。

总之，校长轮岗问题从根本上是区域层面的校长任职管理问题。校长的选拔在程序上逐年得到完善，但是校长的派任与评价，仍是制约校长轮岗专业目的达成的瓶颈。而这个瓶颈，已经超出校长个人和学校层面能够做到的，必须通过加强区域层面的领导力来跨越。

四　校长任职管理政策建议

目前，优质均衡是国家基础教育发展的重要目标，系统改进中的区域领导力是推动轮岗专业目的达成的重要出路。需要区域在系统分析校长资源库及学校基本情况的基础上，综合平衡考虑校长个人职业生涯发展、薄弱学校改进及区域教育优质均衡发展的需求，进行系统的轮岗顶层设计与实施保障。系统改进中的区域领导力需要关注如何在超越校长个人与学校层面，通过校长的任职管理，发挥区域重构系统的影响力。区域行政部门应该谨慎地行使手中的权力，一是要更加科学地开展校长轮岗工作；二是要为校长的到任与继任提供有力的专业支持；三是要行之有效地监督校长在领导岗位上的教育实践。

在区域层面，极为需要对校长这一人力资本进行认真的盘点与系统的管理，开发、积聚并充分利用好区域层面校长群体的人力资本、社会资本与专业资本（Hargreaves & Fullan，2012），以学校改进为导向，对本区的学校进行分类，以便推动校长与学校之间的科学匹配，通过评价体系的完善与校长专业发展支持体系的建构来进一步保障轮岗专业目的的达成，在校长的个人专业发展、薄弱学校的改进与区域教育优质均衡发展之间取得最佳的平衡，最终达到可持续的优质均衡。

（一）区域层面建立专门的机构，对校长人力资源进行系统的管理

无论我们选拔校长的程序如何科学，选拔都只是成功的一半，而校长人才库的建立，一方面需要区域教育行政部门系统梳理区域内学校的基本情况及其对校长领导力的需求，做好区域内的校长任职管理规划，甚至是不同校长在不同学校轮岗的规划；另一方面，建立多元的渠道，让校长对区域内的学校有系统的了解，并且能够有意识地将自己的职业生涯发展与在不同学校任职的历练有机结合起来，制定自己的职业发展规划。不考虑校长职业规划的任职管理规划，通常只能是管理层的一厢情愿，没有任职管理规划的校长职业规划，就像是没有终点的道路。

区域需要建立专门的机构，对校长资源进行系统的管理，包括校长的人力资本、社会资本与专业资本。首先，需要建立校长成长档案，每年定期对本区所拥有的校长资源进行盘点，具体分析每位校长的任职经历、业绩表现及其所表现出来的领导力。其次，对校长专业与职业发展规划进行管理，提升校长的专业自主意识。将校长任职管理视为连通校长个人的职业发展通道，也是制定校长发展和培训规划、设计校长职级通道和岗位调动的依据。建立更全面的校长人力资源规划体系，通过辅导、实践社区网站以及其他实用手段来鼓励信息的分享和知识的转移（威廉·罗斯维尔，2014）。推动区域组织区内的校长进行深度交流，提高区域学校改进专业知识的深度与广度。

（二）对本区的学校进行分类，以便在学校改进与校长发展之间寻找到最佳平衡点

可以借鉴韩国成功的经验，根据学校的地理位置及学校的发展阶段对本区辖区内的学校进行分类（赵允德，2014）。对每一类学校的特点及其对校长领导力的需求进行分析，同时也可以分析这类学校可以为哪类校长提供哪类专业延展性的历练，尽可能在校长轮岗与学校改进过程中做到人岗匹配、人尽其才。

建立学校发展状态基本数据库，包括学校规模、设施设备、发展规划、教师基本情况、生源情况、教学常规运行情况等，定期进行更新，并以学年为单位，组织专家对各学校数据进行专业解读，发布学校发展

年度报告，为学校的分类提供丰富的数据支撑，也为校长轮岗提供基于数据的参考。现今大数据已成为国家的重要战略性资源，在很多行业引发了重大的变革，区域层面需要探索如何实现大数据在校长轮岗中的深度应用，提升轮岗的科学性。需要进一步将校长的信息及学校的信息数据化，通过运用大数据带来的新思维及工具，为轮岗专业目的的达成提供技术支撑。

（三）在轮岗过程中，建构科学的评价体系，以评价为基础，为校长提供持续的专业支持

建构科学的校长评价体系，根据学校类型、校长发展阶段两大维度建立具有可操作性的校长职级制，明确不同职级的校长应该具有在哪类学校的任职经历，其任职表现应该达到何种水平，及不同职级的校长影响力的范围，如在推动一所学校持续改进、通过集团等方式影响一定数量学校的改进或在校长专业群体中发挥影响力（如名校长工作室）等，以此激励和引导校长的职业发展。

针对个体校长而言，需要在轮岗的过程中，建立校长的个人专业成长档案，记录校长的任职经历、追踪校长的专业成长，在此基础上，为校长提供持续的专业支持。

专业支持可以采用基于人的策略，即将校长与具有某种特殊才能或管理风格、值得效仿的人加以配对，如目前常见的"名校长工作室"或"影子校长"等；也可以采用基于经验的策略，这种做法是有意安排校长接触某些特定经验，这些经验可能需要特别的分析技巧、领导技巧，如采用校内轮岗（分管不同的工作）。此外，这种做法往往需要让校长参与跨团队、跨部门甚至跨组织的行动，因此也有助于提高该校长的可见度，并接触新的人和事。也可以采用基于地点和基于缘由的策略，以改变校长的认知和期望，从而对他的学习和绩效产生影响，让校长到特定学校学习某种做法，这种做法也必须事先有明确的规划，阐明该校长到当地应该做什么，该学什么以及为什么值得这样做，在学习的过程中，不仅关注别人做了什么，更关注别人为什么要这样做。最后是基于能力的策略，目的是针对校长原本能力中较薄弱的环节，使他们掌握深度的、诀窍性的知识。

第八章

轮岗政策背景下的校长继任策略的个案研究

校长轮岗已成为实现我国教育优质均衡发展的重要战略。在政策与实践中，人们更多关注校长轮岗的流动层次、流动范围、流动类型和流动方式，而较少探究其对轮岗校长到校之后推动学校的可持续发展的影响，缺乏实证研究关注轮岗校长到校之后如何开展学校的工作，面临什么样的挑战，轮岗的政策、程序与策略如何能够更好地支持他们推动学校可持续发展，而这恰恰是最终实现轮岗战略目标的关键所在。

2013年11月12日，中国共产党第十八届中央委员会第三次全体会议通过《中共中央关于全面深化改革若干重大问题的决定》，其中"深化教育领域综合改革"部分明确提出"实行校长教师交流轮岗"，进一步将此作为推进教育均衡发展、实现教育公平的重要举措。教育部也制定相关政策，力求在3—5年内实现县域校长教师轮岗交流的制度化、常态化，扩大校长教师交流的范围。校长轮岗政策的推行所必须面临的现实挑战是轮岗校长到校之后如何在继承与创新中权衡，确保学校的可持续发展。

根据西方主要国家的研究，校长轮岗是校长继任研究的重要组成部分。校长继任的来源分为内部提拔与外部聘任（Giambatista et al.，2005），外部聘任的校长也常被称为"空降兵"校长。在实践中，英国、美国、加拿大的新自由主义政策取向倾向于通过改变校长来改变学校，常通过撤换现任不称职的校长，将杰出的校长空降到薄弱学校来实现学校的变革与发展（Hargreaves & Fink，2011；Hargreaves et al.，2003）。我国的"校长轮岗"实践,在现实操作层面是"空降兵"校长的继任问题。尽管"校长轮岗"在实践中并不是新鲜事物,在政策与实践中更多关注校长轮岗的流动层次、流动范围、流动类型和流动方式,重点是"轮谁,怎么轮,何时轮"。然而,较少探究其对轮岗校长到校之后推动学校的可持续发展的影响,缺乏实证研究关注轮岗校长到校之后如何开展学校的工作,面临什么样的挑战,轮岗的政策、程序与策略如何能够更好地支持他们推动学校可持续发展,而这恰恰是最终实现轮岗战略目标的关键所在。

因此,本章通过对十位"空降兵"校长的继任实践进行质性的实证研究,发现其获取关于角色、学校和情景的知识、赢得内外支持、实施核心领导的实践及存在的问题,在此基础上提出政策建议。本章在结构上主要分为三部分。首先是校长继任策略的理论基础,介绍问题提出的学术脉络及现实情境;其次是说明本研究的数据来源并呈现相应的研究发现;最后是对研究发现进行分析讨论,据此提出相应的改进思路和建议。

一 校长继任策略的理论基础

(一)校长继任研究的学术发展脉络

20世纪80年代,西方学校效能与学校改进的研究纷纷指出,校长是学校成败的关键,对校长的研究与培养开始成为学术界研究的重点,并相应地推动着各国政策的变化。20世纪90年代中后期,各国掀起教育重建运动,校长的选拔、培养与安置本身成为重建学校的重要力量(Dean Fink & Brayman,2006)。学校发展过程中,校长的更替对学校发展的影响开始引起人们的关注,校长继任(principal succession)逐渐兴起成为校长领导力研究中的一个重要研究方向。随着研究的深入,将校长继任的来源分为学校内部提拔的校长及"空降兵"校长,为校长继任研究开启了新的思路。在实践中,受到"个人英雄式"校长领导观的影响,英国、美国、加拿大的新自由主义政策取向倾向于通过改变校长来改变学校,撤换现任不称职的校长,将杰出的校长空降到薄弱学校来实现学校的变革与发展(Harris,2009)。杰出的校长能够迅速改变教师的士气(Meyer,

Macmillan & Northfield,2009），影响学校文化和学校的权力结构及运作方式（Meyer & Macmillan, 2011），能够让学校在较短时间内呈现出新的面貌。

（二）校长继任的影响

校长继任指现任校长离开、新任校长到来的系统过程（Hargreaves,2005），包括新任校长的鉴定、招募、培养、安置、入职及持续的在职教育（Dean Fink & Brayman, 2006）。校长继任是全球性的问题，也是学校可持续发展中的短板。校长继任的危机体现在合格校长的储备不足，校长的继任缺乏计划性，往往是一种临时填补空缺的权宜之计，也体现在校长频繁的更换，致使学校发展的可持续性引起人们的关注。一方面，很多校长在薄弱学校改进中短暂的成功通常导致校长本人快速升职或是调离，引发教师感到被领导所抛弃，或是领导一走压力便解除而导致学校发展的退步；另一方面，在调离或提升成功校长的时候，对其继任的人选并未做系统的考量，使得其原来所在学校发展的可持续性难以维持。这一危机使得各方利益关系人开始重新系统检视校长继任的政策架构与程序，在大量实证研究的基础上，寻找影响学校持续发展的原因，通过继任校长与继任学校匹配策略的优化，将校长继任与学校的可持续发展密切联系起来。

（三）"空降兵"校长成为各国重建学校的战略首选

受到"个人英雄式"校长领导观的影响，新管理主义的政策基调将校长作为解决学校发展所有问题的"灵丹妙药"，通过撤换现任不称职的校长，将优秀校长空降到薄弱学校来实现学校的变革与发展，这成为各国的战略首选。在现有的研究建议中，强调在继任校长候选人中考虑校长个人特质、能力与学校的类型、发展阶段等要素的匹配（Hargreaves & Fink, 2003；Hargreaves & Fink, 2011；Hargreaves et al., 2003），并综合考虑继任校长的经验水平、职业所处阶段、继任学校前任校长的特点及效能、学校发展所处阶段、现有教师对继任事件的反应，连续的继任对教师文化的影响、继任发生的频率、继任过程的阶段等因素（Day, Harrison & Halpin, 2009；Gordon & Rosen, 1981）。

现有研究对校长领导力持一种静态的认识，通过静态的校长个人能力、特质与学校情景进行匹配，将校长领导作为"输入"（Day et al.，2009），忽略了领导是在真实的领导情境中与领导情境中的各要素进行反思性对话的动态互动过程这一本质。更多关注轮岗前的匹配策略，缺乏实证的研究去探究校长"空降"到学校实际情境中如何影响学校可持续发展，他们面对的挑战是什么，而基于实证研究的数据，为"空降兵"校长提供有针对性的专业支持恰恰是轮岗战略目标得以实现的关键所在。

（四）在我国，"空降兵"校长继任实践广泛存在，但研究仍是空白

我国采用的是校长任命制，校长继任并未作为一个学术问题进入研究者的视野。作者在中国知网上进行搜索，未搜到一篇关于校长继任的文章，对继任的研究仅限于工商企业界（李卫宁和郭月娟，2010；薛毓，2003；张兵、徐金发和章清，2005）。近年来，校长队伍年轻化趋势所致的"轮岗"成为各省的通用实践，影响日益凸显。由于校长队伍的年轻化，让校长尤其是优秀的校长在不同学校之间"轮岗"成为近几年实现教育均衡化发展的战略选择。值得引起重视的是，轮岗并不必然带来教育发展的优质均衡，需要切实了解"空降兵"校长到任之后的实践及所面临的挑战，基于此，对轮岗的政策、程序与策略进行相应的调整以支持轮岗校长推动学校可持续发展。如果不进行系统的研究与部署，"不合作博弈"会存在于轮岗校长与学校中层班子、教师之间（熊知深和袁红兵，2008），无法达致"保峰填谷"、优质均衡的战略目标，可能出现"削峰填谷"，甚至"削峰填不了谷"的均衡但低质的情况，因大规模、制度化、常态化轮岗引发的学校可持续改进乃至区域教育的优质均衡发展受创将成为新时期我国教育改革不可回避的问题。

二 个案研究数据来源

对于"空降兵"校长而言，"获取关于角色、学校和情景的知识""赢得内外支持"及"开展核心领导实践"是轮岗到任之后的关键任务（White et al.，2006）。本研究的核心问题是在轮岗制度的背景下，"空降兵"校长到任之后的校内继任实践及存在的问题。通过对"空降兵"校长到校之后如何开展学校的工作、面临什么样的挑战进行实证研究，进一步分析轮岗的政策、程序与策略如何能够更好地支持他们推动学校可持续发展。本研究采用质化研究的取向，对贵州省贵阳市的10位"空降兵"校长进行深度访谈，其中包括3名小学校长、5名初中校长、2名高中校长，这十位校长的"空降"经历包括了从薄弱学校到名校，从名校到薄弱学校，从名校到名校，从薄弱校到薄弱校的四种类型（见表8.2.1）。

表 8.2.1 研究对象编码

学校层级	空降类型			
	薄弱学校到名校	名校到薄弱学校	名校到名校	薄弱校到薄弱校
小学	A	B、C		
初中	D、E、F		J	I
高中		G	H	

三 个案研究发现

（一）"空降兵"校长获取知识的实践及存在的问题

西方主要国家的研究发现，掌握关于角色的知识（knowledge of roles）、关于学校的知识（knowledge of school）与关于情境的知识（knowledge of context）（Hargreaves et al., 2003）是"空降兵"校长推动学校可持续发展的关键。因此，考察"空降兵"校长获取这些知识的实践及存在的问题有现实意义。本研究发现，"空降兵"校长均能认识到这三类知识对其领导实践的重要性，其前任学校的类型、空降继任的程序和空降继任的范围对这三类知识的获取有着重要的影响。

校长通过观察身边学校领导的工作和反思自己之前的任职经历来获取关于"角色的知识"，前任学校的类型影响较大。一般而言，有在名校工作经历的空降校长，更能够通过对身边学校领导的观察来获取关于角色的知识，而薄弱学校空降到薄弱学校的校长（I）坦言他缺乏这样的途径，只能通过自己的任职经验来获取。

空降继任程序影响校长对"关于学校的知识"的获取，尤其是空降继任时间的安排。研究发现，这 10 位"空降兵"校长在继任前缺乏获取"关于学校的知识"的必要时间与正规的途径。大部分"空降兵"校长从获得信息到上任的时间就四天左右，最长的不到三个月。

> 上任没有什么过程，走程序嘛，就是按照正规程序，领导通知你，调入到这个学校，然后第二天，就在行政班子当中宣布，第三天就在老师当中宣布，就上班了（A）。

在继任程序中，并不会征求当事人的意见，即使是找当事人谈话，也是"组织通知你这个事情（B，C，G）"，校长更多是"服从组织安排（I，H）"。时间的仓促使得"空降兵"校长在就任之前对于学校的了解有限。西方的文献指出，与前任校长的沟通是"空降兵"校长获取关于学校的知识的重要渠道，因此会采用建立前任校长与继任校长的辅导关系，甚至安排前任校长与继任校长共事一段时间来加强关于学校知识的理解的方式（Meyer & Macmillan, 2011；White et al., 2006）。但研究发现，大部分"空降兵"校长与前任校长没有任何沟通。一方面，源于学校行政归属的不同，使得校长之间缺乏交集，正如 H 校长所说："（与前任校长）没有任何沟通。宣布我到 XX 学校的时候呢，我是第一次进 XX，以前从来没来过，主要是比较忙一点，加上我原来所在学校是一个区属学校，和直属学校之间的交流本身就不太多。"另一方面，也碍于中国式的"人情"，如 G 校长所说："（与前任校长）没有沟通，因为其实中国的事情，从人情来说，有些东西是不太好琢磨的，在整个组织程序当中，作为我本人，我是不太好去接触前任校长的。"

由于缺乏必要时间与正式途径，他们在继任前获取关于学校知识的途径更多是依赖"道听途说（B，C，G）"。继任之后，关于学校的知识过多依赖自己多听多看来获取，在一定程度上，拉长了校长融入与适应的时间。

关于"情景的知识"，则受到"空降兵"校长所到学校与其原来所在学校是否属于同一管辖区域的影响。一般而言，如果是同属管辖区域内的轮岗，有利于"空降兵"校长应用其积累的社会资本，了解本区政策及教育管理（潜）规则。而同属管辖区的轮岗中，从名校空降到薄弱学校的校长更能够利用名校工作经历中所积累的社会资本为学校争取政策及经费的支持。而跨区域的空降轮岗则会影响校长原有社会资本的利用，这使得空降校长对前任校长社会资本的继承显得更为重要。

（二）"空降兵"校长赢得内外支持的实践及存在的问题

现有研究表明，"空降兵"校长获取支持的策略包括获取学校内部人员的支持、教育行政部门的支持及同行和教育专家的支持（Meyer & Macmillan, 2011）。在我们的研究中发现，大多数空降的校长最为关注的是获取学校内部人员的支持，从名校空降到薄弱学校的校长更有能力通过利用之前与教育行政部门所积累的社会资本，为学校争取教育行政部门的支持。最少提及的是获取同行和教育专家的支持，普遍存在忽略专业支持的资源及与大学专业人士建立合作或指导关系的现象。

"空降兵"校长在获取学校内部成员的支持上，通过实践中国家长式领导中的"德行领导"与"施恩领导"来实现。在德行领导方面，"空降兵"校长主要体现在力求建立"无私典范、正直尽责、以身作则"的领导印象，希望得到其他学校领导的认同效法。

在施恩领导方面，主要体现在"个别照顾、体谅宽容、维护面子"三个方面，希望得到学校成员的感恩图报。

> 教务主任是一个临近退休的老教务主任，我去了以后，他胆结石住院了，我觉得和人相处就是要付出真情，而且和老人家相处更应该是这个样子，只要你对他表现出足够的尊重，有时候工作是会比较好做。他住院期间，我去医院看过他很多回，包括他出院以后回家，都去他们家里头看他，还有就是好多东西，他可能也感受到一些东西，他出院以后，对我的工作也非常非常支持（G）。

在获取外部支持方面，主要聚焦于教育行政部门，以"要钱""要物""要政策"为主。

> 我觉得作为"一把手"，我不光是负有把学校管理得井井有条的

责任，我还有另外一个更重要的责任，就是对外沟通，尽量和上级部门搞好关系，沟通，那么拓宽学校的思路让更多的领导了解十中。然后，准确地说去要钱、要物（G）。

从"空降兵"校长获取支持的实践来看，主要依赖于校长发挥个人的魅力，力求缩短与学校成员之间的距离，尽快获得学校成员的信任与认可。一方面，校长为了"以身作则"，常陷于事必躬亲的境地，加之缺乏关于学校的知识，无从进行学校的长远规划。有校长坦言，已经上任近两年，仍不能按照自己的设想去规划学校的发展，只能聚焦于让学校常规运作起来。另一方面，缺乏用制度去规范学校管理、激励教师员工的实践，而制度管理是学校可持续发展的基础。

（三）"空降兵"校长核心领导实践开展及存在的问题

国外研究指出，成功的校长通过"建立学校发展愿景、发展人、重构组织、管理教与学、建立对外的联系"（Leithwood，Day，et al.，2006）来推动学校的发展。在本研究中，发现"空降兵"校长的核心领导实践首先是以保持和谐，维持稳定，延续学校发展基调为主。一方面是现实需要，对学校情况不了解的权宜之计。如 G 校长提及"我来了以后我想，学校要发展，如果你不稳定的话，永远都不可能发展"。在稳定的前提下，强调在融入的基础上，慢慢渗透自己的理念。另一方面也考虑前任领导的感受及教师对待继任的态度。

不急于按照自己的想法，反正我没有这样做。第一，因为你是接别人的工作，你还要考虑到前任的感受，起码他在这个学校里的工作思路方法，有些我觉得好的你还是要延续，而且还有一些优良的传统你要保存，还有就是你要照顾一下前任校长的心理方面的东西，你要理解，所以我没有一下子把自己的所有东西拿到工作当中用。包括到目前为止，都没有全部应用，只是逐渐的，就是说做一些改变和调整，一年多快两年了，我都没有完全按照我的想法去做，很多东西还是延续他们的，只是说在延续他们的基础上，做改进，然后再渗透我的思想，不做大调整，不利于团结，我个人认为不利于团结（A）。

其次，注重笼络人心，采用个别化的关怀、坦诚交心与攻心工程来团拢学校的行政班子与教师。在教学管理上，"空降兵"校长通常表现为，心有余而力不足。

教学肯定是自己抓嘛，其实学校就是个教学单位，这个是学校最重要的一个部分。虽然教育行政部门愿意你作为一个最单纯的教学单位存在，但实际上作为校长，真的好多时候你是没有办法静下心来踏踏实实地在学校里抓教学，你要去局里、区里去要钱，如果你校长不去争取，你学校永远都拿不到，包括对周围，学校周边的单位，你总要考虑到，你要让老师安安心心地为你做事情，你要为他的娃娃读书，子女，老人，周边的医院，你要去把关系搞好吧，这些都是你要考虑到的问题。所以，很困难的事情。包括周边的派出所啊，都需要去做这些工作（G）。

与国外的研究所不同，"空降兵"校长在核心领导实践的开展中，最受重视的是通过建立对外联系与笼络人心来迅速赢得学校成员的信任与接纳。由于缺乏必要的关于学校的知识，缺乏建立学校发展愿景、重构组织的基础，校长均重视"以身作则，以行动带动他人"，常常陷于事必躬亲的境地，无暇顾及管理教与学的改进。

四 基于个案研究的政策建议

综合以上研究，我们可以得出几个结论。首先，由于中小学校长任命程序的"保密性"及传统人际文化的影响，"空降兵"校长普遍缺乏必要时间与正规的途径在继任前获取"关于学校的知识"与"关于情景的知识"，这两类知识的缺乏往往将继任校长置于信息不对称的境地（薛毓，2003）。由于缺乏关于学校和关于情境的知识，其所具备的领导知识和技能缺乏在地化的土壤，拉长了"空降兵"校长"融入"的时间，不得不以"维稳"的延续，延缓改革进程。其次，校长注重发挥个人的魅力，重视"以身作则，以行动带动他人"和笼络人心，以缩短与学校成员之间的距离，获得学校成员的信任、认可与支持。最后，由于缺乏必要的关于学校的知识，无从建立学校发展愿景与重构组织，又常陷于事必躬亲的境地，无暇顾及教与学的改进工作。

鉴于此，本研究提出两方面的建议，以更好地支持轮岗校长获取相关的知识，赢得学校内外的支持，进而能够使得校长在掌握学校现状的基础上，应用领导技能库着眼于学校的长远建设，关注教与学，推动学校可持续发展。

（一）建立个体学校的重建与学区教育的优质均衡发展相联系的政策导向

建立这一政策导向需要地方教育当局、学校、培训机构及继任校长的协同性努力。首先，强化校长继任与轮岗的计划性。地方教育当局从区域优质教育均衡的角度，对继任后备人选进行有梯队的选拔，借鉴英国"快车道"（Fast track）领导者培养经验（Bush, 2013; Bush, Golver & Harris, 2008），通过与学校、培训机构的协同性努力，采用跟岗、影子校长等方式，为继任后备人员提供系统的培训，帮助其获取关于学校和情景的知识，应对学校对领导力要求的挑战。其次，突出区域名校培养学校领导者的责任，让其承担为区域其他学校，尤其是薄弱学校培养未来学校领导者的工作，将领导者的培养与名校自身工作的改进有机结合起来。在考虑薄弱学校改进的时候，可以将薄弱学校的领导轮岗至名校工作一定时间，然后再以回归者（returner）的身份空降到薄弱学校中任校长。国外的研究发现，回归者能够拥有较强的关于学校的知识，名校工作的经历能够强化其社会资本的积累，有利于获取更多关于情景的知识，更能够促进学校的持续发展。同时，将继任人的培养作为考核轮岗校长的指标之一，空降的继任校长从上任的第一天就将对其领导力的继任作为工作的重点，系统思考如何发现和培养其继任人，尤其是从学校内部培养领导继承人，关注如何影响和延续学校改进的效果，这也被学界称为"跃出知识（outbound knowledge）"（Wenger, 1998）的累积。通过实践分布式领导，能够培养学校团队的领导力，而校长的离开也不会对学校的持续改进有根本性的影响。

鉴于校长轮岗制度化和常态化的政策目标，需进一步提升轮岗的透明度，在区域或是更高行政领导层面上建立常规学校的校务公开制度，开发校务公开的指标，如财务、师资，让所有学校根据相应的指标，公开学校事务情况。定期组织校长进行学校发展的现状及存在问题的研讨。一方面，可以建立本区域的学校发展信息资源库；另一方面有利于轮岗的校长随时了解不同学校的基本情况，而且可将其与其他学校进行对比，对学校的发展进行定位，做到心中有数。

（二）增强对轮岗校长的专业支持

首先，注重轮岗发起人、轮岗校长、前任校长与轮岗学校相关人员进行及时、公开的关于"学校的知识"和"情景的知识"交流，从程序上确保有充足的时间让轮岗校长与前任校长从容地进入与退出。有研究指出，成功的实践需要安排继任校长与前任校长共同工作一段时间，有利于深度整合关于学校的知识、情景的知识，在继任校长与前任校长之间建立专业支持关系，甚至让前任校长成为继任校长的导师，推动继任校长对前任校长社会关系资本（Rothwell，2010）的继承与发展，以此更好地推动学校的可持续发展。

其次，最大化地发挥成功轮岗校长的影响力，建立"空降兵"轮岗校长的专业支持机构。一方面，研究发现"空降兵"校长缺乏同行的专业支持；另一方面，成功轮岗校长的影响力没有得到更大程度的发挥。根据教育部人事司2011年的《全国中小学校长队伍建设情况调研报告》，全国中小学校长平均年龄约为43.2岁，45岁以下的校长约有34万名，占校长总数的65%左右，轮岗的制度化及常态化将会促使涌现一批成功的轮岗校长。目前，默认的对成功轮岗校长的肯定与奖励主要有两类，一是轮到"更好"的学校做校长，二是成为教育行政部门的领导。但是这两类对大多数校长的激励作用并不明显，且不足以最大化发挥成功轮岗校长的影响力以帮助更多的"空降兵"校长推动学校的可持续发展。在不同的学校轮岗之后，校长个人领导能力将得到极大的提升，能丰富学校领导与改进的技能库（Schön，1983；Sergiovanni，2009），使得学校改进的成功经验在不同的学校进行迁移成为可能。因此，我们需要考虑如何最大化地发挥这部分校长的影响力。鉴于此，可以将导师型的校长作为校长职业生涯的一个阶段,建立由导师型校长组成的轮岗校长专业支持机构,将在多所学校轮岗且表现突出的校长聘为导师型校长,其主要任务是辅导新轮岗的校长进行学校的改进,通过辅导新校长来促进其自身的专业提升,发挥其专业影响力,为轮岗校长提供全面的专业支持。

第九章

校长轮岗支持体系建构

校长轮岗政策的推行改变了我国大多数学校校长自然更替的状态。校长轮岗能够得以实施在一定程度上体现了我国的制度优势，将制度优势转变为治理效能是我们面对的挑战，也是校长流得动、校长能成长、薄弱学校能改进、区域教育能够实现优质均衡发展的重要保障。国家关于校长轮岗的顶层设计已经就绪，政策目标的实现必须依靠其他利益相关行动者协同行动来实现，而不是仅仅靠系统不同部分之间的层级关系（Frankowski et al.，2018）。用系统的视角，洞悉校长轮岗的复杂性是必然的。国家、区域、学校、校长个体作为政策实施参与者及其之间的多重互动使得管理校长轮岗成为一项复杂的任务，其支持体系的建构对于政策目标的达成至关重要。

一 校长轮岗政策的系统集成与优势发挥

（一）发挥政策的系统集成效应

国家和各个省围绕义务教育优质均衡发展出台了一系列的政策，我们需要把义务教育优质均衡发展方面的具体制度连成一体、系统集成，使其相辅相成、相得益彰，发挥整体效应，彰显制度优势。如，可以探索校长轮岗与教师轮岗如何实现联动效应，让轮岗校长和轮岗教师组队形成合力，实现整合性能量的流动。可以将校长的聘用政策与人事制度的改革、职称评定等政策进行联动，制定并推动实施校长职级制。同时，也可以将校长轮岗与义务教育学校标准化建设、集团化办学、学区制探索等相关政策建立联动，也可以将国培相关政策与轮岗校长专题培训进行联动，形成政策的系统集成效应。

改革更多面对的是深层次体制机制问题，对改革的顶层设计要求更高，对改革的系统性、整体性、协同性要求更强，相应地建章立制、构建体系的任务更重。在新时代需要把制度建设和治理能力建设摆到更加突出的位置，继续深化各领域各方面体制机制改革，推动各方面制度更加成熟更加定型，推进国家治理体系和治理能力的现代化。着力固根基、扬优势、补短板、强弱项，构建系统完备、科学规范、运行有效的制度体系，加强系统治理、依法治理、综合治理、源头治理，把我国的制度优势更好地转化为国家治理效能。

（二）在校长轮岗的保障中，强化建构组织改进导向的支持体系

在现有的政策中，对校长轮岗与教师轮岗的保障并未做出区分，以"个人外部激励"导向为主，缺乏组织改进导向的支持体系。校长不仅仅是个体，也是学校组织发展与变革的代言人，我们需要进一步研究在学校改进的过程中，校长所需的支持。校长轮岗并不仅是校长遴选、任命的过程，而是关涉前期的选拔、培养和后期的指导、协助。外来校长缺乏对学校文化、制度、团队关系、教师行为风格等方面的了解，其对新学校的适应与磨合需要较长的过渡期。在过渡期，他们需要外界的支持，才能更好地让校长在不同的学校土壤上发挥能量（叶菊艳和卢乃桂，2016）。组织改进导向的支持，首先，需要给予轮岗校长足够的关于学校的信息并匹配一定的时长，让校长能够充分地对到任学校进行系统的研究，避免信息不对称。其次，可以探索组团式的轮岗，即给予校长时间自己选择一两个班子成员或轮岗教师，一起轮岗，形成团队，更有利于到新学校的领导实践。最后，建立新老校长从容交班的机制与程序，实现学校接力发展。

二 区域教育系统轮岗管理的优化

研究表明，在学校的可持续发展中，地区发挥着越来越重要的作用（Louis，2013；Mascall & Leithwood，2010）。校长轮岗的责任主体是"省级统筹、以县为主"，校长轮岗的专业目的是校长个人专业发展、薄弱学

校改进、区域教育优质均衡发展，这三个目的是相互联系的。为了实现目标，需要在县域系统层面进行深思熟虑的计划与部署。

（一）建立"人岗匹配"的数据基础

所谓的"人岗匹配"就是在"知人""知岗""匹配"的基础上做到人与岗位之间真正含义上的两层匹配：第一层为岗得其才，即为相应的岗位找到与其所要求的能力相适应的人；第二层为人得其岗，即人具备的能力完全能胜任此岗位的要求。因此，我们需要建立校长人才数据库及学校基本状态数据库。

首先，需要建立区域的校长人才库，包括退休校长、在任校长、副校长、后备校长人才库，建立校长成长档案，成长档案包括个人基本信息、工作单位、任职经历、工作内容、业绩表现、典型管理案例报告、职业发展期望，由此为判断校长的专业发展阶段、社会资本、专业资本（Hargreaves & Fullan，2012）奠定信息基础。可以常规性地采集校长人才库信息，将校长领导风格、任职经历、业绩表现等信息进行数据化。

根据校长的专业发展阶段，可将校长、副校长乃至学校中层领导分为职业准备期、入职与适应期、称职期和成熟引领期。

其次，建立区域内学校发展基本状态数据库，包括学校规模、设施设备、发展规划、教师基本情况、生源情况、教学常规运行情况等，将其数据化，可以借鉴韩国成功的经验，根据学校的地理位置及学校的发展阶段对本区辖区内的学校进行分类（赵允德，2014）。对每一类学校的特点及其对校长领导力的需求进行分析，通过自流程化与融合化，实现"互联网＋教育"的无缝融合，使得区域教育系统能够根据轮岗目标，实现中小学领导与学校、岗位的智能匹配与智能推荐，为中小学教育领导的储备、选拔、任命与培养提供基于大数据的决策建议，用大数据助推决策的科学化与精准化，用大数据的思维和手段，提升教育治理能力。

校长人才库及学校发展基本状态数据库由校长及学校周期性地提供与更新数据，通过运用大数据带来的新思维及工具，将校长的信息及学校的信息数据化（张欣瑞、范正芳和陶晓波，2015），定期进行更新。根据学校发展取向将不同地理位置学校分为变革主导的学校与延续主导的学校（Hargreaves et al.，2003）。变革主导与延续主导是一个连续体。一一般而言，变革主导的学校指学校目前的运作有极大的改进空间，也是俗称的"薄弱学校"，需要以变革为主导，推动学校质量的提升。延续主导的学校指学校运作良好，需要延续学校好的实践，是俗称的"优质学校"。

校长轮岗专业目的的达成，需要在校长和学校之间进行基于丰富数据的科学的匹配。从区域层面来看，需要常规性地收集高质量和丰富的基本数据，让利益关系人能够便捷地获取数据和知识，并在区域内形成促进使用丰富数据和知识的文化。两个数据库的建立，能够为校长与学校之间实现"人"—"岗"匹配奠定数据基础。

（二）建立不同轮岗类型

校长改进学校能力的提升与其获取的知识、社会资本的积累相关，从推动校长个人专业发展的轮岗设计来看，在职业准备期，校长需要有机会轮到延续主导的学校做中层领导或副校长，或通过挂职锻炼的方式（Simkins, Close & Smith, 2009），获取关于角色的知识，学习如何做校长，积累社会资本，了解区域学校运作的情境性知识，可称其为学习型轮岗。在入职与适应期，可在有专业支持的情况下到介于延续主导和变革主导中间的小规模学校去任校长，可称其为升任型轮岗。积累一定经验之后，在称职期轮到变革主导的学校，可称为考验型轮岗。在成熟引领期其轮岗的学校不再受限，这个阶段的校长，需要考虑如何发挥其专业能量的流动，而不仅仅只是"具体校长个人"的流动，即可以通过委托管理、集团办学等方式，让成熟引领期的校长在校长人才的培养与薄弱学校的改进中发挥更大的作用，打破学校之间固有的边界，由校长及其资源与各种资本连接，来形成新的校际与区域内的教育能量的裂变和聚集（Pont et al., 2008）。一旦校长能够有意识地将自己的职业生涯发展与在不同学校任职的历练有机结合起来，校长个人发展、薄弱学校改进和区域教育的优质均衡发展就能够得到最大限度的统一。

（三）形成生成性学校改进策略与工具库，形成循证决策的氛围

在区域内营造推广使用丰富数据和知识的文化氛围，区域以学年为单位，组织专家对数据库的信息进行分析与专业解读，发布区域学校发展年度报告。以此为基础，帮助区域内的校长建立区域教育发展的宏观视野，不仅关注自己所在学校的发展，也同等关注其他学校的发展（Hopkins & Higham, 2007）。实行区域内的校务公开制度，定期组织轮岗范围内校长对本校现状进行研讨，便于各校长对区域内学校运行有大致的了解，不至于轮岗时对学校一无所知，对管理工作无从下手。激活校长群体的专业能量，让区域内的校长根据数据库提供的信息，就区域中每一所学校的诊断与发展贡献自己的专业智慧。当轮岗成为常态，区域内校长之间的竞争关系需要转化为基于专业认知的合作，因为谁也不知道他下一次会轮到什么学校，因此会尽可能多地获取基于学校的知识以增长角色知识，促进校长组织社会化。当校长人才库与学校发展状态基本数据库建立起来，并且成为校长发展的知识基础时，区域层面就有了校长轮岗科学匹配的知识基础。

（四）科学设计轮岗的流程

科学匹配校长和学校只是校长轮岗成功的第一步，当校长到新的学校之后，为其提供专业支持是推动校长专业成长、成功实现学校改进的关键。因此需要赋予轮岗校长更多自主时间，使其能够从容地获取关于学校的知识，为轮岗领导实践做准备（陈玲女，2016）。在西方国家的实践中，围绕着促进校长情境知识与学校知识的获取，提出了新老校长共处接班的程序（Peters-Hawkins et al., 2018），即区域做出轮岗决策之后，让新校长和老校长共事一定时间（从两周到两个月不等），让老校长从容退出，新校长自信进入。同时，为了让他们的共事更聚焦，开发学校信息清单，让新老校长围绕核心信息进行深度的交流。

（五）提供专业支持，以学校发展规划为抓手，推动轮岗校长快速进入角色

目前的轮岗政策均是以"任期"为时间指标，现有成功的实践证明，学校发展规划的制定与实施是校长主导的变革得以实施的关键抓手。因此，为校长在任期内制定和实施学校发展规划提供信息基础和专业指导是必要的，应该避免校长尤其是"空降兵"校长缺乏必要时间与正规途径在继任前获取"关于学校的知识"与"关于情景的知识"，将其置于信

息不对称的境地，避免其所具备的领导知识和技能缺乏在地化的土壤，延缓改革进程（郑玉莲，2014b）。

同时，可为新轮岗的校长匹配导师或导师小组，导师一般由当地具有一定影响力的校长担任，导师小组一般会将高校专家纳入其中，指导的时间为两年，帮助校长组织社会化。导师的职责是帮助轮岗校长获得校长的角色知识、情境知识和学校的知识，指导校长制定并实施学校发展规划。研究发现，轮岗校长尤其是薄弱学校的校长能够从导师这里获取当地管理的规则与潜规则，迅速知晓什么事情可以向什么部门求助，并能够有效诊断学校发展的问题，找到学校发展的突破口。

三 轮岗校长领导力实践支持系统建构

（一）破除对校长角色"个人英雄主义"的认识，还原学校领导力本质

校长轮岗的政策与实践在一定程度上反映了对校长这一角色的"个人英雄"主义的认识，因此，需要还原学校领导力的本质。

早期对学校领导的研究凸显了对学校领导的"个人英雄主义"认识。"个人英雄主义"的认识有两个层面的含义，一是将校长等同于学校领导；二是对学校领导存在"领导者中心"的认识。这两方面相互交织，使得无论对学校领导的认识还是对学校领导的培养发展都凸显一种"个人英雄主义"取向。

在早期的学校效能和学校改进研究中，由于其对象主要是一些"起死回生（turn around school）的学校（Hallinger, 2010a, 2010b）"和规模比较小的小学，研究发现校长是学校成功或是失败的关键因素（Hallinger & Heck, 1996）。但是众多的研究似乎强化了这样一种假设，即校长就是学校领导的代名词（Spillane, Halverson & Diamond, 2004），"一个好校长就是一所好学校"这一说法代表了对校长重要性的认识。将校长等同于学校领导，对校长个体所发挥的作用有着过高估计与期望。于是在很长一段时间，教育领导领域为两类研究所主导。一类可称为"领导效果/影响研究"（Leadership effect research），此类研究旨在探讨领导影响组织效能尤其是学生学习的过程。通常的研究模型是将领导行为当作自变量，

学生学习作为因变量。研究的目的在于发现自变量通过哪些调节变量（如学生家庭背景等）和中介变量（如教师工作环境等）影响因变量。另一类可称为"有效领导实践研究"（Effective leadership practice research），旨在甄别出哪一类"正确"的领导实践/价值/素质能提升学校效能（李晓蕾，2011）。通过对"成功学校"的校长进行研究，聚焦在"起死回生"学校的校长都具备一些什么样的特质，做出什么样的领导行为，引发组织哪些方面的变革，在这些变量中建立其因果联系，以此来确定校长应该具备什么样的能力与素质以应对学校的"核心领导实践"（Hu，2010）。此类研究催生了大量的如今广为人知的领导模型/方式，如教学领导、转型领导、道德领导、文化领导，等等，而这些领导模型成为校长培训的理论基础。在很长一段时间内，学校领导往往被等同于学校的校长（Spillane et al.，2004）。

对校长"个人英雄主义"的认识第二个层面的含义是"领导者中心"（Hiller, Day & Vance, 2006）。受传统领导观的影响，很多研究认为领导是一种自上而下的，表现为领导对下属做或不做某种行为，是单向的领导者对追随者的影响。领导者是领导的发出者和执行者，以"领导者"为中心，强调个体领导者的特质、技能和行为（Day & O'Connor, 2003）。学校领导的研究，侧重探讨"最有效"或"最成功"的领导行为规范和标准，关注校长做什么，并要求学校领导者按照某些具体的行为标准开展实践工作，以促进教学质量的提升（Leithwood & Jantzi, 2008）。

这些基于实证分析基础之上的领导理论在很大程度上影响了培训的目标、内容，校长也被人们期许拥有诸多甚至相互矛盾的有效特质，成为无所不能的英雄（Grubb & Flessa, 2009）。在各国的校长培训制度设计中，将对校长个人发展的投入与学校改革，甚至是学生学习成绩建立了一种理性的联系，想当然认为校长个人能力的提升必然带来学校的改进与发展。

随着改革的深化，权力的下放和问责机制的日益健全，学校越发需要对多元的利益关系主体做出回应，学校领导工作的复杂性日益增加，指望校长一个人肩负学校变革与发展的重担已经很难实现。如果过度强调校长的个体领导，认定校长领导是无可取代的，那么这种想法无助于我们理解在真实而复杂的学校环境中校长如何与校内其他的领导者共同经营与协商，以促进学校之发展（蔡进雄，2009）。相反，如何发展学校整体领导力已经成为学校可持续发展的关键（Hargreaves，2009）。同时，在领导理论的研究中，随着对领导认识的深化，人们发现个体英雄式的领导已经不能满足组织对领导力的需求，强调集体共享领导的理论（如分布式领导、团队领导等）正逐步受到欢迎。

在领导发展领域，人们对领导的理解日益深化，有研究（Yammarino, Dionne, Chun & Dansereau, 2005）指出，对领导的认识与研究通常有四个层次：个体的、两人的、团体的（工作团队或小组）以及组织的（大于团队的集体）。对领导的认识呈现出从个人到集体的渐变与分层。首先，个体层次的研究认为组织中的人可以被视为独立的个体，从个体的角度研究领导，主要关注领导区别于其他追随者或被领导者的特质；其次，组织中的人可以被视为相互依赖的二者的关系，主要关注上级与下级二者的关系、领导者与追随者的关系；再次，组织中的人可以被视为团队，团队成员能够相互交流；最后，组织中的人可以被视为一个集体，在这个集体中，人们基于科层架构或是共同的目标而互相依赖。对领导的理解呈现为从个体到集体的连续体。对领导的理解与认识是领导发展的基础。对领导四个层次的分析及呈现的个体到集体的连续体为我们理解领导发展提供了新的视角。

将领导等同于领导者个体，主要体现为"英雄式"的领导理念，往往关注的是领导者的个人特质，包括技术和能力、个性及管理的风格、性别差异及个体领导的行为（J. Hartley & Hinksman, 2003）。相应的领导者发展是对提升选拔出来的个体的个人技能的一种人力资本投资，基于这种认识上的领导发展将更多的重点放在个人的发展上。然而，正如Bryman（1992）指出，有效的领导是个体与情境互动的产物；领导是一个动态的过程，是领导者、追随者和情境之间的互动。他所持的是一种分布式的领导观，认为领导并不是集中在一个人身上。因此，基于这种认识上的领导力发展是一种社会资本的投资，强调包括建立关系、团队导向、变革及冲突管理在内的社交技能的发展，用于发展组织内部及组织之间的人际网络（Bolden，2007）。

(二) 基于"集体领导力发展"的轮岗校长领导力实践支持

伴随着人们对"个人英雄式领导"的幻灭（Pearce & Conger, 2003），在轮岗政策背景下，指望校长一个人肩负学校变革与发展的重担很难实现，分布式领导（distributed leadership）强调"领导并不是集中在居于正式职位的领导者身上"（Spillane, 2006），一经提出，便受到广泛的欢迎并迅速流行起来。发展至今，尽管鲜有实证的研究去支持分布式领导对实践的影响（Harris, 2004, 2006; Spillane, 2006），但是鉴于这种新的理论视角有望减轻校长的工作负担（D. Hartley, 2010），让更多的人发挥领导力、扩大校内民主、重塑学校的文化，提高效率和效能，有助于学校领导能力建设（Mayrowetz, 2008），因此，从实用性及其理念上都受到政策制定者（D. Hartley, 2007）、研究者及其实践者的欢迎。

基于"集体领导力发展"的轮岗校长支持实践包括"组团轮岗"，即给予轮岗校长一定的选择权，让其在轮岗前，能够选择同样要轮岗的副校长、中层，或在校长轮岗与教师轮岗政策之间实现联动，即轮岗校长可以选择轮岗教师和他/她一起轮到新的学校。轮岗前组成团队，能够更好地形成合力，缩短在新到学校的适应时间。除了"组团轮岗"，还可以在做轮岗决策的时候，依据学校领导团队结构的优化需求来做校长轮岗安排。校长交流制度的实施，可以推进校长资源的优化配置，弥补学校领导班子专业、年龄、能力结构方面的不足，使学校领导班子结构更趋合理，从总体上提高学校领导班子的领导水平和执行能力，推进区域内学校特别是城乡义务教育学校教育优质均衡发展（季春梅和程振响，2011）。

另外，还可将校内领导力的培养作为轮岗校长考核的重要内容，让轮岗校长在上任的第一天就着力校内领导力的培养，在轮岗政策背景下，如果不关注校内领导力的培养，那当一所学校的领导层发生变化时，就有失去智力资本的风险。而分布式领导是校内领导力培养的重要途径。MacBeath（2005）对分布式领导的研究能够为校长培养校内领导力提供参考：1. 正式组织架构的分布式领导，即通过领导成员的分工协作，推进学校的各项改革，让学校其他领导在做事的过程中形成系统领导力；2. 实用性分布式领导，强调领导分布的临时性，即根据工作任务的不同，让学校领导及成员参与并完成各种临时任务；3. 战略性分布式领导，强调目标导向；4. 渐进式分布领导，有实用性、临时性和目标导向的特点，但更重要的是渐进式分布领导的目标是通过发挥领导力而推动有支持的成长；5. 应景式分布领导（Distribution as opportunistic），强调个体的积极主动性；6. 作为文化的分布式领导。

校长应从上任的第一天就将对其领导力的继任作为工作的重点，系统思考如何发现和培养其继任人，尤其是从学校内部培养领导继承人，关注如何影响和延续学校改进的效果，这也被学界称为"跃出知识"（outbound knowledge）的累积。通过实践分布式领导，培养学校团队的领导力，其次是培育渐变调试的分布式领导力，使得校长的离开不会对学校的持续改进有根本性的影响，并将校长校内领导力的培养作为其工作的重点考核内容。

（三）促进轮岗校长组织社会化

组织社会化对于轮岗校长领导实践至关重要。可以通过开放交流、同侪协作和正式的导师制来促进轮岗校长的组织社会化。通过开放式沟通、同侪协作和从一位经验丰富的校长那里获得指导，让轮岗校长有机会学习系统环境下的领导流程和实践。

开放交流与同侪协作即让轮岗校长有机会与区域内的其他校长、导师团队就学校发展的关键问题进行深入的沟通，创造合作解决问题的机会。首先，有助于轮岗校长形成学校发展的更大的图景。其次，能够充分地获取关于学校的知识及关于情景的知识，为其领导知识技能的在地化提供丰富的情境性土壤。最后，轮岗校长也可以以专业人士的身份，为本地区学校的发展贡献自己的专业知识，建设区域学校改进的知识库。

导师制是学校制度中组织社会化的一种制度控制形式。选择退休及在职名校校长、高校专家，成立导师团队，为所有轮岗校长配备导师，且规定好各自的职责。导师们在轮岗校长任期的头两年都和他们待在一起，指导轮岗校长学习如何在区域系统中做事，如何寻找所需的信息，以及如何获得决策或解决问题的建议。在美国的研究中发现，新校长认为了解如何获得信息是至关重要的，导师被反复确认为"信息和建议的来源"（White et al., 2006）。同时，导师能够为轮岗校长，尤其是农村地区、薄弱学校的轮岗校长对外关系领导力的实践产生正向影响。

（四）实践分布式领导，促进校内可持续领导力的培养与发展

1. 分布式领导的产生与发展

在教育领导理论的发展演变中，分布式领导（distributed leadership）在英语国家愈发受到重视，并在理论和实践层面都有着丰富的成果，成为新一轮领导理论发展的重要方向，也成为校长继任过程中，促进学校可持续领导力培养和发展的重要途径（Azorín，Harris & Jones，2019）。

20世纪80年代以来，各国教育改革越演越烈，各种教育政策频繁出台。随着权力的下放，教育行政部门用问责的方式来确保学校教育的质量，学校面对的利益关系群体越发多元，运作的环境也日益复杂。学校领导的工作成为最为重要，但又最具挑战性的工作。在研究及实践中，受"个人英雄式领导理论"的影响，"校长"成为"学校领导"的代名词（Grubb & Flessa，2009）。其个人作用被夸大，"一个好校长就是一所好学校"的观念深入人心，忽略了学校里发挥领导力的其他个体。将领导视为自上而下的，强调单向的领导者对追随者的影响。在学校中，认为校长是领导实践的发起人和实践者，以校长为中心，强调校长的特质、技能和行为。将学校变革的各种需求变成对校长个人能力的要求，对校长的培训也着力于提升校长各方面的能力，使其成为无所不能的英雄。然而这样的一种理念并没有在实践中取得预期的成功。

伴随着人们对"个人英雄式领导"的质疑（Pearce & Conger，2003），分布式领导强调"领导并不是集中于居于正式职位的领导者"（Spillane，2006），受到广泛的欢迎而迅速流行起来。发展至今，尽管鲜有实证的研究结果去支持分布式领导对实践的影响，但是鉴于这种新的理论视角有望减轻校长的工作负担（D. Hartley，2010），实现学校领导能力建设，扩大校内民主和重塑学校的文化，最终提高效率和效能，促进学校的发展（Mayrowetz，2008），与新自由主义的政策基调较为吻合，从实用性及其理念上都受到政策制定者（D. Hartley，2007）、研究者及其实践者的欢迎。

从概念上，对分布式领导及与其相近的概念缺乏清晰的分析，经常与共享式领导（shared leadership）、团队领导（team leadership）、民主型领导（democratic leadership）、参与式领导（participative leadership），甚至教师领导（teacher leadership）互换使用。尽管他们都强调"领导并不是集中于正式领导职位上的个体"，但是各个概念之间仍有一些区别。涉及的人的范围、互动的方式均有不同。共享式领导强调增加领导的人数，但仍是一种单向互动。团队领导强调多向互动，但是涉及的人员更多是拥有正式职位的领导者。民主型、参与式领导及教师领导涉及的不仅是正式领导，还涉及非正式领导，其互动也是多向的。共享式领导、团队领导、民主型领导、参与式领导、教师领导是分布式领导发展的不同阶段。

从分布式领导与正式组织架构、正式领导的关系来看，有研究者就将分布式领导与正式领导对立起来，将非正式的领导视为分布式领导，进一步认为分布式领导就是人人都来领导。在学校领导的研究中，常常将分布式领导与教师领导画等号（Harris，2003）。在此基础上，认为分布式领导会削弱正式组织架构，减轻正式职位领导的工作量及其影响力，将正式领导及组织架构作为分布式领导实施的障碍，因此主张应该将阻碍分布式领导实施的组织架构变得更加灵活。同时，逐渐降低正式领导的影响力以推动分布式领导的实践。

有研究者将分布式领导作为解决组织发展所有问题的万灵丹，视之为必然促进学校改进的领导模式，放之四海而皆准。对分布式领导持一种越多越好的态度，其暗含的假设是因为分布式领导可以发挥能力建设的功能，因此应该让更多的人参与到领导实践中，要让更多的老师发挥影响力，以减轻正式领导的负担。值得注意的是，分布式领导并不一定都是好的，更不是越多越好，尽管分布式领导受欢迎的部分原因是其可能减轻校长的负担。但是，有研究（Leithwood, Mascall, et al., 2006）指出，分布式领导需要正式领导去协调、统筹和支持各项领导活动，需要他们积极地创造组织条件去激活分布式领导实践。实际上，对正式领导的要求更多。

分布式领导最重要的理论贡献在于提出领导并不是集中在居于正式领导职位的个体，研究者似乎又将分布式领导推到"人人都领导"的极端，将其塑造为非此即彼的一种领导实践状态。归根结底，这些误区源自将分布式领导作为一种既定的状态，而没有将其看作一种渐变的过程所致。对这些误区进行澄清是分布式领导发展的关键。有研究者提醒到，分布式领导尽管广受欢迎，但这种受欢迎的程度并不代表着分布式领导是一种最佳实践，也不存在一种最理想的状态，需要根据组织情景及下属的能力和准备状态来采取不同的分布式领导实践。

2. 用渐变调适的视角，用分布式领导培育校内可持续领导力

分布式领导的发展是一个"渐变调适"的过程，是一个从正式领导向非正式领导逐步卷入学校领导实践的过程，在这个领导实践中，不断根据学校的实际情境对领导力的需求、教师的准备状态、资源等因素进行调适。正确理解正式组织架构和正式领导在分布式领导实践中的作用是关键。

分布式领导是一个从正式领导到非正式领导逐步卷入的渐变过程。分布式领导是从领导力在正式组织高层领导团队中的分配（共享式领导），到强调领导团队成员之间的互动（团队领导），最后形成了一个民主的氛围。领导力可以在正式领导和非正式领导之间自由流动以回应实践对学校领导力的要求。在非正式领导中，其成员的多样性是分布式领导的基础和资源。

对于重新理解正式领导与组织架构在分布式领导实践中的作用，在很多教育领导的文章与书籍中，分布式领导往往被置于与垂直的、科层式的正式领导实践的对立面。然而越来越多的研究证明，分布式领导是否成功，更大程度上是取决于行政的主动性及其意愿。正式领导与组织架构对分布式领导的影响既可以是正向的，也可以是负向的，但如果夸大其负向的影响，对于实践显然是不利的。

在实践中，分布式领导并不是削弱正式领导（校长）的作用，也不是要取消所有的正式领导架构和过程。相反，正式的组织架构与分布式领导有着很密切的关系，既可以促进也可以阻碍分布式领导的实践。学校作为一个传统的科层制组织，行政职位、工资都有其等级，正式领导职位往往能够在某种程度上确保资源的投放。有研究者（张佳伟，2009）指出，是否拥有正式职位在一定程度上影响教师领导力的发挥，因为教师领导力的发挥涉及资源，而资源往往是与正式职位相联系的。忽略学校结构、文化及微观政治对分布式领导实施所造成的阻碍也是不恰当的。

要释放学校内的领导力，我们需要在一定程度上结合实践需求，改变组织结构，重新划定组织内各部门的边界，以扫除阻碍更多人参与领导的组织障碍。从正式领导在分布式领导实践中的作用来看，正式的领导需要统筹、协调并培育分布式领导发生所需的氛围和空间，确保非正

式领导能够在合适的时间有机会去发挥领导力，得到必要的支持去进行变革和创新，并给予及时的资源、奖励和认可、角色和职位的澄清。同时，正式领导在分布式领导实践中应该扮演一个守门人的角色，有目的地创造条件去孕育与发展分布式领导。

分布式领导需要综合考虑领导者、追随者及学校实际情境，在实践中不断调适。在实践中不存在适用于所有情景的分布式领导模式，分布式领导是领导者、追随者及学校情景相互作用所形成的领导实践。对于居于正式职位上的领导者而言，影响分布式领导实施的原因有以下几点：领导者个人对领导的认识、他们个人作为领导者所处的发展阶段、他们对下属是否准备好承担领导责任的估计。同时，分布式领导的实践也受制于下属的能力，领导力的分配必然与能力联系起来。领导的基础是个体有特定情境下解决问题所需的专业知识、技能或是资源，能够发挥影响力。分布式领导实践与学校的规模、学校发展所处的阶段、学校的管理文化、领导的任务及学校所处的社会情景都有着密切的联系，脱离学校领导的实际情境来谈领导是没有意义的。同时，目前分布式领导的研究主要源于北美，我们也需要进一步去研究不同文化情景下的差异是什么，中国情景下的分布式领导与西方的分布式领导会呈现出什么不同的特点，有些什么因素制约分布式领导的实践。

分布式领导强调互动，不只是以正式领导为中心的互动，也强调非正式领导与正式领导及其他组织成员之间的互动。在学校这样的充满微观政治冲突的环境中，研究更多关注的是处于正式职位的领导如何去实现领导力的分布，而并没有考虑被赋予领导力的人与其他组织成员的关系，组织其他成员是否将其视为领导。因为分布式领导也意味着教师之间的相互接受与认同，需要考虑领导力的发挥需要什么样的资源或是权力，往往容易低估领导实践中的微观政治。尤其是向更多非正式领导扩展的时候，分布式领导需要关注正式与非正式领导之间的互动，这种互动需要建立在对非正式领导与其他组织成员之间互动的洞悉基础之上。

总之，我们需要从渐变调适的视角去理解分布式领导。将学校领导的实际情境作为分布式领导的重要组成要素，根据学校的规模、发展阶段、教师的能力、意愿及准备状态等不同而进行调适，通过调适与互动来推进分布式领导，实现学校可持续领导力的培育与发展，进而促进学校的可持续发展。

四 轮岗校长领导力发展培训支持系统

(一) 地方教育行政部门为轮岗校长量身定制培训项目

在我国校长培训的演变历程中,国家逐步授权地方教育行政部门行使"消费者选择权"。"消费者选择权"得以实现,本质上是依赖于培训合法化的权力与培训的提供分离。由于地方培训机构培训能力不足,地方教育行政部门便保留培训合法化的权力,将培训任务"外包"。地方教育行政部门积极地充当消费者,为本地的学校领导选择培训机构,促成了新的培训形式的产生,即委托培训的方式,由县级、市级或省级行政部门委托高一层级的培训机构乃至是国家级培训机构为其开展培训。通过委托培训,地方教育行政部门可以跳出原有的培训机构的架构,选择其认可的培训机构为其提供培训。本质上是将培训的合法化与培训的提供分离,使得"消费者"(地方教育行政部门或地方校长培训机构)的选择成为可能。当消费者拥有培训合法化的象征性权力,可供其选择的机构陡然增加,包括研究型大学、公司。

因此,地方教育行政部门要行使好"消费者"权力,为轮岗校长量身定制校长培训项目。越来越多的研究指出,有效校长培训的核心在于为校长的学习提供持续的专业支持,而这种专业支持的相关性(relevance)、在地性(locality)及共同性的协商(negotiation of mutuality)是决定其有效性的核心要素。同时,这些核心要素与校长职业生涯所处阶段、学校的发展阶段、所处的制度与社会情境相互交织,影响个体校长在不同培训项目中的收益。

首先,量身定制的培训项目包括针对处于不同发展阶段的校长的培训,除了常规的任职资格培训、提高培训之外,增加后备干部专项培训、导师型校长专项培训。其次,针对不同层次学校的校长或领导团队培训,如新建学校校长/领导团队培训、大规模学校校长/领导团队培训、城乡接合部学校校长/领导团队培训、农村学校校长/领导团队培训。最后,针对特定内容的培训,如学校发展规划制定与实施专项培训、学校文化建设专项培训等。

（二）将校长培训与区域学校知识库的建立结合起来

区域建立学校发展状态基本数据库，包括学校规模、设施设备、发展规划、教师基本情况、生源情况、教学常规运行情况等，定期进行更新，在此基础上，将其数据化，通过自流程化与融合化，实现"互联网+教育"的无缝融合。对区域的学校发展状态数据进行数据挖掘（Data Mining），又称为数据库中的知识发现（Knowledge Discovery in Database, KDD），从大量数据中获取有效的、新颖的、潜在有用的、最终可理解的模式的非平凡过程，简单地说，数据挖掘就是从大量数据中提取或"挖掘"出有用的知识，从而帮助人们做出正确决策（漆昊晟 & 欧阳群，2012）。在此基础上，将学校进行分类，形成区域学校发展的知识库，并将这一知识库用于校长培训中知识技能在地化的基础。

同时可以将学校的数据与知识给予参训的校长，让其在培训专家的指导下，运用所学的专业知识，制定给定学校的发展规划，并在培训班进行专题研讨，一方面，让每一位参训校长能够形成区域教育发展的大图景；另一方面，也能汇聚校长群体的专业智慧，最终形成集体生成性学校改进策略库。

图 9.4.1　集体生成性学校改进策略库形成机制

(三) 开展轮岗校长领导力专项培训

在轮岗政策的背景下，校长的继任领导力、对外关系领导力和组织重构领导力对学校可持续发展至关重要。校长继任领导力关注校长如何获取关于情景的知识、关于学校的知识，以让其领导角色能够具备在地化的土壤，根据学校的实际情况，做好延续与变革的规划。同时，也关注轮岗到校后如何培养校内领导力的问题。因此，需要建立并盘活区域学校知识库，并以此为中心，链接轮岗校长、前任校长、导师团队、区域校长群体，形成区域教育发展的群体性力量。

校长对外关系领导力与校长的社会资本密切相关，直接关乎轮岗校长可动用的学校改革资源，高度影响校长的身份认同。在我国，校长构建关系网和拓展资源的能力至关重要。许多薄弱学校对流入校长的期待亦是借助其关系网及"流动校长"这一身份本身所拥有的政策资本带去更多的资源（叶菊艳和卢乃桂，2016）。对外关系领导力与校长的职业发展阶段、之前任职的单位密切相关。因此支持体系的建立有赖于校长，尤其是薄弱学校、农村学校、小规模学校的校长建立社会资本丰富的导师团，让导师团成为校长在学校改进过程中与外界资源链接的关键节点。在导师的指导下，制定学校发展规划，透过规划的制定，链接学校发展与各种资源。

组织重构领导力要根据学校的实际情况，通过机构设立、人员分工、制度设计、流程管理、评价等方式推进学校改进，与轮岗校长的任职经历有关。因此，需要在培训中，让经验丰富的校长为轮岗校长，尤其是新任的轮岗校长进行专题讲解。

总之，在轮岗政策的背景下，校长在学校之间轮换已经成为常态，需要校长具备自定航向的能力，即能够利用知识、技能和态度与价值观，在陌生环境中自定航向，找到应对复杂的、不确定的正确方法，最终实现自身、学校和区域教育的发展。校长轮岗领导力的发展需要采用多种形式，形成专业支持网络。

五　轮岗校长评价体系建构

（一）建立与校长人才数据库相连接的轮岗校长形成性评价信息系统

在实践中，中小学校长综合能力评价存在以下问题：1. 校长评价主体主要是教育行政部门，一般于年底在短时间内对所有校长进行评价。而教育行政部门人员少、任务重，评价的专业性、客观性、系统性不能保证。2. 校长评价的内容较为笼统，可操作性不强。在实践中，通常以"德、能、勤、绩、廉"为主要内容指标，内容笼统，较难给出具有诊断性、区分度的评价结论。3. 校长评价的结果应用较为单一。目前校长评价的结果主要体现在年终的奖励性绩效，数额差距并不明显，对于校长的激励作用不明显，尚未基于评价形成系统的校长荣誉职级体系。4. 校长评价并未体现出应有的效果，校长并不清楚上级将如何评价自己，评价结果也并不会对校长做详细的反馈，不能体现诊断的作用，也不能为校长的选拔、提任、轮岗、培训等提供基于证据的评价数据支持。究其原因，在于缺乏清晰的校长综合能力模型、缺乏可操作的评价指标、缺乏专业的评价者队伍、对评价结果应用的关注度不够，使得校长评价仍停留于一般教育行政事务，并未发挥校长评价应有的价值。

通过对过去40年校长评价的相关研究进行系统的梳理，我们发现校长评价是实践中的重点和难点问题，近年来关于校长评价的研究逐年波动式上升。通过梳理发现"校长评价"是一个关键性的难点问题。研究揭示了在很大程度上，校长评价是伴随着校长负责制及现代学校管理制度的演进而生的，是教育行政部门为了实现问责的现实诉求。校长评价涉及评什么，现有的研究关注了校长的工作绩效、领导力，这体现了在学理上，有研究关注校长专业标准与校长评价的关系，但整体上对于评价学校和评价校长并没有进行有效的区分。对于谁来评，更多研究聚焦到在评价校长上，以及教师如何发挥作用。对于评来做什么，有部分研究探究校长职级制，关注评价结果的实践应用。从整体来看，校长评价研究主题所凸显的实践逻辑并不鲜明。

从主要发达国家美国、澳大利亚、芬兰等的校长评价研究与实践来看，尽管对于校长的评价都是源于问责的需要，但是他们对校长评价的理解更为系统。从责任主体上，学区（districts）积极参与到校长评价的统筹中，极为重视校长队伍的建设，将校长评价作为建立高素质校长队伍（pipeline）的关键环节。在评价的目标上，并不将评价的结果用于高利害性的决定中，而是强调评价的诊断功能，希望通过评价，让校长全面了解分析自己的能力与需要改进的地方，同时，将评价作为为校长提供专业发展支持（professional suport）的重要依据。在评价内容上，将评价与校长专业标准（standards）紧密联系，他们会有意识地区分校长评价与学校评价的不同，注重评价的科学性，强调以证据为基础的理念。在评价主体上，为了实现评价促进校长能力提升的功能，将校长导师设为校长的一个职级，为他们提供专门的培训，在实践中形成了以校长导师为主的校长评估专家团队（principal supervisors），他们能够通过专业的诊断，给予校长持续的专业支持。

因此，本研究建议，校长以学年为单位，完善自己在校长人才库中的信息。完善后的信息与学校基本状态数据库匹配，能够较好地形成轮岗校长形成性评价的基础。这一基础一方面可以与其他校长进行横向比较，较好地识别校长的优势与不足；另一方面，也可以作为校长专业成长的纵向数据，让其看到自己的进步与潜力。同时，形成性评价的信息与校长专业标准进行对照，形成校长个人发展的诊断性信息，据此匹配相应导师与培训项目，持续推进校长的发展。

（二）逐步推进落实校长职级制，用清晰的职业路径指引校长发展

目前，职称是指引校长发展的重要路径，然而，针对教师队伍的职称体系，并不能很好地反映校长的工作特性，指导校长在校长岗位上持续发展，甚至会导致校长在追求职称还是做好学校管理中纠结徘徊。在做了几年的校长之后，有校长感到迷茫，不知道自己下一步职业发展的目标是什么，是遵循普通学校校长到大规模学校校长到好学校校长再到教育局局长的路径吗？有的校长甚至感到倦怠。

因此，根据校长的专业发展阶段，本研究认为应建构科学的校长评价体系。根据学校类型、校长发展阶段两大维度建立具有可操作性的校长职级制，明确不同职级的校长应该具有在哪类学校的任职经历，其任职表现应该达到何种水平，及不同职级的校长影响力的范围。如在推动

一所学校持续改进、通过集团等方式影响一定数量学校的改进或在校长专业群体中发挥影响力（如名校长工作室等），以此激励和引导校长的职业发展。同时，将校长的评价与现有学校等级剥离开，真正落实校长职级制，将改进薄弱学校作为名校长评选的重要标准。在现有情况下，是好学校催生好校长，而非好校长建设一所好学校。

参考文献

蔡进雄：《中小学校长领导研究的未来发展趋势与挑战》，收入李进主编：《教师教育与教育领导》，北京大学出版社2009年版。

陈玲女：《外来校长的更替过程研究》，硕士学位论文，南京师范大学，2016年。

陈霜叶：《当大学遇到市场：中国两所大学新增本科专业的研究》，博士学位论文，香港中文大学，2006年。

陈向明：《质的研究方法与社会科学研究》，教育科学出版社2000年版。

程振响、王明宾：《关于建立中小学校长交流机制的思考与建议》，《河南教育学报（哲学社会科学版）》2011年第4期。

傅蕾：《"校长轮岗制"之问》，《现代教育科学·普教研究》2010年第5期。

贵州省教育厅：《贵州：实施"学前教育突破工程"》，收入郑富芝主编：《学前教育跨越式发展》，人民教育出版社2012年版。

郭黎岩、刘晓辰、王冰、王海军：《城乡交流背景下的校长工作压力状况调查——以辽宁省为例》，《现代教育管理》2013年第7期。

季春梅、程振响：《关于建立我国中小学校长交流制度的调查分析》，《教育发展研究》2011年第18期。

季春梅、程振响、张智灏：《中小学校长交流：问题与对策》，《中小学管理》2011年第9期。

姜超、邬志辉：《校长教师交流轮岗机制：类型、评价和建议》，《现代教育管理》2015年第11期。

李卫宁、郭月娟：《关于CEO继任研究的文献综述》，《领导科学》2010

年第 8 期。

李晓蕾：《中国教育改革背景下的学校领导——北京两所中学的个案研究》，博士学位论文，香港中文大学，2011 年。

刘晓辰：《城乡交流背景下校长角色适应及应对机制研究》，硕士学位论文，沈阳师范大学，2013 年。

刘园园：《中小学校长轮岗制存在的问题及其规避》，《教学与管理》2015 年第 3 期。

卢乃桂、陈霜叶、郑玉莲：《中国校长培训研究二十年：研究数量和主题的变化分析》，《复旦教育论坛》2011 年第 3 期。

吕敏霞：《美国薄弱学校改造的进展跟踪：实效、争议与动向》，《外国教育研究》2013 年第 2 期。

庞丽娟、夏婧：《建立城乡义务教育学校校长交流机制的政策思考》，《教育发展研究》2009 年第 9 期。

漆昊晟、欧阳群：《数据挖掘技术在企业人力资源管理中的应用》，《企业经济》2012 年第 1 期。

上海市提升中小学课程领导力行动研究项目组、周洪飞：《上海市提升幼儿园课程领导力的行动与研究》，《幼儿教育》2013 年第 7 期。

沈萍霞：《论文化机制视角下的校长交流轮岗》，《教学与管理》2022 年第 3 期。

沈萍霞：《中小学校长交流轮岗意愿调查及其轮岗改进策略——基于西北地区数据的分析》，《教育探索》2021 年第 3 期。

司晓宏、杨令平：《西部县域校长教师交流轮岗政策执行中的问题与对策》，《教育研究》2015 年第 8 期。

田新：《朝阳市小学校长轮岗制实施现状及发展对策研究》，硕士学位论文，内蒙古民族大学，2020 年。

汪丞：《中小学校长定期轮岗交流利弊之辩》，《中国教育学刊》2013 年第 7 期。

［美］威廉·罗斯维尔：《高效继任规划：如何建设卓越人才梯队》，李家强、陈致中译，江苏人民出版社 2014 年版。

熊知深、袁红兵：《校长轮岗制下学校组织政治的博弈分析》，《中小学管理》2008 年第 5 期。

徐玉特：《校长教师交流轮岗体制机制的困境与破解》，《教育理论与实践》2016 年第 4 期。

薛毓：《西方 CEO 继任者来源理论及成本收益分析》，《江苏商论》2003 年第 8 期。

叶菊艳、卢乃桂：《"能量理论"视域下校长教师轮岗交流政策实施的思考》，《教育研究》2016 年第 1 期。

易增加：《校长轮岗制度的利与弊》，《教学与管理》2013 年第 35 期。

[美] 罗伯特·K. 殷：《案例研究方法的应用》，周海涛、夏欢欢译，重庆大学出版社 2017 年版。

张兵、徐金发、章清：《CEO 继任模式及其与企业绩效的关系——研究综述和进一步研究的理论框架》，《科研管理》2005 年第 1 期。

张佳、傅锐杰、邵兴江：《轮岗对校长领导力提升存在"黄金频次"效应——基于对校长多维领导力发展的实证调查》，《基础教育》2021 年第 5 期。

张佳伟：《院校协作式学校改进中教师领导的建构：北京市个案研究》，博士学位论文，香港中文大学，2009 年。

张欣瑞、范正芳、陶晓波：《大数据在人力资源管理中的应用空间与挑战——基于谷歌与腾讯的对比分析》，《中国人力资源开发》2015 年第 11 期。

章立早：《中小学校长轮岗交流制度利与弊》，《内蒙古教育（综合版）》2010 年第 4 期。

赵倩芸：《小学校长轮岗制实施现状、问题及其对策研究》，硕士学位论文，西华师范大学，2017 年。

赵允德：《韩国中等学校教师轮岗制度及其特点》，《教师教育研究》2014 年第 3 期。

郑玉莲：《轮岗后的校长继任与学校持续发展——十位"空降兵"校长的经验及启示》，《全球教育展望》2014 年第 2 期。

郑玉莲：《我国中小学校长轮岗现状及其改进路径：县域系统领导力的视角》，《全球教育展望》2020 年第 7 期。

郑玉莲、薛杉：《轮岗政策背景下的校长任职管理：问题与可能的出路》，《教育发展研究》2018 年第 4 期。

［美］伍寇特（Wolcott，H. F.）：《苦心追寻却未必得到：谈质性研究的效度》，汤梅英译，收入 E. W. Eisner & A. Peshkin 主编：《教育领域的质性探究：持续不断的争议》，（台北）文景书局有限公司 2006 年版。

［美］辛西亚·D. 麦考利、D·斯科特·德鲁、保罗·R. 约斯特、西尔维斯特·泰勒编：《美国创新领导力中心历练驱动的领导力开发：模型、工具和最佳实践》，本书翻译委员会译，电子工业出版社 2015 年版。

Azorín, C. , Harris, A. , & Jones M. （2019）. Taking a Distributed Perspective on Leading Professional Learning Networks. School Leadership & Management, 40（2 - 3）, 111 - 127. doi：10. 1080/13632434. 2019. 1647418.

Beck, L. G. & Murphy, J. （1992）. Searching for a Robust Understanding of the Principalship. Educational Administration Quarterly, 28（3）, 387 - 396.

Bengtson, E. G. （2010）. Examing Principal Succession：Perspectives of Principals and Central Office Leaders. PhD thesis. University of Georgia.

Bengtson, E. , Zepeda, S. J. & Parylo, O. （2010）. School Systems' Practices of Controlling Socilization during Principal Succession：An Organizational Socialization Theory. Paper Presented at the American Educational Research Association Denver, CO.

Bogdan, R. & Biklen, S. K. （1998）. Qualitative Research for Education：An Introduction to Theory and Methods （3rd ed. ）. Boston：Allyn & Bacon.

Bolden, R. （2007）. Trends and Perspectives in Management and Leadership Development. Business Leadership Review, IV（II）, 1 - 13.

Bonnie, C. F. , Lance, D. F. & Fran, R. （2018）. Planning for the Future：Leadership Development and Succession Planning in Education. Journal of Research on Leadership Education. doi：10. 1177/1942775118771671.

Boyce, J. & Bowers, A. J. （2016）. Principal Turnover：Are There Different Types of Principals Who Move From or Leave Their Schools? A Latent Class Analysis of the 2007 - 2008 Schools and Staffing Survey and the 2008 - 2009 Principal Follow-Up Survey. Leadership and Policy in Schools, 15（3）,

237 – 272. doi: 10. 1080/15700763. 2015. 1047033.

Bryman, A. (1992). Charisma and Leadership in Organizations. London: Sage.

Béteille, T., Kalogrides, D. & Loeb, S. (2012). Stepping Stones: Principal Career Paths and School Outcomes. Social Science Research, 41, 904 – 919.

Bush, T., Golver, D. & Harris, A. (2008). Review of School Leadership Development: Final Report. Retrieved from Nottingham: NCSL.

Bush, T. (2013). Preparing Headteachers in England: Professional Certification, not Academic Learning. Educational Management Administration & Leadership, 41 (4), 453 – 465.

Bush, T. (2011). Succession Planning and Leadership Development for School Principals: Comparing English and South African Approaches. Compare: A Journal of Comparative and International Education, 41 (6), 785 – 800. doi: 10. 1080/03057925. 2011. 595968.

Cheng, K. M. (2000). Understanding Basic Education Policies in China: An Ethnographic Approach. In J. Liu, H. A. Ross & D. P. Kelly (Eds.), The Ethnographic Eye: An Interpretive Study of Education in China (pp. 29 – 50). New York: Falmer Press.

Crow, G. (2006). Complexity and the Beginning Principal in the United States: Perspectives on Socialization. Journal of Educational Administration, 44 (4), 310 – 325.

Crow, G. & Glascock, C. (1995). Socialization to a New Conception of the Principalship. Journal of Educational Administration, 33 (1), 22 – 43.

Culbertson, J. A. (1988). A Century's Quest for a Knowledge Base. In N. Boyan (Ed.), Handbook of Research on Educational Administration (pp. 3 – 26). New York: Longman.

Day, D. V., Harrison, M. M. & Halpin, S. M. (2009). An Integrative Approach to Leader Development: Connecting Adult Development, Identity and Expertise. New York & London: Routledge.

Day, D. V. & O'Connor, P. M. G. (2003). Leadership Development: Understanding the Process. In S. E. Murphy & R. E. Riggio (Eds.), The Future of Leadership Development (pp. 11 – 28). Mahwah, New Jersey: Lawrence Erlbaum Associates, Publishers.

Donmoyer, R. (1999). The Continuing Quest for a Knowledge Base: 1976 – 1998. In J. Murphy & K. S. Louis (Eds.), Handbook of Research on Educational Administration (2nd ed., pp. 25 – 43). San Francisco: Jossey-Bass.

Dye, T. (1998). Understanding Public Policy (9th ed.). Boston: Houghton Miffin Co.

Farkas, S., Johnson, J., Duffett, A., Foleno, T. & Foley, P. (2001). Trying to Stay Ahead of the Game: Superintendents and Principals Talk about School Leadership. New York: Public Agenda.

Felipe, A. (2020). Principal Succession in Schools: A literature Review (2003 – 2019). Educational Management Administration & Leadership. doi: 10.1177/1741143220940331.

Fink, D. & Brayman, C. (2004). Principals' Succession and Educational Change. Journal of Educational Administration, 42 (4), 431 – 449.

Fink, D. & Brayman, C. (2006). School Leadership Succession and the Challenge of Change. Educational Administration Quarterly, 42 (1), 62 – 89.

Fink, D. (2011). Pipelines, Pools and Reservoirs: Building Leadership Capacity for Sustained Improvement. Journal of Educational Administration, 49 (6), 670 – 684.

Fink, D. (2010). The Succession Challenge: Building and Sustaining Leadership Capacity through Succession Management. Thousand Oaks, CA.: Sage Publications.

Foster, W. (1988). Educational Administration: A Critical Appraisal. In D. E. Griffiths, R. T. Stout & P. B. Forsyth (Eds.), Leaders for America's schools: The Report and Papers of the National Commission on Excellence in Educational Administration (pp. 68 – 81). Berkeley, CA: McCutchan.

Frankowski, A., Martijn van der Steen, Bressers, D. & Martin Schulz.

(2018). Dilemmas of Central Governance and Distributed Autonomy in Education. Retrieved from Paris: OECD Publishing.

Fullan, M. (2001). Leading in a Culture of Change. San Francisco, CA: Jossey-Bass.

Getty, C. (1993). Planning Successfully for Succession Planning. Training and Development, 47 (11), 31 – 33.

Giambatista, R. C., Rowe, W. G. & Riaz, S. (2005). Nothing Succeeds Like Succession: A Critical Review of Leader Succession Literature Since 1994. The Leadership Quarterly, 16, 963 – 991.

Glatthorn, A. A. (2000). The Principal as Curriculum Leader: Shaping What Is Taught and Tested. Thousand Oaks, CA: Corwin Press.

Gmelch, W. H. (2000). Leadership Succession: How New Deans Take Charge and Learn the Job. Journal of Leadership Studies, 7 (3), 68 – 87. doi: 10.1177/107179190000700305.

Goodlad, J. I. (1976). The Scope of the Curriculum Field. In J. I. Goodlad (Ed.), Curriculum Inquiry: The Study of Curriculum Practice (pp. 17 – 41). New York: McGraw-Hill.

Gordon, G. E. & Rosen, N. (1981). Critical Factors in Leadership Succession. Organizational Behavior and Human Performance, 27 (2), 227 – 254.

Griffiths, D. E., Stout, R. T. & Forsyth, P. B. (Eds.). (1988). Leaders for America's Schools: The Report and Papers of the National Commission on Excellence in Educational Administration. Berkeley, CA: McCutchan.

Grubb, W. N. & Flessa, J. J. (2009). "A job too big for one": Multiple Principals and Other Non-traditional Approaches to School Leadership. In K. Leithwood, B. Mascall & T. Strauss (Eds.), Distributed Leadership According to the Evidence. London: Routledge.

Guba, E. G. & Lincoln, Y. S. (1994). Competing Paradigms in Qualitative Research. In N. K. Denzin & Y. S. Lincoln (Eds.), The Sage Handbook of Qualitative Research (pp. 105 – 117). Thousand Oaks: Sage.

Guest, G., Macqueen, K. & Namey, E. (2011). Applied Thematic Analysis. London: Sage.

Habermas, J. (1972). Knowledge and Human Interests. London: Heinemann.

Hackmann, D. G., Bauer, S. C., Cambron-Mccabe, N. H. & Quinn, D. M. (2009). Characteristics, Preparation and Professional Development of Educational Leadership Faculty. In M. D. Young, G. Crow, J. Murphy, & R. T. Ogawa (Eds.), Handbook of Research on the Education of School Leaders (pp. 225 – 267). New York & London: Routledge.

Hallinger, P. (2010a). Developing Instructional Leadership. In B. Davies & M. Brundrett (Eds.), Developing Successful Leadership [Vol. 11 (2), pp. 61 – 76]: Springer.

Hallinger, P. (2010b). A review of Three Decades of Doctoral Studies Using the Principal Instrumental Management Rating Scale: A Lens on Methodological Progress in Educational Leadership. Educational Administration Quarterly, Published Online before Print, 1 – 36.

Hallinger, P. & Heck, R. H. (1996). Reassessing the Principal's Role in School Effectiveness: A Review of Empirical Research, 1980 – 1995. Educational Administration Quarterly, 32 (1), 5 – 44.

Hallinger, P. (2011). Leadership for Learning: Lessons from 40 Years of Empirical Research. Journal of Educational Administration, 49 (2), 125 – 142.

Hammersley, M. & Atkinson, P. (1995). Ethnography: Principles in practice (2nd ed.). London and New York: Routledge.

Hargreaves, A. & Fink, D. (2011). Succeeding Leaders: Supply and Demand. In R. E. White & K. Cooper (Eds.), Principals in Succession, Studies in Educational Leadership 13: Springer Science + Business Media B. V.

Hargreaves, A. & Fink, D. (2003). Sustaining Leadership. Phi Delta Kapan, 84 (9), 693 – 700.

Hargreaves, A. & Fullan, M. (2012). Professional Capital: Transforming Teaching in Every School. New York: Teachers College Press.

Hargreaves, A. (2005). Leadership Succession. The Educational Forum, 69 (Winter), 163 – 173.

Hargreaves, A. , Moore, S. , Fink, D. , Brayman, C. & White, R. E. (2003). Succeeding Leaders? A Study of Principal Succession and Sustainability. Retrieved from Ontario: Ontario Principal's Council (OPC).

Hargreaves, A. (2009). Sustainable Leadership. In B. Davies (Ed.), The Essentials of School Leadership (2nd ed., pp. 183 – 202). Los Angeles: Sage.

Harris, A. (2009). Leadership Succession. School Leadership & Management: Formerly School Organization, 29 (5), 421 – 423.

Harris, A. (2003). Teacher Leadership as Distributed Leadership: Heresy, Fantasy or Possibility? School Leadership and Management, 23 (3), 313 – 324.

Hart, A. W. (1991). Leader Succession and Socialization: A Synthesis. Review of Educational Research, 61 (4), 451 – 474.

Hart, A. W. (1993). Principal Succession: Establishing Leadership in Schools. New York: SUNY.

Hartley, D. (2010). Paradigms: How Far Does Research in Distributed Leadership "stretch"? Educational Management Administration & Leadership, 38 (3), 271 – 285.

Hartley, D. (2007). The Emergence of Distributed Leadership in Education: Why Now? British Journal of Educational Studies, 55 (2), 202 – 214.

Hartley, J. & Hinksman, B. (2003). Leadership Development: A Systematic Review of the Literature. Retrieved from Conventry: The NHS Leadership Center.

Hiller, N. J., Day, D. V. & Vance, R. J. (2006). Collective Enactment of Leadership Roles and Team Effectiveness: A Field Study. The Leadership Quarterly, 17, 387 – 397.

Hopkins, D. & Higham, R. (2007). System Leadership: Maping the Landscape. School Leadership & Management, 27 (2), 147 – 166.

Hopkins, D. (2001). School Improvement for Real. London and New York: Routledge/Falmer.

Huber, S. G. & Pashiardis, P. (2008). The Recruitment and Selection of

School Leaders. In J. Lumby, G. Crow & P. Pashiardis (Eds.), International Handbook on the Preparation and Development of School Leaders (pp. 176 – 202). New York: Routledge.

Hu, R. K. (2010). School Principals in Mainland China: Core Leadership Practices. Unpublished PhD Thesis. The Chinese University of HongKong.

Jones, G. R. (1986). Socialization Tactics, Self-efficacy, and Newcomers' Adjustment to Organizations. Academy of Management Journal, 29 (2), 262 – 279.

Kottkamp, R. B. & Rusch, E. A. (2009). The Landscape of Scholarship on the Education of School Leaders, 1985 – 2006. In M. D. Young, G. Crow, J. Murphy & R. T. ogawa (Eds.), Handbook of Research on the Education of School Leaders. New York & London: Routledge.

Laforest, S. & Kubica, T. (2012). Leadership Succession for Business Growth and Continuity. Alaska Business Monthly April 1, 120 – 121.

Lee, L. C. (2015). School Performance Trajectories and the Challenges for Principal Succession. Journal of Educational Administration, 53 (2), 262 – 286. doi: 10.1108/jea – 12 – 2012 – 0139.

Leithwood, K., Day, C., Sammons, P., Harris, A. & Hopkins, D. (2006). Successful School Leadership: What It Is and How It Influences Pupil Learning. Retrieved from Nottingham: NCSL & DfES.

Leithwood, K. & Duke, L. (1999). A Century's Quest to Understand School Leadership. In J. Murphy & K. S. Louis (Eds.), Handbook of Research on Educational Administration (pp. 45 – 72). San Francisco: Jossey-Bass Publisher.

Leithwood, K. & Jantzi, D. (2008). Linking Leadership to Student Learning: The Contributions of Leader Efficacy. Educational Administration Quarterly, 44 (4), 496 – 528.

Leithwood, K., Jantzi, D. & Steinbach, R. (1999). Changing Leaders for Changing Schools. Buckingham, UK: Open University Press.

Leithwood, K., Mascall, B., Strauss, T., Sacks, R., Memon, N. & Yashkina, A. (2006). Distributing Leadership to Make School Smarter. Leadership and Policy 6 (1), 37 – 67.

Louis, K. S. (2013). Districts, Local Education Authorities, and the Context of Policy Analysis. Journal of Educational Administration, 51 (4), 550 – 555.

MacBeath, J. (2005). Leadership as Distributed: A Matter of Practice. School Leadership and Management, 25 (4), 349 – 366.

MacBeath, J., Oduro, G., Jacka, J. & Hobby, R. (2006). The Selection and Appointment of Headteachers and Senior Leaders: A Review of the Literature. Retrieved from Nottingham: NCSL.

Mascall, B. & Leithwood, K. (2010). Investing in Leadership: The District's Role in Managing Principal Turnover. Leadership and Policy in Schools, 9 (4), 367 – 383.

Mayrowetz, D. (2008). Making Sense of Distributed Leadership: Exploring the Multiple Usages of the Concept in the Field. Educational Administration Quarterly, 44 (3), 424 – 435.

McCarthy, M. M. & Forsyth, P. B. (2008). An Historical Review of Research and Development Activities Pertaining to the Preparation of School Leaders. In J. Lumby, G. Crow & P. Pashiardis (Eds.), International Handbook on the Preparation and Development of School Leaders (pp. 85 – 128). New York: Routledge.

McCarthy, M. M. (1999). How Are School Leaders Prepared? Trends and Future Directions. Educational Horizons, 77 (2), 74 – 81.

McDonnell, L. M. & Elmore, R. F. (1987). Getting the Job Done: Alternative Policy Instruments. Educational Evaluation and Policy Analysis, 9 (2), 133 – 152.

Merriam, S. B. (2009). Qualitative Research: A Guide to Design and Implementation. San Francisco: Jossey-Bass.

Merriam, S. B. (1998). Qualitative Research and Case Study Applications in Education. San Francisco: Jossey-Bass.

Meyer, M. J., Macmillan, R. B. & Northfield, S. (2009). Principal Succession and Its Impact on Teacher Morale. International Journal of Leadership in Education, 12 (2), 171 – 185.

Meyer, M. J. & Macmillan, R. B. (2011). Principal Succession and the Micropolitics of Educators in Schools: Some Incidental Results from a Larger study. Canadian Journal of Educational Administration and Policy, 117.

Miles, M. B. & Huberman, M. (1994). Qualitative Data Analysis: An Expanded Sourcebook. Thousand Oaks: Sage.

Murphy, J. & Hallinger, P. (Eds.). (1987). Approaches to Administrative Training in Education. New York: State University of New York Press.

Murphy, J. & Vriesenga, M. (2006). Research on School Leadership Preparation in the United States: An Analysis. School Leadership & Management, 26 (2), 183 – 195.

Myung, J., Loeb, S. & Horng, E. (2011). Taping the Principal Pipeline: Identifying Talent for Future School Leadership in the Absence of Formal Succession Management Programs. Educational Administration Quarterly, 47 (5), 695 – 727.

Oakeshott, M. (1962). Rationalism in Politics and Other Essays. New York: Basic Books.

Oplatka, I. (2011). Contextualizing Principal Succession: Reflections on Principal Succession and Rotation in Western Countries. In R. E. White & K. Cooper (Eds.), Principals in Succession, Studies in Educational Leadership 13: Springer Science + Business Media B. V..

Oplatka, I. (2009). The Field of Educational Administration: A Historical Overview of Scholarly Attempts to Recognize Epistemological Identities, Meanings and Boundaries From the 1960s Onwards. Journal of Educational Administration, 47 (1), 8 – 35.

Osterman, K. F. & Hafner, M. M. (2008). Curriculum in Leadership Preparation. In J. Lumby, G. Crow & P. Pashiardis (Eds.), International Handbook on the Preparation and Development of School Leaders (pp. 269 – 317). New York: Routledge.

Pearce, C. L. & Conger, J. A. (Eds.). (2003). Shared Leadership: Reframing the Hows and Whys of Leadership. Thousand Oaks, CA: Sage.

Peters-Hawkins, A. L., Reed, L. C. & Kingsberry, F. (2018). Dynamic Leadership Succession: Strengthening Urban Principal Succession Planning. Urban Education, 53 (1), 26 –54. doi: https://doi.org/10.1177/0042085916682575.

Pijanowski, J. C., Hewitt, P. M. & Brady, K. P. (2009). Superintendent's Perceptions of the Principal Shortage. NASSP Bulletin, 93 (2), 85 –95.

Pont, B., Nusche, D. & Hopkins, D. (2008). Improving School Leadership: Case Studies on System Leadership. OECD; 2008.

Punch, K. F. (2009). Introduction to Research Methods in Education. Los Angeles: Sage.

Qian, H. Y. (2009). School Principals in Mainland China: Core Leadership Practices. Unpublished PhD thesis. Chinese University of HongKong. HongKong.

Raby, R. L. (2010). The 2009 Comparative Education Review Bibliography: Patterns of Internationalization in the Field. Comparative Education Review, 54 (3), 415 –427.

Rangel, V. S. (2018). A Review of the Literature on Principal Turnover. Review of Educational Research, 88 (1), 87 – 124. doi: 10.3102/0034654317743197.

Reynolds, C., White, R. E. & Brayman, C. (2005). The Implications and Challenges of Leadership Succession/Rotation for the Sustainability of School Reform. Paper Presented at the International Congress on School Effectiveness and Improvement Barcelona.

Robinson, V. M. J., Lloyd, C. A. & Rowe, K. J. (2008). The Impact of Leadership on Student Outcomes: An Analysis of the Differential Effects of Leadership Types. Educational Administration Quarterly, 44 (5), 635 –674. doi: 10.1177/0013161x08321509.

Rothwell, W. J. (2010). Effective Succession Planning: Ensuring Leadership Continuity and Building Talent from Within (4th ed.). New York: AMACOM, American Management Association.

Schön, D. A. (1987). Educating the Reflective Practitioner: Toward a New

Design for Teaching and Learning in the Professions. San Francisco: Jossey-Bass Publishers.

Schön, D. A. (1983). The Reflective Practitioner: How Professionals Think in Action. New York: BasicBooks.

Sergiovanni, T. J. (2009). The Principalship: A Reflective Practice Perspective. Boston: Pearson.

Simkins, T., Close, P. & Smith, R. (2009). Work-shadowing as a Process for Facilitating Leadership Succession in Primary Schools. School Leadership & Management, 29 (3), 239 – 251.

Spillane, J. P. (2006). Distributed Leadership. San Francisco, CA: Jossey Bass.

Spillane, J. P., Halverson, R. & Diamond, J. B. (2004). Toward a Theory of Leadership Practice: a Distributed Perspective. Curriculum Studies, 36 (1), 3 – 34.

Stake, R. (1995). The Art of Case Study Research. Thousand Oaks: CA: Sage Publications.

Sturman, A. (1999). Case Study Methods. In J. P. Keeves & G. Lakomski (Eds.), Issues in Educational Research. Amsterdam; New York: Pergamon.

Tsang, W. K. (2010). Introduction to Qualitative Methodology. Course Materials. The Chinese University of Hong Kong.

Walker, A. & Kwan, P. (2012). Principal Selection Panels: Strategies, Preferences and Perceptions. Journal of Educational Administration, 50 (2), 188 – 205.

Walker, A. & Qian, H. Y. (2012). Reform Disconnection in China. Peabody Journal of Education, 87 (2), 162 – 177.

Weick, K. E. (1976). Educational Organizations as Loosely Coupled Systems. Administrative Science Quarterly, 21 (1), 1 – 19.

Wenger, E. (1998). Communities of Practice: Learning, Meaning and Identity. Cambridge: Cambridge University Press.

White, R. E. & Cooper, K. (2011a). Planning for Succession: Considerations and Implications for Educational Policy. In R. E. White & K. Cooper (Eds.), Principals in Succession, Studies in Educational Leadership 13: Springer Science + Business Media B. V.

White, R. E., Cooper, K. & Brayman, C. (2006). Case Studies of Principal Rotation and Succession Policies: An International Perspective. Retrieved from Ontario.

White, R. E. & Cooper, K. (Eds.). (2011b). Principal Succession: Transfer and Rotation in Educational Administration. London & Newyork: Springer.

Yammarino, F. J., Dionne, S. D., Chun, J. U. & Dansereau, F. (2005). Leadership and Levels of Analysis: A State-of-the-science Review. The Leadership Quarterly, 16, 879 – 919.

Yanow, D. (2000). Conducting Interpretive Policy Analysis. California, Thousand Oaks: Sage publications.

Yin, R. K. (2003). Case Study Research: Design and Methods (3rd ed.). Thousand Oaks: Sage Publications.

Young, M. D., Crow, G. M., Murphy, J. & Ogawa, R. T. (Eds.). (2009). Handbook of Research on the Education of School Leaders. New York, NY: Routledge.

Youngs, H. (2007). Having the "Presence" and Courage to See beyond the Familiar: Challenging Our Habitual Assumptions of School Leadership. Paper Presented at the ACEL & ASCD International Conference, Sydney, Australia.

Zepeda, S. J., Bengtson, E. & Parylo, O. (2012). Examing the Planning and Management of Principal Succession. Journal of Educational Administration, 50 (2), 136 – 158.

附　　录

一　问卷

中小学校长轮岗现状调查问卷

亲爱的校长：

　　您好！本问卷旨在了解当前中小学校长轮岗与校长领导力发挥的现状，以便更好地制定相关政策和实施支援措施。问卷不记名，答案也无对错之分，数据仅用于学术研究。请您如实作答，作答时请不要有所遗漏。诚挚地感谢您的支持与参与。

全国教育科学规划青年课题
中小学校长轮岗策略与支持体系研究课题组

1. 您的性别 ［单选题］*
   ○男　　　　　　　　　　○女
2. 您的年龄属于 ［单选题］*
   ○"50后"　○"60后"　○"70后"　○"80后"　○"90后"
3. 您的职称是 ［单选题］*
   ○三级　　○二级　　○一级　　○副高　　○正高
   ○其他＿＿＿＿＿＿＿＿＿＿ *
4. 您有评职称的压力吗 ［单选题］*
   ○有　　　　　　　　　　○没有

5. 您目前的最高学历是 ［单选题］*

　　○中专　　　○大专　　　○本科　　　○硕士研究生　　　○博士研究生

6. 您是否当过教师？［单选题］*

　　○是　　　　○否

7. 您在几所学校任过校长或副校长 ［单选题］*

　　○1 所　　　○2 所　　　○3 所　　　○4 所　　　○5 所及以上

8. 您目前任职的学段是 ［单选题］*

　　○小学

　　○初中

　　○高中

　　○九年一贯制学校

　　○完全中学

　　○十二年一贯制学校

　　○其他 ＿＿＿＿＿＿＿＿ *

9. 您现在的职务 ［单选题］*

　　○校长

　　○教学副校长

　　○德育副校长

　　○后勤副校长

　　○其他 ＿＿＿＿＿＿＿＿ *

10. 您现在任课吗 ［单选题］*

　　○是　　　　○否

11. 您在目前学校任校长几年 ［单选题］*

　　○1 年以下　　○1—3 年　　○4—6 年　　○7—10 年　　○10 年以上

12. 您现任学校的地理位置 ［单选题］*

　　○城市　　　　　○乡镇

　　○农村　　　　　○城乡接合部

13. 您现任学校的类型是 ［单选题］*

　　○国家、省级示范学校

　　○市级、县级普通学校

　　○普通学校

○新（筹）建学校

14. 您是通过怎样的渠道在现任学校做校长的 ［单选题］*

○本校晋升

○外校调任

○教育集团派遣

○其他 ＿＿＿＿＿＿＿＿＿ *

15. 您现任学校的规模是 ［单选题］*

○12 个班以下

○12—24 个班

○25—36 个班

○37—48 个班

○48 个班以上

16. 您之前任职学校的地理位置 ［单选题］*

○城市　　　　　○乡镇

○农村　　　　　○城乡接合部

17. 您之前任职学校的类型 ［单选题］*

○国家、省级示范学校

○市、县级示范学校

○普通学校

○新（筹）建学校

18. 在任现职之前，您担任什么职务 ［单选题］*

○校长

○教学副校长

○德育副校长

○后勤副校长

○学校中层领导

○其他 ＿＿＿＿＿＿＿＿＿ *

19. 从您知道要当校长到您正式上任的时间为 ［单选题］*

○一周及以下

○一周以上一个月以内

○两个月

○ 三个月

○ 半年

○ 半年以上

20. 在轮岗、做校长前，上级领导是否征求过您的意见 [单选题]*

　　○ 是，我的意见得到尊重

　　○ 是，我的意见没有起作用

　　○ 否

21. 在上任前，你是否希望与上级领导就您的任命进行一次谈话 [单选题]*

　　○ 是

　　○ 否

　　○ 无所谓

22. 在现任学校任职，您的态度是 [单选题]*

　　○ 非常愿意

　　○ 领导做工作后愿意

　　○ 无所谓

　　○ 不愿意

23. 在您上任初期，是否与前任校长进行经验交流 [单选题]*

　　○ 是　　　　○ 否

24. 您是否需要与前任领导交流 [单选题]*

　　○ 是

　　○ 否

　　○ 无所谓

25. 如果可以选择，您愿意在现任学校任职多长时间 [单选题]*

　　○ 越快离开越好

　　○ 无所谓

　　○ 三年以内

　　○ 三—六年

　　○ 七—十年

　　○ 一直待下去

以下是关于轮岗校长领导力的描述，您多大程度同意将其运用于描述您的领导实践，请点击合适的选项！

26. 薄弱学校的改进能够让更多弱势群体受益，促进教育公平的实现 [单选题]*
    ○非常不同意
    ○不同意
    ○中立
    ○同意
    ○非常同意

27. 好的校长能够让薄弱学校焕发生机 [单选题]*
    ○非常不同意
    ○不同意
    ○中立
    ○同意
    ○非常同意

28. 轮岗能够重新激发我的办学热情 [单选题]*
    ○非常不同意
    ○不同意
    ○中立
    ○同意
    ○非常同意

29. 在不同类型学校任职的经历对我的发展很重要 [单选题]*
    ○非常不赞同
    ○不赞同
    ○中立
    ○赞同
    ○非常赞同

30. 我清楚上级部门关于校长轮岗的政策 [单选题]*
    ○非常不同意
    ○不同意

○中立
○同意
○非常同意

31. 我不清楚哪些因素会决定我的升迁去留 [单选题]*
    ○非常不同意
    ○不同意
    ○中立
    ○同意
    ○非常同意

32. 我能够自主规划自己的校长职业生涯 [单选题]*
    ○非常不同意
    ○不同意
    ○中立
    ○同意
    ○非常同意

33. 当我轮岗离开后，学校的发展我无能为力 [单选题]*
    ○非常不同意
    ○不同意
    ○中立
    ○同意
    ○非常同意

34. 轮岗政策让我无法深度思考学校长远发展 [单选题]*
    ○非常不同意
    ○不同意
    ○中立
    ○同意
    ○非常同意

35. 我愿意参加校长轮岗，到薄弱学校发挥我的专业影响力 [单选题]*
    ○非常不同意
    ○不同意
    ○中立

○同意

○非常同意

36. 学校的发展比我个人的发展更重要 ［单选题］*

○非常不同意

○不同意

○中立

○同意

○非常同意

37. 我为轮岗做好了准备 ［单选题］*

○非常不同意

○不同意

○中立

○同意

○非常同意

38. 新到一所学校，我有学校长远发展的清晰愿景 ［单选题］*

○非常不赞同

○不赞同

○中立

○赞同

○非常赞同

39. 对我而言，新到一所学校，稳定最重要 ［单选题］*

○非常不同意

○不同意

○中立

○同意

○非常同意

40. 我会基于曾经管理的成功经验在新的学校寻找发展突破点 ［单选题］*

○非常不赞同

○不赞同

○中立

○赞同

○非常赞同

41. 我会有意识地培养继任者使得学校延续发展 ［单选题］*

　　○非常不同意

　　○不同意

　　○中立

　　○同意

　　○非常同意

42. 我愿意把我对学校的建议分享给我的继任者 ［单选题］*

　　○非常不同意

　　○不同意

　　○中立

　　○同意

　　○非常同意

43. 我愿意培养我校的领导团队成员成为其他学校的领导 ［单选题］*

　　○非常不同意

　　○不同意

　　○中立

　　○同意

　　○非常同意

44. 我注重物色有领导潜力的教师，并培养他/她 ［单选题］*

　　○非常不同意

　　○不同意

　　○中立

　　○同意

　　○非常同意

45. 我校有培养一线教师成长成为学校领导的路径和具体要求 ［单选题］*

　　○非常不同意

　　○不同意

　　○中立

○同意

○非常同意

46. 我有具体措施提高一线教师参与学校管理的意识和能力 ［单选题］*

　　○非常不同意

　　○不同意

　　○中立

　　○同意

　　○非常同意

47. 我会有意识地支持专业能力强的老师发挥影响力 ［单选题］*

　　○非常不同意

　　○不同意

　　○中立

　　○同意

　　○非常同意

48. 让教师获得尊严是我努力的方向 ［单选题］*

　　○非常不同意

　　○不同意

　　○中立

　　○同意

　　○非常同意

49. 我校有制度引导教师阶梯式发展 ［单选题］*

　　○非常不同意

　　○不同意

　　○中立

　　○同意

　　○非常同意

50. 校长通过教师促进学生发展 ［单选题］*

　　○非常不同意

　　○不同意

　　○中立

　　○同意

○非常同意

51. 我与学生直接交流不多 ［单选题］*
    ○非常不同意
    ○不同意
    ○中立
    ○同意
    ○非常同意

52. 到新学校，我会重新调整中层领导班子 ［单选题］*
    ○非常不同意
    ○不同意
    ○中立
    ○同意
    ○非常同意

53. 我会根据学校工作的需要设立新的管理岗位 ［单选题］*
    ○非常不同意
    ○不同意
    ○中立
    ○同意
    ○非常同意

54. 当工作进展不顺利时，我会及时调整学校中层领导干部的分工 ［单选题］*
    ○非常不同意
    ○不同意
    ○中立
    ○同意
    ○非常同意

55. 我会定期分析完善学校管理工作的流程 ［单选题］*
    ○非常不同意
    ○不同意
    ○中立
    ○同意

○非常同意

56. 我会定期分析学校制度，废旧立新 ［单选题］*
    ○非常不同意
    ○不同意
    ○中立
    ○同意
    ○非常同意

57. 学校现有的制度能够得到落实 ［单选题］*
    ○非常不同意
    ○不同意
    ○中立
    ○同意
    ○非常同意

58. 学校各项工作都有清晰的做事流程 ［单选题］*
    ○非常不同意
    ○不同意
    ○中立
    ○同意
    ○非常同意

59. 学校的制度常规能保障目标的实现 ［单选题］*
    ○非常不同意
    ○不同意
    ○中立
    ○同意
    ○非常同意

60. 学校各项制度常规的落实需要我亲自督促 ［单选题］*
    ○非常不同意
    ○不同意
    ○中立
    ○同意
    ○非常同意

61. 无论我在校与否，学校都能够顺畅运行 [单选题]*
    ○非常不同意
    ○不同意
    ○中立
    ○同意
    ○非常同意

62. 我不知道上级部门将如何对我进行考核评价 [单选题]*
    ○非常不同意
    ○不同意
    ○中立
    ○同意
    ○非常同意

63. 现有的政策支持我请专家到校指导学校发展 [单选题]*
    ○非常不同意
    ○不同意
    ○中立
    ○同意
    ○非常同意

64. 我校与高校专家建立了长期的诊断、改进与指导关系 [单选题]*
    ○非常不同意
    ○不同意
    ○中立
    ○同意
    ○非常同意

65. 我校根据需求邀请专家开展讲座 [单选题]*
    ○非常不同意
    ○不同意
    ○中立
    ○同意
    ○非常同意

66. 我校与同行学校常进行互访交流 [单选题]*
    ○非常不同意
    ○不同意
    ○中立
    ○同意
    ○非常同意

67. 我校与同行学校有常规性的深度合作，如题库共享、共同教研等 [单选题]*
    ○非常不同意
    ○不同意
    ○中立
    ○同意
    ○非常同意

68. 我校有制定学校发展的学年、学期工作计划 [单选题]*
    ○非常不同意
    ○不同意
    ○中立
    ○同意
    ○非常同意

69. 我校是根据学生学业表现数据制定学校的教学目标 [单选题]*
    ○非常不同意
    ○不同意
    ○中立
    ○同意
    ○非常同意

70. 我校制定的发展目标充分考虑了是否易于教师理解和践行 [单选题]*
    ○非常不同意
    ○不同意
    ○中立
    ○同意

○非常同意

71. 我经常与社区和家长等沟通学校发展规划 [单选题]*
    ○非常不同意
    ○不同意
    ○中立
    ○同意
    ○非常同意

72. 我和教师一起参与课程方案开发时会参考学校的教学目标 [单选题]*
    ○非常不同意
    ○不同意
    ○中立
    ○同意
    ○非常同意

73. 我会努力确保教师的课堂活动与学校的发展目标及使命保持一致 [单选题]*
    ○非常不同意
    ○不同意
    ○中立
    ○同意
    ○非常同意

74. 我评价课堂教学时会关注学生的作业完成情况 [单选题]*
    ○非常不同意
    ○不同意
    ○中立
    ○同意
    ○非常同意

75. 我将各年级负责协调课程教学的人员明确到人、明确到岗（如校长、副校长和年级主任等）[单选题]*
    ○非常不同意
    ○不同意

○中立
○同意
○非常同意

76. 我制定课程方案时会考虑全体学生的学业表现情况 [单选题] *
　　○非常不同意
　　○不同意
　　○中立
　　○同意
　　○非常同意

77. 我积极参与教师的课程编制和开发等事务 [单选题] *
　　○非常不同意
　　○不同意
　　○中立
　　○同意
　　○非常同意

78. 我经常与教师单独讨论学生的学业表现情况 [单选题] *
　　○非常不同意
　　○不同意
　　○中立
　　○同意
　　○非常同意

79. 我通过学生的学业表现和其他方面的表现来评价学校发展目标是否达成 [单选题] *
　　○非常不同意
　　○不同意
　　○中立
　　○同意
　　○非常同意

80. 我鼓励教师在课堂上尝试新的教育理念和教学方法 [单选题] *
　　○非常不同意
　　○不同意

○中立

○同意

○非常同意

81. 我在休息时间经常与教师交流 ［单选题］*

○非常不同意

○不同意

○中立

○同意

○非常同意

82. 我在休息时间经常与学生交流 ［单选题］*

○非常不赞同

○不赞同

○中立

○赞同

○非常赞同

83. 分管教学的副校长负责教学管理，校长很少插手 ［单选题］*

○非常不同意

○不同意

○中立

○同意

○非常同意

84. 我经常参与学校中课堂内外的活动 ［单选题］*

○非常不同意

○不同意

○中立

○同意

○非常同意

85. 我会鼓励教学上努力和表现优异的教师 ［单选题］*

○非常不同意

○不同意

○中立

○同意

○非常同意

86. 我会将老师的突出表现记录在案 [单选题]*

　　○非常不同意

　　○不同意

　　○中立

　　○同意

　　○非常同意

87. 我会给那些为学校做出突出贡献的教师更多的专业发展机会 [单选题]*

　　○非常不同意

　　○不同意

　　○中立

　　○同意

　　○非常同意

88. 我能够具体抓教学的时间比较有限 [单选题]*

　　○非常不同意

　　○不同意

　　○中立

　　○同意

　　○非常同意

89. 我经常参加教师的教研活动 [单选题]*

　　○非常不同意

　　○不同意

　　○中立

　　○同意

　　○非常同意

90. 我经常主持教师的教研活动 [单选题]*

　　○非常不同意

　　○不同意

　　○中立

○同意

○非常同意

91. 我有能力参与听评课，给予授课教师专业的反馈建议 ［单选题］*

　　○非常不同意

　　○不同意

　　○中立

　　○同意

　　○非常同意

92. 我在教师大会上经常让优秀教师分享他们的经验 ［单选题］*

　　○非常不同意

　　○不同意

　　○中立

　　○同意

　　○非常同意

93. 我对于那些学业上有突出表现和进步的学生会经常予以嘉奖 ［单选题］*

　　○非常不同意

　　○不同意

　　○中立

　　○同意

　　○非常同意

94. 我经常和家长沟通学生的学业表现情况 ［单选题］*

　　○非常不同意

　　○不同意

　　○中立

　　○同意

　　○非常同意

95. 我更愿意做一名一线教师而非校长 ［单选题］*

　　○非常不同意

　　○不同意

　　○中立

○同意

○非常同意

96. 我很想逃离现有公立教育体制 [单选题]*

   ○非常不同意

   ○不同意

   ○中立

   ○同意

   ○非常同意

97. 我对自己在这所学校的表现是满意的 [单选题]*

   ○非常不同意

   ○不同意

   ○中立

   ○同意

   ○非常同意

98. 如果我再做一次选择，我还会选择当校长 [单选题]*

   ○非常不同意

   ○不同意

   ○中立

   ○同意

   ○非常同意

99. 您工作所在地属于 [单选题]*

   ○东北地区

   ○华东地区

   ○华北地区

   ○华中地区

   ○华南地区

   ○西南地区

   ○西北地区

中小学校长轮岗现状调查问卷修订版

亲爱的校长：

您好！本问卷旨在了解当前中小学校长轮岗与校长领导力发挥的现状，以便更好地制定相关政策和实施支援措施。问卷不记名，答案也无对错之分，数据仅用于学术研究。请您如实作答，作答时请不要有所遗漏。诚挚地感谢您的支持与参与。

全国教育科学规划青年课题

中小学校长轮岗策略与支持体系研究课题组

1. 您的性别［单选题］*
   ○男　　　　　　　　○女

2. 您的年龄属于［单选题］*
   ○"50后"　○"60后"　○"70后"　○"80后"　○"90后"

3. 您的职称是［单选题］*
   ○三级　　○二级　　○一级　　○副高　　○正高
   ○其他 _____ *

4. 您有评职称的压力吗［单选题］*
   ○有　　　　○没有

5. 您目前的最高学历是［单选题］*
   ○中专　　○大专　　○本科　　○硕士研究生　　○博士研究生

6. 您在几所学校任过校长或副校长［单选题］*
   ○1所　　○2所　　○3所　　○4所　　○5所及以上

7. 您目前任职的学段是［单选题］*
   ○小学
   ○初中
   ○高中
   ○九年一贯制学校
   ○完全中学

○十二年一贯制学校

○其他 _____ *

8. 您现在的职务 [单选题] *

○校长

○教学副校长

○德育副校长

○后勤副校长

○其他 _____ *

9. 您现在任课吗 [单选题] *

○是　　　　　○否

10. 您在目前学校任校长几年 [单选题] *

○1 年以下　○1—3 年　○4—6 年　○7—10 年　○10 年以上

11. 您现任学校的地理位置 [单选题] *

○城市

○乡镇

○农村

○城乡接合部

12. 您现任学校的类型是 [单选题] *

○国家、省级示范学校

○市级、县级普通学校

○普通学校

○新（筹）建学校

13. 您是通过怎样的渠道在现任学校做校长的 [单选题] *

○本校晋升

○外校调任

○教育集团派遣

○其他 _____ *

14. 您现任学校的规模是 [单选题] *

○12 个班以下

○12—24 个班

○25—36 个班

○37—48 个班

○48 个班以上

15. 您之前任职学校的地理位置 ［单选题］*

○城市

○乡镇

○农村

○城乡接合部

16. 您之前任职学校的类型 ［单选题］*

○国家、省级示范学校

○市、县级示范学校

○普通学校

○新（筹）建学校

17. 在任现职之前，您担任什么职务？［单选题］*

○校长

○教学副校长

○德育副校长

○后勤副校长

○学校中层领导

○其他 _____ *

18. 从您知道要当校长到您正式上任的时间为 ［单选题］*

○一周及以下

○一周以上一个月以内

○两个月

○三个月

○半年

○半年以上

19. 在轮岗、做校长前，上级领导是否征求过您的意见 ［单选题］*

○是，我的意见得到尊重

○是，我的意见没有起作用

○否

20. 在上任前，您是否希望与上级领导就您的任命进行一次谈话 [单选题]*
    ○是
    ○否
    ○无所谓

21. 在现任学校任职，您的态度是 [单选题]*
    ○非常愿意
    ○领导做工作后愿意
    ○无所谓
    ○不愿意

22. 在您上任初期，是否与前任校长进行经验交流 [单选题]*
    ○是
    ○否

23. 您是否需要与前任领导交流 [单选题]*
    ○是
    ○否
    ○无所谓

24. 如果可以选择，您愿意在现任学校任职多长时间 [单选题]*
    ○越快离开越好
    ○无所谓
    ○六年以内
    ○六一十年
    ○一直待下去

以下是关于轮岗校长领导力的描述，您多大程度同意将其运用于描述您的领导实践，请点击合适的选项！

25. 薄弱学校的改进是每一个校长应尽的职责 [单选题]*
    ○非常不同意
    ○不同意
    ○中立
    ○同意
    ○非常同意

26. 好的校长能够让薄弱学校焕发生机 ［单选题］*
　　○非常不同意
　　○不同意
　　○中立
　　○同意
　　○非常同意

27. 轮岗能够重新激发我的办学热情 ［单选题］*
　　○非常不同意
　　○不同意
　　○中立
　　○同意
　　○非常同意

28. 在不同类型学校任职的经历对我的发展很重要 ［单选题］*
　　○非常不赞同
　　○不赞同
　　○中立
　　○赞同
　　○非常赞同

29. 我清楚上级部门关于校长轮岗的政策 ［单选题］*
　　○非常不同意
　　○不同意
　　○中立
　　○同意
　　○非常同意

30. 我不清楚哪些因素会决定去什么学校轮岗 ［单选题］*
　　○非常不同意
　　○不同意
　　○中立
　　○同意
　　○非常同意

31. 我能够自主规划自己的校长职业生涯 [单选题]*
    ○非常不同意
    ○不同意
    ○中立
    ○同意
    ○非常同意

32. 当我轮岗离开后,学校的发展我无能为力 [单选题]*
    ○非常不同意
    ○不同意
    ○中立
    ○同意
    ○非常同意

33. 轮岗政策让我无法深度思考学校长远发展 [单选题]*
    ○非常不同意
    ○不同意
    ○中立
    ○同意
    ○非常同意

34. 我愿意参加校长轮岗,到薄弱学校发挥我的专业影响力 [单选题]*
    ○非常不同意
    ○不同意
    ○中立
    ○同意
    ○非常同意

35. 学校的发展比我个人的发展更重要 [单选题]*
    ○非常不同意
    ○不同意
    ○中立
    ○同意
    ○非常同意

36. 我为轮岗做好了准备［单选题］*
    ○非常不同意
    ○不同意
    ○中立
    ○同意
    ○非常同意

37. 新到一所学校，我有学校长远发展的清晰愿景［单选题］*
    ○非常不赞同
    ○不赞同
    ○中立
    ○赞同
    ○非常赞同

38. 新任一所学校的校长，我会将稳定放在第一位［单选题］*
    ○非常不同意
    ○不同意
    ○中立
    ○同意
    ○非常同意

39. 我会基于曾经管理的成功经验在新的学校寻找发展突破点［单选题］*
    ○非常不赞同
    ○不赞同
    ○中立
    ○赞同
    ○非常赞同

40. 我会有意识地培养继任者使得学校延续发展［单选题］*
    ○非常不同意
    ○不同意
    ○中立
    ○同意
    ○非常同意

41. 我愿意把我对学校的建议分享给我的继任者 ［单选题］*
　　○非常不同意
　　○不同意
　　○中立
　　○同意
　　○非常同意

42. 我愿意培养我校的领导团队成员成为其他学校的领导 ［单选题］*
　　○非常不同意
　　○不同意
　　○中立
　　○同意
　　○非常同意

43. 我注重物色有领导潜力的教师，并培养他/她 ［单选题］*
　　○非常不同意
　　○不同意
　　○中立
　　○同意
　　○非常同意

44. 我校有培养一线教师成长成为学校领导的路径和具体要求 ［单选题］*
　　○非常不同意
　　○不同意
　　○中立
　　○同意
　　○非常同意

45. 我有具体措施提高一线教师参与学校管理的意识和能力 ［单选题］*
　　○非常不同意
　　○不同意
　　○中立
　　○同意
　　○非常同意

46. 我会有意识地支持专业能力强的老师发挥影响力 ［单选题］*
　　○非常不同意
　　○不同意
　　○中立
　　○同意
　　○非常同意

47. 让教师获得尊严是我努力的方向 ［单选题］*
　　○非常不同意
　　○不同意
　　○中立
　　○同意
　　○非常同意

48. 我会根据学校工作的需要设立新的管理岗位 ［单选题］*
　　○非常不同意
　　○不同意
　　○中立
　　○同意
　　○非常同意

49. 当工作进展不顺利时，我会及时调整学校中层领导干部的分工 ［单选题］*
　　○非常不同意
　　○不同意
　　○中立
　　○同意
　　○非常同意

50. 我会定期分析完善学校管理工作的流程 ［单选题］*
　　○非常不同意
　　○不同意
　　○中立
　　○同意
　　○非常同意

51. 我会定期分析学校制度，废旧立新 ［单选题］*
    ○非常不同意
    ○不同意
    ○中立
    ○同意
    ○非常同意

52. 学校现有的制度能够得到落实 ［单选题］*
    ○非常不同意
    ○不同意
    ○中立
    ○同意
    ○非常同意

53. 学校各项工作都有清晰的做事流程 ［单选题］*
    ○非常不同意
    ○不同意
    ○中立
    ○同意
    ○非常同意

54. 学校的制度常规能保障目标的实现 ［单选题］*
    ○非常不同意
    ○不同意
    ○中立
    ○同意
    ○非常同意

55. 无论我在校与否，学校都能够顺畅运行 ［单选题］*
    ○非常不同意
    ○不同意
    ○中立
    ○同意
    ○非常同意

56. 现有的政策支持我请专家到校指导学校发展 ［单选题］*
    ○非常不同意
    ○不同意
    ○中立
    ○同意
    ○非常同意

57. 我校与高校专家建立了长期的诊断、改进与指导关系 ［单选题］*
    ○非常不同意
    ○不同意
    ○中立
    ○同意
    ○非常同意

58. 我校根据需求邀请专家开展讲座 ［单选题］*
    ○非常不同意
    ○不同意
    ○中立
    ○同意
    ○非常同意

59. 我校与同行学校常进行互访交流 ［单选题］*
    ○非常不同意
    ○不同意
    ○中立
    ○同意
    ○非常同意

60. 我校与同行学校有常规性的深度合作，如题库共享、共同教研等 ［单选题］*
    ○非常不同意
    ○不同意
    ○中立
    ○同意
    ○非常同意

61. 我校有制订学校发展的学年、学期工作计划 ［单选题］*
    ○非常不同意
    ○不同意
    ○中立
    ○同意
    ○非常同意

62. 我校是根据学生学业表现数据制定学校的教学目标 ［单选题］*
    ○非常不同意
    ○不同意
    ○中立
    ○同意
    ○非常同意

63. 我校制定的发展目标充分考虑了是否易于教师理解和践行 ［单选题］*
    ○非常不同意
    ○不同意
    ○中立
    ○同意
    ○非常同意

64. 我经常与社区和家长等沟通学校发展规划 ［单选题］*
    ○非常不同意
    ○不同意
    ○中立
    ○同意
    ○非常同意

65. 我和教师一起参与课程方案开发时会参考学校的教学目标 ［单选题］*
    ○非常不同意
    ○不同意
    ○中立
    ○同意

○非常同意

66. 我会努力确保教师的课堂活动与学校的发展目标及使命保持一致 ［单选题］*

○非常不同意

○不同意

○中立

○同意

○非常同意

67. 我评价课堂教学时会关注学生的作业完成情况 ［单选题］*

○非常不同意

○不同意

○中立

○同意

○非常同意

68. 我将各年级负责协调课程教学的人员明确到人、明确到岗（如校长、副校长和年级主任等）［单选题］*

○非常不同意

○不同意

○中立

○同意

○非常同意

69. 我制定课程方案时会考虑全体学生的学业表现情况 ［单选题］*

○非常不同意

○不同意

○中立

○同意

○非常同意

70. 我积极参与教师的课程编制和开发等事务 ［单选题］*

○非常不同意

○不同意

○中立

○同意

○非常同意

71. 我经常与教师单独讨论学生的学业表现情况 ［单选题］*

　　○非常不同意

　　○不同意

　　○中立

　　○同意

　　○非常同意

72. 我鼓励教师在课堂上尝试新的教育理念和教学方法 ［单选题］*

　　○非常不同意

　　○不同意

　　○中立

　　○同意

　　○非常同意

73. 我在休息时间经常与教师交流 ［单选题］*

　　○非常不同意

　　○不同意

　　○中立

　　○同意

　　○非常同意

74. 我在休息时间经常与学生交流 ［单选题］*

　　○非常不赞同

　　○不赞同

　　○中立

　　○赞同

　　○非常赞同

75. 我经常参与学校中课堂内外的活动 ［单选题］*

　　○非常不同意

　　○不同意

　　○中立

　　○同意

○非常同意

76. 我会鼓励教学上努力和表现优异的教师 ［单选题］*

   ○非常不同意

   ○不同意

   ○中立

   ○同意

   ○非常同意

77. 我会将老师的突出表现记录在案 ［单选题］*

   ○非常不同意

   ○不同意

   ○中立

   ○同意

   ○非常同意

78. 我会给那些为学校做出突出贡献的教师更多的专业发展机会 ［单选题］*

   ○非常不同意

   ○不同意

   ○中立

   ○同意

   ○非常同意

79. 我经常参加教师的教研活动 ［单选题］*

   ○非常不同意

   ○不同意

   ○中立

   ○同意

   ○非常同意

80. 我经常主持教师的教研活动 ［单选题］*

   ○非常不同意

   ○不同意

   ○中立

   ○同意

○非常同意

81. 我有能力参与听评课，给予授课教师专业的反馈建议 ［单选题］*
    ○非常不同意
    ○不同意
    ○中立
    ○同意
    ○非常同意

82. 我在教师大会上经常让优秀教师分享他们的经验 ［单选题］*
    ○非常不同意
    ○不同意
    ○中立
    ○同意
    ○非常同意

83. 我对于那些学业上有突出表现和进步的学生会经常予以嘉奖 ［单选题］*
    ○非常不同意
    ○不同意
    ○中立
    ○同意
    ○非常同意

84. 我经常和家长沟通学生的学业表现情况 ［单选题］*
    ○非常不同意
    ○不同意
    ○中立
    ○同意
    ○非常同意

85. 我更愿意做一名一线教师而非校长 ［单选题］*
    ○非常不同意
    ○不同意
    ○中立
    ○同意

○非常同意

86. 我很想逃离现有公立教育体制 [单选题]*
    ○非常不同意
    ○不同意
    ○中立
    ○同意
    ○非常同意

87. 如果我再做一次选择，我还会选择当校长 [单选题]*
    ○非常不同意
    ○不同意
    ○中立
    ○同意
    ○非常同意

88. 您工作所在地属于 [单选题]*
    ○东北地区
    ○华东地区
    ○华北地区
    ○华中地区
    ○华南地区
    ○西南地区
    ○西北地区

问卷说明

1—24，88 校长基本信息（校长人口学信息1—5，岗位经历88，轮岗经历6—17，轮岗流程18—24）

25—36 校长对轮岗的认识与态度（对轮岗的认识25—33、35，对轮岗的态度34、36）

37—66 轮岗校长领导力（愿景38—41、61—66，69；发展人42—47；重构组织48—55；建立对外关系领导力56—60）

67—84 轮岗校长教学领导力（67、68、70—84）

85—87 身份认同

二 访谈提纲

教育局局长访谈提纲

1. 你如何看待校长的轮岗？
2. 在为一所学校选任校长的时候，你通常会考虑哪些因素？
3. 选任校长的基本流程是怎样的？
4. 在确定校长之后，会给校长哪些支持？
5. 你觉得在校长轮岗过程中，需要注意哪些事项？
6. 你认为应该给轮岗校长哪些支持？
7. 任职期间，让你觉得比较成功的选任案例是什么？为什么？让你觉得失败的案例是什么？为什么？

校长轮岗策略与支持体系研究
轮岗访谈提纲（校长版）

1. 校长任职经历（是否有跨校的经历）。
2. 校长上任过程。
3. 你上任后如何确定工作的重点与方向？（继任与传承）
4. 校长工作推进的策略与方法。
5. 你是如何培养你的下属的？
6. 你上任后学校组织架构有没有发生变化？如果有，有什么变化？
7. 校长工作推进中遇到的困难。
8. 校长工作推进中需要哪些支持？
9. 上级部门如何评价校长和学校的工作？
10. 你如何评价校长、教师轮岗政策？轮岗政策对校长有何影响？
11. 你校是否接收轮岗教师、派出轮岗教师？你是怎么做的？

轮岗访谈提纲（行政人员与专家版）

1. 本地在校长轮岗中的做法及成功经验有哪些？有哪些保障措施？
2. 在实施校长轮岗的过程中遇到哪些问题？
3. 为更好地实施校长轮岗，对国家层面的政策制定有何建议？
4. 你如何看待校长的轮岗？
5. 在你与校长打交道的过程中，你认为什么样的校长最能够促进教师的专业发展？有没有遇到换校长之后做得更好或是更糟的情况？
6. 你们哪个部门负责校长的选聘？选任校长的基本流程是怎样的？
7. 在确定校长之后，会给校长哪些支持？
8. 你觉得在校长轮岗过程中，需要注意哪些事项？
9. 你认为应该给轮岗校长哪些支持？

中小学校长轮岗策略与支持体系研究课题访谈提纲
校长版（第二阶段）

第一部分　背景信息

在几所学校任职过？在不同学校任职的经历对你目前的领导工作有何影响？

在当该校校长之前担任过哪些职务？对你目前的工作有何影响？

第二部分　校长轮岗政策与实施

你是否清楚你所在地区校长轮岗的政策？你是通过什么途径知道的？

你对校长轮岗有何看法？你对轮岗的期望是什么？

你所在的地区是如何选拔校长的？经历哪些程序？

你是否知道，你所在地区安置校长的标准？是如何决定将谁派到哪所学校工作？

你在何时得知你任该校校长消息的？你上任的过程是怎样的？

在接任之前，你与前任校长是否有沟通？

当校长之后，你是如何确定自己的工作重点及改革步调的？

你如何赢得其他领导的认同与支持？

从上任至今，做校长给你最深刻的感受是什么？与你当初的设想有何异同？

担任校长以来，你最大的挑战是什么？你最希望获得的帮助与支持是什么？

回头看，在上任之前，你希望获得什么信息或是帮助？

相对于内部提拔的校长，你认为你有什么优势和劣势？

你在其他学校工作及当领导的经验对你来这个学校做校长有什么影响？

如果你要离开，你希望接替你工作的是"空降兵"校长还是内部提拔的校长？为什么？

如果有一天你要离开这个学校，你最希望下任校长延续什么？在哪些方面进行改革？

你所在地区是如何评价校长的？你认为如何评价校长能够凸显出校长的真才实干？

你所在地区是如何评价学校发展的？你认为应该如何评价一所学校的发展？

对于校长的轮岗，你所在地区有何保障性的措施？对校长是否有激励作用？

你认为考评轮岗校长的工作业绩应该有哪些指标？

对于校长轮岗的政策，你有何建议？

你认为"把学校人转变为系统人"需要进行哪些相关制度的配套改革？请列举出你所想到的各项制度。

请你列举校长轮岗交流制度的有利因素和不利因素。

请你列举校长轮岗交流可能遇到的阻力。

三 全国部分省市校长轮岗政策分析表

	比例	对象与范围	交流类型	轮岗时间	目标	人员管理与评价	保障与措施
安徽	每年义务教育学校教师交流轮岗人数不低于符合交流条件教师总数的10%，其中骨干教师、教坛新星、学科带头人、名师和特级教师等应不低于符合交流条件交流教师总数的20%。	义务教育学校校长和教师，在现所在学校连续任教6年及以上者均交流轮岗；副校长在校长、副校长任满两届或6年后，原则上应交流轮岗。乡镇中心学校教师向村小、教学点交流轮岗；城区重点学校优质学校校长教师向薄弱学校交流轮岗。	交流轮岗的方式，各县（市、区）要通过定期交流、跨校竞聘、学区一体化管理、名校办分校、集团化办学、对口支援、挂职锻炼、紧缺学科教师走教等多种途径和方式，开展校长教师交流轮岗工作。县（区）重点推动城镇学校校长教师向乡村学校交流轮岗；城区学校校长教师向薄弱学校交流轮岗；乡镇范围内重点推动中心学校校长、教师向村小、教学点交流轮岗。	力争用3—5年的时间，实现县（区）域内义务教育学校校长教师交流轮岗工作制度化、常态化，推动校长教师由"学校人"向"系统人"转变，率先达到县（区）域内校长教师资源均衡配置，保障乡村学校，特别是村小、教学点教学和教师的需要，支持和鼓励有条件的市在更大范围内推进校长教师资源均衡配置，促进城乡义务教育一体化发展。构建县域内校长教师交流轮岗的长效机制，推动交流轮岗工作的制度化、常态化。重点推动学校校长教师向乡村学校交流轮岗；城区学校校长教师向薄弱学校交流轮岗；乡镇范围内重点推动中心学校校长教师向村小、教学点交流轮岗。	推进的过程中将统筹校长教师队伍建设规划，统筹校长教师交流轮岗与培养、考核，使交流轮岗对象的实际情况，兼顾学校需要与交流对象的实际情况、兼顾特色和传统优势、学科特长分居两地困难和后顾之忧，特别是对夫妻分居两地的教师，各地要结合轮岗交流，优先予以考虑。安徽省还将建立和完善交流轮岗制度相适应的编制、人事管理和激励机制。	城镇中小学教师评聘高级（职称）师职务（职称）须有2年以上在乡村学校或城镇薄弱学校任教的经历；对城区学校校长、教师流转人乡镇工作给予居住补贴制度，解决居住问题及在各级评优表彰工作中予以倾斜。

续表

	比例	对象与范围	交流类型	轮岗时间	目标	人员管理与评价	保障与措施
北京	镇学校每学年教师交流轮岗的比例一般不低于教师总数的10%，其中骨干教师交流轮岗应不低于交流轮岗教师总数的20%。如有特殊情况不能交流轮岗，经申请，区教育行政部门批准，可以暂缓。	在同一所学校任职或工作满6年的正、副校长和教师，原则上要进行交流轮岗。对于有特殊情况不符合交流轮岗条件的校级及以上骨干教师，可以暂缓，但每期暂缓不得超过9年，另外，教师每期交流轮岗的期限原则上为1—3年。校长交流轮岗的对象以义务教育阶段公办学校正、副校长，以优秀干部教师校际同任职任教并发挥示范带动作用。各区域也可结合本区域实际，在学区化管理、学校联盟、集团化办学、名校办分校等办学模式，以多种形式开展校长教师交流。凡男55周岁以下、女50周岁以下，按照规定，在同一所学校正、副校长任职满6年的正、副校长原则上应进行交流轮岗，而教师交流原则上为6年。	从缩小区域、城乡、校际差距的实际需要出发，以城乡学校之间交流轮岗为主，郊区以学区（教育集团、教育联盟等）内校际间交流轮岗为主。同时，教委鼓励城区优秀教师跨区域到农村学校任教，发挥示范作用。根据指导意见，校长、教师交流轮岗的重点是推动优秀的校长和骨干教师在校际间任职任教并发挥示范带动作用。	让教师和校长流动起来，将在未来3—5年内成为常态（2014年7月出台）	提高乡村学校高级教师职称结构比例，专项用于乡村学校教师的职称评定，为促进优秀教师向乡村学校流动创造有利条件。研究起草中小学干部教师交流轮岗指导意见，力争用3—5年时间实现区域内校长教师交流轮岗制度化、常态化。	将出台中小学教师绩效奖励激励机制的实施方案及考核办法，不断提高教师待遇。	校长教师在晋升高级专业技术职务时应具有1年以上的交流经历（跨校兼职兼课，承担市级综合改革任务3年以上），表现突出的，在同等条件下优先。对于具有两所以上学校任职经历的副校长，在提任正校长时可优先任用。

续表

	比例	对象与范围	交流类型	轮岗时间	目标	人员管理与评价	保障与措施
		的对象为义务教育阶段公办学校在编在岗教师，教师每期交流轮岗的期限原则上为1—3年。凡在同一所学校连续工作6年及以上的教师，原则上均应进行交流轮岗。	流轮岗，包括全职交流轮岗、跨校兼职兼课、名校长教师工作室等。				
福建	每年交流人数要达到交流对象的10%以上，其中每年参与交流的特岗教师、县级以上名师、学科带头人、骨干教师要达到应交流骨干教师的	在同一所学校任职达两届（每届3—5年）的校长（含副校长）应进行交流。和同一所学校任教达6年的教师为应交流对象。以往不同的校际交流实行的校际交流，人事关系将跟着动。	校长教师们的交流形式也是多样的，包括交流工作、岗位竞聘、个人申请等。福建校长教师校际交流将实行分片区交流，以县域内优质学校为龙头，分别联合周边农村学校、薄弱学校，形成若干个片区。				

续表

比例	对象与范围	交流类型	轮岗时间	目标	人员管理与评价	保障与措施
教师的10%以上。		在片区内进行交流。校长一般在县域内进行交流；教师一般在就近片区内进行交流，鼓励城区学校教师跨片区交流。				
甘肃：各县区、各学校每年确定交流教师的比例，一般不低于符合交流条件教师总数的10%，其中各级骨干教师应不低于交流教师总数的30%。同一所学校每批次交流人数一般不超过本校任职专任教师的30%。	校长交流轮岗的人员范围为公办学校校长、副校长。凡男55周岁、女50周岁以下的校长、副校长在同一所学校连续任职两届或连任满8年的均应交流。教师交流轮岗：男50周岁、女45周岁以下，且在同一所学校连续任教满6年的义务教育阶段公办学校在任专任教师。	各市（州）、县（区）通过定期交流、跨校竞聘、学区一体化管理、学校联盟、乡镇中心学校办学、教师走教等多种方式有效推进校长教师交流轮岗。有条件的县（区），重点推动城镇学校向乡村学校交流轮岗；没有乡村学校的县（区），重点推动薄弱学校交流轮岗；乡镇范围内，重点推动中心小学向村小学、教学点其他干部交流轮岗。	交流轮岗时间表：2016年6月前，各县区、各学校确定交流轮岗教师学科及人选；2016年7月至2017年7月，交流轮岗人员为期一年的轮岗交流；2017年7月至2018年12月，总结经验并逐步扩大交流轮岗的覆盖面。	力争用5—8年时间在全省范围内全面推行"县管校聘"的义务教育学校教师管理制度，逐步使教师由"学校人"变为"系统人"。各地力争用3—5年实现县（区）域内义务教育校长教师交流轮岗的制度化、常态化，实现优质校长教师资源共享，均衡配置。到2018年，形成义务教育阶段校长教师交流轮岗的长效机制。	各地可采取设立名师名校长交流特聘岗位等形式，支持优秀校长、骨干教师到农村学校、薄弱学校任职任教，引导优秀校长和骨干教师向农村学校、薄弱学校有序流动。城镇优质学校新招聘的教师，首先安排到农村学校或薄弱学校任教2年以上。同时，各市（区）、县（区）要加强县（区）域内义务教育校长教师的统筹管理，推进"县管校聘"管理改革，打破校长教师交流轮岗的	从明年起，省内义务教育学校全面推行校长教师交流轮岗制，校长必须到农村学校或薄弱学校任教，并作为评职称、评优的必备条件。在职务（职称）评聘工作中，对农村学校、薄弱学校教师给予政策倾斜。将城市教师到农村学校、薄弱学校任教累计

比例	对象与范围	交流类型	轮岗时间	目标	人员管理与评价	保障与措施
	中层干部在同一岗位任职6年以上，要在校内轮岗或校际间交流，时间不低于1年。选拔任用干部原则上主要有不少于1年的交流挂职经历。返聘退休教师。对已办理退休手续的名师、骨干教师，凡工作需要、能够胜任日常教育教学工作且本人自愿继续从事教育工作的，经部门批准可返聘，不占单位编制，定向帮扶薄弱学校，待遇通过协商解决。暂缓交流轮岗的对象：上年度考	交流轮岗。校长交流轮岗：任职期满交流。实行校长聘任制和任期制，中小学校长每届聘期3—5年，在同一岗位连续聘任两届以上的，原则上要进行轮岗交流。通过城乡之间交流、教育结对帮扶、对口支援等项目，每年安排一定数量的城乡中小学校长、副校长进行交流。挂职锻炼交流。定期组织兰州市中小学校长、副校长走教育发达地区中小学校进行挂职学习。与县区学校之间校长、中层干部挂职交流。			管理体制障碍。	2年以上的工作经历作为申报评审高级教师（职称）、陇原名师、特级教师的必备条件；县域内教师到农村学校任教累计3年以上的工作经历作为申报评审中级职务（职称）的必备条件。在乡村学校任教连续3年以上的教师，同等条件下优先评聘。在薪酬福利、评优评先中，彰显工作，保障参加交流轮岗校长教师的工资待遇，在绩效工资分配中给予倾斜，

续表

比例	对象与范围	交流类型	轮岗时间	目标	人员管理与评价	保障与措施
	核为"合格"等次以下人员；涉嫌违法违纪检察或接受司法机关审查的人员；孕产期、哺乳期人员；承担重要工作，当时不宜交流的人员。					优先使用教师周转房。同时，各市(州)、县(区)要加强县(区)域内义务教师的统筹管理，推进"县管校聘"改革，打破校长教师轮岗交流的管理体制障碍。
广东	县域内每年义务教育阶段教师交流轮岗人数占义务教育阶段教师总数的比例应不低于5%。城镇学校、优质学校每年教师轮岗交流的比例不低	公办义务教育学校教师在同一所学校(不含分校区，下同)任教满9年以上，公办义务教育学校校长(包括副校长，下同)在同一所学校任职满两届以上(每届任期一般应不少	校长教师交流轮岗可采取定期交流、跨校竞聘、学区一体化管理、学校联盟、集团化办学、对口支援、乡镇中心学校教师走教等多种途径和方式，各地也可结合实际，创新其他方法。此外，有镇区和乡	到2016年，实现区域内义务教育资配置初步均衡，城镇之间师资配置差距逐步缩小；到2020年，实现区域内义务教育资配置基本均衡。	广东力争用3—5年时间实现县域内校长教师交流轮岗制度化、常态化，逐步实现校长教师资源均衡配置。力争用3—5年时间实现区域内校长教师交流的制度化。到2016年，实现义务教育资配置初步均衡，城镇之间差距逐步缩小，实现区域内义务教育资配置基本均衡。	建立校长教师评优评先机制，对积极参与交流、在教育教学工作中发挥骨干示范作用的校长、教师，在职务晋升、评先评优等方面给予倾斜。新任义务教育学校校长应有在2所及以上学校工作的经历，并有在非城区学校(相对薄弱学校)工作经	教师原有职称待遇保持不变。据悉，交流轮岗原则上不涉及教师的调动，如本人提出申请，经相关学校和教育主管部门同意，方可办理人事关系调动。

续表

比例	对象与范围	交流类型	轮岗时间	目标	人员管理与评价	保障与措施
干符合交流条件教师总数的10%，其中骨干教师交流轮岗应不低于交流总数的20%。	于3年），原则上主要在本县域内交流轮岗。对象范围为义务教育阶段公办学校在编在岗教师、校长和副校长。	村学校的县区，重点推动城镇学校向乡村学校交流轮岗；没有乡村学校的市辖区，重点推动优质学校向薄弱学校交流轮岗；乡镇范围内，重点推动中心学校向小学、教学点交流轮岗。	教师参加交流轮岗的年限原则上是不得低于1年，各区教育局可根据实际情况决定每位教师的交流轮岗的时间。而为了达到校长教师轮岗交流的比例，新分配或从市外调入佛山城区学校服务年未满3年，未到佛山非城区学校或相对薄弱学校服务的教师也是符合交流条件的。		历。直接提拔至非城区学校或相对薄弱学校任职的除外。如果要参评高级及以上职称，就必须具备非城区学校（相对薄弱学校）任教1年及以上的经历，"这样也有利于教师专业化发展"。有奖励机制也有惩罚机制。对符合交流条件无特殊原因拒不交流的校长、副校长、教师、学校中层干部，降职或低聘一级，三年内不得评优、评优及晋升高一级职称。对于交流时间连续满3年且表现突出的，可以优先聘用，优先参加骨干教师培训，在学校空缺的情况下，在有空缺的岗位可在同一专业技术岗	"待遇方面也是按原来所在学校发放的，同时老师的职称也保持不变。"各区要研究设立相应的交流轮岗工作专项经费，用于解决交流轮岗到非城区学校（相对薄弱学校）校长、师的交通、生活补助等、充分配绩效工资时重点向非城区学校、相对薄弱学校和一线教师倾斜。要求各地在编制管理工作中，设置各校岗位采取互补余缺，有增有减的办法，在原结构

续表

	比例	对象与范围	交流类型	轮岗时间	目标	人员管理与评价	保障与措施
						在教师晋升和评优机制上，对在农村学校任教的教师予以倾斜。例如，义务教育学校校长提拔任用前，应有在2所以上义务教育学校工作的经历。优先任（聘）用具有农村学校或薄弱学校管理岗位任职经历的人员担任校长。在评优方面，优先考虑具有交流轮岗工作经历的校长教师。	比例指导标准基础上，由省人力资源和社会保障部门会同教育部门对专业技术中级岗位、初级岗位结构比例进行合理调整，适应和满足教师交流到农村和薄弱学校岗位聘用的需要。
贵州	校长、教师人员每年交流人数原则上在应交流对象的10%以上，其中参加交流的骨干教师比例不得低于交流人数的20%。	任职满两届（每届一般3—6年，具体年限依隶属关系由县级以上主管部门确定）的校长将被列为交流对象，其他校级管理人员参照执行。因病、因其他原因不参加交流的需有相关说明。	交流形式。坚持组织选派与个人志愿相结合，按照人事调配的相关规定，采取镇（乡）内交流、支教交流、学校结对交流、调动交流、分片区交流、学区一体化、	教师交流时间不少于两年。	力争至2017年，全省基本实现县域内义务教育资师资均衡配置，城乡教育均衡协调发展，普通高中、职业学校按编制配足配齐教师。	校长教师交流工作原则上在暑假期同进行，交流人员应于每年8月15日前安排到位。参与交流的教师可优先进推荐市级以上各类荣誉及学术称号时，	新选拔任用校长时优先任用具有薄弱学校或农村学校管理岗位任职经历人员。交流到薄弱学校、农村学校的教师，参与"二

续表

比例	对象与范围	交流类型	轮岗时间	目标	人员管理与评价	保障与措施
交流教师总数的20%。	孕等原因不能坚持正常教育教学工作的教师可根据实际暂不纳入当年度交流对象范围。没有农村学校、薄弱学校工作经历的教师要率先纳入交流对象范围。在同一所学校任教满6年的教师和任职不满一届的校长,以及距法定退休年龄不足5年的校长、不足10年的教师,原则上可不参与交流。	学校联盟、名校办分校、集团化办学等形式开展校长教师交流工作。校长教师交流原则上在暑假期间进行,交流人员在每年8月20日前安排到位。 1. 镇(乡)内交流。镇(乡)人民政府负责,中心小学校组织实施,由教育局备案。镇(乡)中心小学可打破镇内学校界限,让教师由"学校人"变为"系统人",骨干教师可跨校任课。 2. 支教交流。由教育局组织实施,每年从县城学校和镇(乡)选派有富余教师量的教师到边远			被评人近5年来具有1年以上交流任教工作经历的优先;新选拔任用校长时优先任用具有农村学校任职经历或薄弱学校管理岗位经历人员。交流到农村学校、薄弱学校的教师,参与"二次交流"时,应优先考虑其交流意愿。	次交流"时,应优先考虑其交流意愿。

续表

比例	对象与范围	交流类型	轮岗时间	目标	人员管理与评价	保障与措施
		薄弱缺编学校支教交流，支教交流满回原单位工作。 3. 学校结对交流。由教育局组织县城优质学校与农村学校结对，采取开设讲座、上示范课、观摩课、座谈会、上挂学习等形式进行交流。 4. 调动交流。由教育局、编办、人社局组织实施。主要采取校长轮岗、教师调动的方式进行。教师调动原则上缺编镇（乡）严控调出，编制人员富余的镇（乡）严控调入。 5. 教育局、编办、人社局积极探索分片区交流、学校联盟、一体化、学校联盟、名校办分校、集团				

附录 / 279

续表

	比例、对象与范围	交流类型	轮岗时间	目标	人员管理与评价	保障与措施
海南	城镇学校、省市县（区）域内义务教育阶段公办学校校长、副校长，凡距退休年龄5年以上、在同一学校连续任职满两届，原则上应交流；任职超过三届或任职年限超过10年，必须交流。其中每学年参与交流的骨干教师应不低于学校骨干教师总数的20%，交流轮岗教师的比例不低于符合交流条件教师总数的10%。	化办学交流形式。交流方式分为轮岗型交流、帮扶型交流、学区型交流、集团化交流。一是定期交流。校长教师交流工作，每年进行一次，一般安排在学年结束后的暑期。交流的校长教师应在新学年开始前到位。二是岗位竞聘交流。各县（市、区）教育行政部门每年应确定若干农村学校、薄弱学校校长岗位和中、高级教师岗位，统一组织县（市、区）域内符合条件的校长教师参加竞聘。三是校际帮扶交流。在县（市、区）教育行政部门领导和统筹协调下，以	校长交流到农村学校和薄弱学校任职，至少一届（3—5年），教师交流到薄弱学校和农村学校，每次交流时同一般不少于2年。教师交流期满考核合格，可选择调回原学校任教。	力争在3—5年实现县域内校长教师轮岗的制度化、常态化，为义务教育均衡发展提供坚强的师资保障。到2020年，海南将努力造就一支适应乡村教育改革发展需要、素质优良、甘于奉献、扎根乡村的教师队伍，为海南基本实现教育现代化，明显缩小城乡教育差距，为乡村学生接受公平、有质量的教育提供坚实的师资保障。	海南省校长教师交流轮岗实行"省级统筹、以县（市、区）为主"的工作机制。组织部门要按照校长管理权限，会同教育部门全力推进校长交流轮岗工作。机构编制部门要会同有关部门根据义务教育事业发展规划、生源变化和学校布局调整等情况，切实加强教职工编制动态管理。财政部门对校长教师交流轮岗给予必要的经费支持。"县管校聘"管理改革、人社部门要在岗位设置、聘用管理（职务、职称）评聘等方面对校长教	设置了保障激励岗机制，包括建立和完善校长轮岗制度相适应的编制、人事管理机制，建立和完善校长选拔评聘评优教师评职评先评优机制，发挥教师职务评聘的切实保障交流校长教师的生活待遇等。在建立和完善校长选拔任用先评优教师评先评优机制下，优先任（聘）用具有农村学校

续表

比例	对象与范围	交流类型	轮岗时间	目标	人员管理与评价	保障与措施
		省市县级规范化学校和城区优质学校为主导,与农村或周边薄弱帮扶关系的共同组建学区一体化管理,采取学校联盟、名校办分校、集团化办学、乡镇中心学校走教支援、对口支教等多种适合和办法实施教师交流。四是个人申请交流。校长教师自愿申请参与交流轮岗的,经县(市、区)教育行政部门批准后实施交流轮岗。采取其他多种有效的交流轮岗形式,而且校长岗位转移人事劳动人员关系;要把校长交流教师交流轮岗的重点,			师交流轮岗给予政策支持。教育行政部门要在深入调研,全面了解和分析校长教师队伍的编制、职数、分布、结构、工作年限等基础上,科学制定校长教师交流轮岗实施办法,编制校长教师交流轮岗中长期规划和年度交流计划。	或薄弱岗位任职经历的人员担任校长。对积极参加交流轮岗的校长,在教育教学中发挥示范引领作用的校长教师,在职务晋升、评优评先、表彰中给予倾斜。此外,要切实保障交流教师校长轮岗教师待遇。各县(市、区)要加大对农村学校和薄弱学校的经费投入,加快建设教师周转房,保证参与交流教师优先使用;切实保障校长参加交流轮岗校长教师的工资待遇,

续表

比例	对象与范围	交流类型	轮岗时间	目标	人员管理与评价	保障与措施
		放在推动优秀校长和骨干教师到农村学校和薄弱学校任职任教，并发挥示范引领作用。此外，要重点推动城镇学校向乡村学校、优质学校向薄弱学校、中心学校向农村小学、教学点交流轮岗。				在绩效工资中给予倾斜；交流到乡村学校的校长教师，享受乡村教师待遇。
河北	交流对象为在同一公办学校任职或任教达到一定年限的校长和教师，其中，校长和教师分别任职两届、任教 9 年为限。超过 50 周岁的男教师和超过 45 周岁的女教师可不纳入交流范围。		按照教育部的部署，2014 年开启动的这一专项工作，2015 年将大力推进，2016 年将开展检查验收，2017 年将进行专项督导。	力争三年内在全省全面实施。力争用 3~5 年时间实现县域内校长教师交流的制度化、常态化。		要建立和完善教师交流激励机制，建立经费保障机制，并从职称评定等方面提出了一些约束性条件，如小学教师评聘中、高级职称，应该有在农村学校任教 1 年或薄弱学校任教 3 年的经历。

续表

	比例	对象与范围	交流类型	轮岗时间	目标	人员管理与评价	保障与措施
河南		校长交流轮岗的人员范围为义务教育阶段公办学校校长、副校长。在同一所学校连续任满两届或6年后，原则上应交流轮岗。					
黑龙江	交流轮岗的对象应先从学科骨干教师和班主任教师开始，每年交流轮岗人数不少于该校在编教师的20%。	交流轮岗的对象应先从学科骨干教师和班主任教师开始。	2014年双鸭山市将继续采取"挂职"到农村学校"岗位交流"、城镇中小学校长"轮岗"，尝试农村学校优秀教师"岗位交流"，城镇优秀校长"轮岗"等多种形式并举，促进教育均衡发展，提高教师综合素质。	实施交流轮岗的时间应不晚于2015年秋季开学。	加快全省城乡四级教育信息化手段设施建设，通过扩大优质教育资源覆盖面，缩小区域和城乡义务教育差距。	2013年宝清县2名城镇领导到农村学校"挂职"，15名校长"岗位交流"，60余名教师"轮岗"。这些教师到新的岗位后都能认真履行教师的职位职责，发扬奉献精神，任教学中起示范带头作用，真正融入到服务学校的教学、生活中，出色完成各项任务。明确区县政府主要领导和教师交流轮岗第一责任人；不按规定实施校长教师交流	通过完善教师工资稳定增长机制，落实政策，提高班主任津贴等措施，逐步提高教师的收入水平。据财政实施绩效考核定，各区、县要把实施所需经费纳入财政预算，保证优先投入，按时拨付，及时发放。同时，针对教师队伍结构不合理等问题，教育部

续表

比例	对象与范围	交流类型	轮岗时间	目标	人员管理与评价	保障与措施
					轮岗的区、县、上级政府应启动追责机制。	门将面向社会，优先录用体育、音乐、美术、科学等紧缺学科教师，鼓励新录用教师到农村工作，对长期在农村基层工作的教师，职称、工资等方面给予政策倾斜。拓宽选人用人渠道，积极吸引更多人才加入教师队伍，不断增强教师队伍的工作活力。加强教师培训，突出抓好农村教师、班主任、音体美、"双师型"教师的培训工作，全面提升教师专业素养和业务水平。

续表

比例	对象与范围	交流类型	轮岗时间	目标	人员管理与评价	保障与措施
湖南	全面推行校长聘任制，校长每届聘期不超过5年。凡男55周岁、女50周岁以下的正、副校长在同一所学校连续任职满两届后，原则上均应交流。校长的聘期不得少于5年。	有乡镇村学校的县（市、区），以城乡学校之间交流为主；没有乡村学校的市辖区，以优质学校和薄弱学校之间交流之内以中心学校与村片小、教学点交流为主；每一所以上的农村学校开展教师交流工作。城区薄弱学校都必须采取集团办学、名校托管、捆绑发展等形式促进教师交流，建立健全优质资源共享机制。	教师交流1—3年，校长轮岗不少于5年。	力争3年时间实现县（市、区）域内校长教师交流轮岗的制度化、常态化，推进优质校长教师资源共享，逐步缩小义务教育城乡差距、校际差距，破解大班额、择校热等难题，促进义务教育均衡发展，努力办人民满意的教育。	为加强县（市、区）域内义务教育校长教师的统筹管理，要推进"县管校聘"改革，打破校长教师交流轮岗的管理体制障碍。县级教育行政部门会同有关部门制定本县（市、区）岗位结构比例标准，公开招聘和人员聘用管理办法，统筹交流管理教师的人事关系。学校依法聘任与签订聘任合同，负责教师的使用和日常管理。各地交流轮岗教师校长档案、教师交流轮岗经历纳入人事档案管理。	要充分利用薪酬福利、培养培训、评优评先等政策倾斜，晋级、晋职等政策，引导校长和教师积极主动地参与交流工作。在长沙工作。在长沙市、中小学高级教师岗位，逐批提高农村学校教师职务岗位结构比例，薄弱学校校长教师职务岗位，将农村教师职务岗位结构比例向农村学校、薄弱学校倾斜。校长交流到农村学校、薄弱学校任教累计2年以上的工作经历作为申报评审高级教师职务的重要条件。

续表

比例	对象与范围	交流类型	轮岗时间	目标	人员管理与评价	保障与措施
						优先任（聘）用具有农村学校或薄弱学校管理岗位任职经历且取得突出成绩的人员担任校长。要充分利用薪酬福利、培养培训、晋职晋级、评优评先等倾斜政策，引导校长积极主动地参与交流轮岗工作。
吉林		在条件成熟的县（区）组织校长教师"县聘校用"轮岗交流改革试点。重点推进城乡学校和优质学校之间、薄弱学校之间、乡镇中心小学与村小、教学点之间的		力争用3~5年时间实现县内教师校长交流的制度化、常态化，率先实现县城内教师校长资源的均衡配置，逐步推进更大范围内推进，促进教育公平和择校问题的解决，整体提升办学水平和教育质量。	会同有关部门，在编制核定、岗位设置、职务（职称）晋升、聘用考核、薪酬待遇、评优评先等方面实行一系列优惠政策，吸引鼓励校长教师到农村学校、薄弱学校工作或任教。建	

续表

	比例	对象与范围	交流类型	轮岗时间	目标	人员管理与评价	保障与措施
			校长教师交流。重点推进骨干教师和优秀管理干部的交流。创新校长教师交流的方式方法。实行校长轮岗交流制度与教师资源共享相结合。鼓励采取学区一体化管理、学校联盟、名校办分校、手拉手、教育集团、对口支援、乡镇中心校教师走教等办学模式和手段。			建立"县管校用"的义务教育教师管理制度。由县级教育行政部门会同有关部门统一管理教师人事关系和聘任交流，使教师由"校长人"变成"系统人"，为校长教师资源的均衡配置提供制度保障。	
江苏	三部委文件要求骨干教师交流轮岗交流干交流总数的20%。		江苏清浦区三成教师进行了异校轮岗交流，城区和农村学校的骨干教师占的比例，班均教师数等关键指标趋于一致。校长从"官员"变成"管理员"，老师从"学校人"变		加快建立和不断完善义务教育校长教师交流轮岗制度，用3—5年时间实现县（区）域内校长教师交流轮岗制度化、常态化。	实行校长聘期管理后，新聘任校长不再有行政级别。学校副校长和中层干部职数，依据办学规模核定，副校长由校长直接聘任，中层干部由校级领导研究后学校聘任。同时，所有的	为鼓励教师流动，江苏将农村区岗位津贴标准从每人每月50元提高至200元，同时对任在农村学校任教的骨干教师、省特级

续表

比例	对象与范围	交流类型	轮岗时间	目标	人员管理与评价	保障措施
		成"系统人"。以南京为例,目前共有7300多名骨干教师通过轮岗、支教、挂职等方式交流,参与交流的校级领导已有700多位。今后,名校长、特级教师进行定期流动将成为常态。南京还将申报特级教师、市学科带头人等与"在薄弱学校或非热点学校"交流经历相联系。			老师不再属于各个学校,而是由区教师管理中心统一聘用,统一管理,统一考核。	教师每人每月分别发放岗位津贴600元和1500元。对于从城区流动到农村的教师,学校还安排他们的食宿,解决他们的后顾之忧。江苏清浦区明确评优评先、职称评聘、高级培训、经济补助等将向农村老师倾斜。新任学校校长,必须有在农村学校3年以上的工作经历,或直接提拔到农村学校任职。

续表

	比例	对象与范围	交流类型	轮岗时间	目标	人员管理与评价	保障与措施
江西	各县（市、区）每年教师交流轮岗人数应达到交流轮岗对象的10%左右，其中参与交流的特级教师、县级以上骨干教师以及各地评选出的名教师应达到交流骨干教师的20%左右。	在同一所学校任职、任教达10学年以上的校长教师应交流轮岗，校长轮岗不少于一届，教师交流不少于3学年。	抚州市2014年在全省率先推行"义务教育校长教师交流轮岗"试点工作，选择东乡、金溪两县先行试点，即在本地城区学校之间、农村学校之间、城区学校与农村学校之间、农村中心小学与村小（教学点）之间、优质学校与薄弱学校之间实施校长教师交流轮岗。	校长轮岗不少于一届（5学年）。距法定退休年龄不足5年的校长教师，原则上不参与交流轮岗；处于孕期、哺乳期，或患地方病经当地县级教育行政部门指定医院诊断不宜交流的教师，在校内公示后，可暂不交流；承担课程的领衔教师，经县级教育行政部门批准，可暂不参与交流，但延长时间原则上不超过3年。	江西将在全省100个县（市、区）全面推开校长教师交流轮岗工作，推动交流轮岗工作常态化、制度化，2018年实现全省城乡义务教育师资配置基本均衡。南昌将加快建立和完善全市义务教育学校教师、校长交流轮岗制度，并在全市范围内全面铺开，力争到2020年实现全市义务教育学校校长教师交流轮岗的制度化、常态化。		对积极参与交流轮岗、在教育教学工作中发挥骨干示范作用的校长和教师，在职务评聘、职级评定、评先评优等方面给予倾斜。根据教育工作需要，县级教育行政部门可规定本校岗位结构比例内，初中在岗位结构比例预留高级岗位，专项用于农村学校交流的教师到农村学校任教满3年的，表现突出的，可在本岗位结构比例内由学校高聘一级。

续表

比例	对象与范围	交流类型	轮岗时间	目标	人员管理与评价	保障与措施
内蒙古 优质学校每学年教师交流轮岗的比例不低于符合交流条件教师总数的10%。每年从优质学校、城镇学校到农牧区学校、薄弱学校选一定数量的校长（副校长）交流到对应学校挂职锻炼，同时相同校长（副校长）交流的校长数量达到当地义务教育学校（副校长）总数的30%。		各旗县（市、区）要建立城乡岗位统筹管理制度，根据学校教学需求，教师变化等统筹调剂使用，并预留一定比例的中、高级专业技术岗位，专项用于校长教师交流工作，鼓励城镇优秀校长教师到乡村学校任职任教。县域内义务教育学校教师实行"县管校聘"，根据教育事业发展规划，生源变化和学校布局调整等情况，实行教职工编制动态管理。县域间的结对帮扶已开始，如昆区对口帮扶土右旗，青山区对口帮扶固阳县，高新区对口帮扶石拐区。	从2016年起，内蒙古全面推进义务教育阶段学校校长教师交流工作，交流轮岗到新学校任教时间不得少于3年。		中小学将试行校长职级制改革，实现去行政化，制定中小学校长、教师考核标准，建立完善的校长、教师考核评价体系。县域内义务教育实行"县管校聘"，根据发展规划和学校布局情况，生源变化调整等情况，实行教职工编制动态管理。	要求交流轮岗教师预留中高级岗位外，还明确在同等条件下，交流轮岗教师在各类评先评优及专业技术岗位方面优先。从城区学校交流到乡村学校任教满3年的，由旗县（市、区）教育局统一考核，对表现突出且具备岗位任职条件的教师，在同等条件下优先聘用到上一等级岗位。对校长轮岗除了激励政策外，相应的还有惩罚性措施。对没有特殊情况拒不服从交流安排的校长教师，旗县（市、

续表

	比例	对象与范围	交流类型	轮岗时间	目标	人员管理与评价	保障与措施
	长交流3年为一个周期。从同一学校选任数量的教师到流入学校任教。交流人数不少于当地义务教育学校教师总数的5%，交流时间不少于1年。						区）教育行政部门可视情况，给予调整（或减少）奖励性绩效工资，不得参加评优评先、评审专业技术资格，或低聘专业技术岗位等处理。
宁夏	城镇学校、优质学校每学年教师交流轮岗的比例不低于符合交流条件教师总数的10%，其中骨干教师交流轮岗的比例应不低于交流总数的20%。	校长、教师交流轮岗的人员范围为义务教育阶段公办学校在编在岗人员。	校长、教师交流轮岗可采取定期交流、跨校竞聘、学区一体化管理等多种途径和方式。		用3—5年时间实现县（区）域内校长、教师交流轮岗工作制度化和常态化。		新任义务教育学校校长应有在2所以上学校（含教学点）工作经历，且每所学校工作时间不少于3年。评选特级教师、名师（名校长），须有2所以上学校工作经历，或在农村（薄弱）学校有连续6年

续表

	比例	对象与范围	交流类型	轮岗时间	目标	人员管理与评价	保障与措施
青海	城镇学校每学年交流轮岗教师比例要达到应交流教师总数的10%。	为保护学校办学特色、学校传统特色课程项目、特色教师，经县级领衔教师、县级以上教育行政部门批准，可不参与交流轮岗；孕与期、哺乳期及身患重病等不适宜交流轮岗的教师，近3年内因违反中小学教师职业道德规范受到处分的教师暂不参与交流轮岗。	从2018年秋季学期开始，将通过组织选派、个人申请、校际协作交流、紧缺学科教师巡回授课、对口支援等方式试点推进校长教师交流轮岗，重点引导优秀校长和骨干教师由城镇学校向乡村学校、优质学校向薄弱学校、中心学校向村小和教学点流动。	至2018年，青海将基本实现县（区）域内校长教师交流轮岗的制度化、常态化，并探索建立跨县（区）校长教师交流轮岗机制。（2015年9月出台）	将启动省级试行中小学骨干教师点名调训制度，力争年内培训中小学教师1.6万名。要继续实施好"135高层次人才培养计划"和"昆仑学者"工程。至2018年，青海将基本实现县（区）域内校长教师交流轮岗的制度化、常态化，并探索建立跨县（区）校长教师交流轮岗机制。		及以上工作经历。教师到农村学校、薄弱学校任（支）教1年以上的工作经历，将作为申报高一级教师职务（职称）和特级教师的必备条件。从2018年起，凡属于交流范围的教师晋升中、高级专业技术职称必须具有乡村学校或薄弱学校1年以上的任教经历，或青南三州支教1年的经历；城镇学校教师具有到乡村学校交流轮岗经历者，流动聘岗位聘任时优先考虑。

续表

	对象与范围	交流类型	轮岗时间	目标	人员管理与评价	保障与措施
山东	义务教育阶段公办学校校长、副校长,在同一所学校连续任职超过2届(每届一般3～5年);在编在岗教师已聘任中级及以上专业技术职务并且在同一所学校连续任教超过两个聘期(每个聘期一般3～5年),应当交流轮岗。	城镇学校、省市规范化学校,已聘高中级教师职务达到岗位设置结构比例的学校,每学年教师交流轮岗的比例不低于交流教师总数的10%,其中初级中学高级教师、小学高级教师交流的比例不低于交流教师总数的20%,特级教师、名校长、教学能手和县级以上优秀教师等要占一定比例。同一学校校长、副校长一般不同时交流。		改革的根本目的是优化教师资源配置,使教师由"学校人"成为"系统人"。		

续表

	比例	对象与范围	交流类型	轮岗时间	目标	人员管理与评价	保障与措施
山西	太原市规定全市中小学教师的轮岗比率不得低于符合要求的教师总数的10%,并且先进都将与评优挂钩。	交流对象：男50周岁、女45周岁以下,在同一所公办义务教育阶段学校连续任职满6年及以上的在任校长（含其他校级领导）和连续任教满6年及以上且完成一轮教学任务的在编在岗专任教师为应交流对象。处于孕期、哺乳期或患有较为严重疾病经县（市、区）教育行政部门指定医院诊断不宜交流的教师,可暂不在校内公示后,学校不暂不交流。学校传统项目、特色课程的领衔教育,经县级教育行政部门批准,可暂不交流,但	先以县域内优质学校为龙头,分别联合周边农村学校、薄弱学校,形成若干个片区（学区、盟区）,实行教师在片区（学区、盟区）内学校间交流,鼓励城区学校教师跨片区交流,教师一般在县域内进行交流。有镇区和乡村学校的县（市、区）,以城乡学校之间交流为主；没有乡村学校的市辖区的校间交流和薄弱学校交流为主。范围内以中心小学与教学点小学、教学点之间交流为主,鼓励各地积极探索,切合本地实际的交流轮岗办法,逐步扩大交流范围,不		一方面,有效缓解择校压力,有利于义务教育资源均衡配置；另一方面,每所学校,都有一定的校风、教风、学风、文化积淀,通过轮岗交流,可以吸取不同的教育经验和理念,不断提升自身专业素养。	公开招聘和聘用管理办法。严格教师职业准入和管理制度。在同级人社部门的监督管理下,按照公开招聘政策规定,由教育主管部门牵头制定教师公开招聘方案,组织县域内新任教师的公开招聘,并根据学校教师队伍结构,对新任教师进行统筹配置,重点向农村学校和薄弱学校倾斜。招聘结果报同级人社部门批准和备案。学校依法与教师签订聘用合同,负责教师的使用和日常管理。交流轮岗教师的岗位聘任工作由其接收学校根据本校岗位聘任条件进行,聘任结果报教育、人社部门备案。	在薪酬福利工作中,要切实保障参加交流轮岗校长教师的工资待遇,在绩效分配中予以倾斜。同级财政部门按照适当向山区、边远贫困地区学校倾斜的原则和教育行政部门提供的本县（市、区）教师队伍结构状况、绩效考核结果,将核定的教师奖励性绩效工资总量统筹分配并拨付到校。完善校长选拔和教育岗教师评先评优机制。对积极参与交流、在教育教学工作中发挥骨干示范作用的校长教师,在职务

续表

比例	对象与范围	交流类型	轮岗时间	目标	人员管理与评价	保障与措施
高级教师要交流应达到对象总数的20%以上。同一学校每次交流人数一般不超过校级领导总人数的30%。	延长时间原则上不超过3年。	断完善校长教师交流轮岗工作机制。一是岗位竞聘交流。从中小学校中，统筹确定部分中、高级岗位，统一组织实施交流，县域内符合条件的教师参加跨校岗位竞聘。二是片区（学区、盟区）交流。根据片区（学区、盟区）内教学工作需要，统筹实施教师交流。三是个人申请交流。教师自愿申请交流的，经学校和县级教育行政部门批准后实施交流。四是创新交流方式。各地也可根据本地实际，采取跨校岗长聘岗交流，对			全面推行中小学教师队伍"县管校聘"管理改革。各县（市、区）应积极完善以县为主的义务教育教师管理体制，从2016年起，用3年左右时间，全面推行中小学教师"县管校聘"管理改革。	晋升、评先评优等方面给予倾斜，做出突出贡献的给予表彰奖励。发挥教师职称评聘导向作用。在职称评聘工作中，要将校长教师具有交流经历和农村学校任教（任职）1年及以上的工作经历作为申报评审中、高级教师职务（职称）的必备条件。

续表

比例	对象与范围	交流类型	轮岗时间	目标	人员管理与评价	保障措施
		口帮扶、支教、送教下乡、名校办分校、集团化办学等其他优秀校长、支持优秀教师、骨干教师向农村学校、薄弱学校有序流动。继续实施好"三区"人才支持计划、特岗计划等专项计划。				
陕西：要求从2019年9月启动实施校长轮岗制,各县区教师交流轮岗,每学年教师交流比例一般不低于符合交流条件教师总数的10%,其中名师（特级教师、教学能手、学科带头人和	从2019年秋季开学起,教师凡男50周岁、女45周岁以下且在同一所学校连续任教满6年,校长在同一所学校任职满8年,均应进行交流轮岗。	陕西将重点推进城乡学校之间、优质学校与薄弱学校之间、乡镇中心小学与村小学、教学点之间的教师、校长交流。陕西省将在编制核定、岗位设置、职务（职称）晋升、培养培训、薪酬待遇、评优评先等方面实行一系列优惠政策,吸引和鼓励教师、校长到农村		力争用3—5年时间实现县域内教师、校长交流轮岗的制度化、常态化,率先实现县域内资源均衡配置,逐步在更大范围内推进,促进教育更加公平,整体提升办学水平和教育质量。开展教师交流合理流动的目的就是要建立教师合理流动机制,引导校长、教师由城镇向乡村、由超编学校向缺编学校,由强校向薄弱学校合理流动。	陕西汉阴在政策方面积极引导教师流动,对参加交流的教师在职称评审、评优评彰、晋级晋升中优先照顾。	从2014年起,评选特级教师、教学能手、学科带头人和模范教师、优秀教师时,必须要有累计一学期以上交流工作经历。中小学教师评聘高一级职务,必须有一年以上农村学校或薄弱学校工作经历。

续表

	比例	对象与范围	交流类型	轮岗时间	目标	人员管理与评价	保障措施
上海	教学名师、高级教师和一级教师不低于交流总数的30%。		学校、薄弱学校工作或任教，让参与交流的教师，经济上受到优待、精神上受到鼓励，事业上得到发展。				
	优质学校每年需有不低于10%的教师轮岗。				计划从2014年开始，用3～5年时间，实现县（区）范围内教师交流的制度化、常态化。		
四川	各县（市、区）城镇优质学校每年交流轮岗到农村学校、薄弱学校的教师不少于交流教师的10%，其中骨干教师应不低于交流教师总数的20%。	从2016年秋季开学起，教师凡男50周岁以下、女45周岁以下且在同一所学校连续任教满6年，校长凡男55周岁以下、女50周岁以下的正、副校长在同一所学校任满8年，均应进行交流轮岗。	按照先易后难、逐步推进、分层实施的方式，以分片交流为主，采取定期交流、跨校竞聘、校区一体化管理、集团化办学、学校联盟、对口支援、乡镇中心学校、名校办分校等多种途径和形式开展校长教师交流轮岗，重点是推进校长教师交流轮岗。	一名校长三至五年轮岗一次，从2016年2月1日起，至2020年12月30日。	力争用3～5年时间实现县（市、区）域内校长教师交流轮岗的制度化、常态化，重点引导优秀校长和骨干教师向农村学校、薄弱学校流动。		将对交流轮岗的校长和教师进行全面的业绩考核，考核结果将作为其绩效工资分配、职务（职称）晋升、评优表彰的重要依据。通过此次改革，将逐步提高农村学校教师补贴占基础性绩效工资

续表

对象与范围	交流类型	轮岗时间	目标	人员管理与评价	保障与措施
比例20%，并将到农村学校、薄弱学校任职1年以上的工作经历作为教师申报评审高级教师职务（职称）和评选特级教师、名优教师的必备条件。	动优秀校长和骨干教师到农村学校、薄弱学校任职，并发挥示范带动作用。推动优质学校向薄弱学校交流，城区学校向农村学校交流，乡镇中心学校向村小、教学点交流，逐步实现城乡双向交流，最终达到教师校长交流轮岗的制度化、常态化。				的比重，进一步向村小、教学点、边远山区学校教师倾斜。四川将全面推行"县管校聘"管理改革，用3—5年时间来实现县（市、区）域内校长教师交流轮岗的制度化、常态化。重点引导优秀校长和骨干教师向农村学校、薄弱学校流动。
天津 参与交流的教师、校长范围包括：本市义务教育公办学校男50周岁、女45周岁以下，且在同一所学校连续任教6年的在编在岗教师；义务教育	郊区以城乡学校之间交流轮岗为主，城区以学区（教育集团、教育联盟等）内校际间交流轮岗为主。各区可结合本区域实际，在管理、学校联盟、集	乡镇范围重点推动中心学校向村小、分校交流，校长交流年限不得少于1年，各区县全面推行校长聘期制，校长	作为落实"小升初"免试就近入学的重要保障措施，义务教育将进一步均衡教育资源，优化教师校长配置，引导骨干教师和校长向农村学校、薄弱学校交流轮岗，引导超编学校教师向缺编学校流动，建立区县域内义务教育学校教	教师、校长交流轮岗工作考核体系，并作为认定义务教育发展基本均衡县（区）的重要指标。加强督导督察，并适时发布督导报告，各区县	探索建立中小学校长职级制，为推进校长交流轮岗提供制度保障。区县要加大对交流教师的培训力度，帮助他们了解新学校的办学特色。

续表

比例	对象与范围	交流类型	轮岗时间	目标	人员管理与评价	保障与措施
村小及分校交流流动。交流教师比例应不低于交流教师总数的50%；任交流形式上，"顶岗任教"的交流教师比例不低于交流教师总数的60%。每学年交流比例不低于符合条件教师总数的10%。其中，骨干教师交流比例不低于交流教师总数的20%。	育公办学校男55周岁、女50周岁以下，且在同一所学校任职满两届或任职满10年的正、副校长。	团化办学、名校办分校等模式开展校长教师交流轮岗，包括全职交流、跨校兼职兼课、名校长教师工作室等。各学区内采取定期交流、跨校竞聘、学校联盟、集团化办学、名校办分校、对口帮扶、教师"走教"等形式推进学区资源一体化管理。	每届聘期不得超过5年。符合条件的正、副校长应到其他学校任职。副校长可以按照教师交流制度进行交流。	校长交流轮岗长效机制，缩小校际间、城乡间的师资水平差距，推动本市义务教育优质均衡发展。	不同的交流类型担的任务，对于参加交流的教师、校长，分类制定考核评价体系，科学、合理评价教师、校长教学及学校管理工作，对参加交流并作出贡献的教师、校长给予相应奖励。责任督学要深入学校，加强对交流轮岗教师、校长的日常指导，发现典型，推广经验。	校园文化、生源情况和实际教学情况，尽快适应学校教学工作。要切实保障校长交流轮岗校长待遇，交流轮岗校长的工资待遇、绩效工资分配中予以倾斜。

续表

比例	对象与范围	交流类型	轮岗时间	目标	人员管理与评价	保障与措施
新疆					博湖县将加快建立和完善义务教育阶段校长、教师交流轮岗制度，进一步扩大交流覆盖面，推进县域内优秀校长、教师资源共享，建立健全有利于义务教育均衡发展的校长、教师配置机制，实现县域内教师、校长轮岗交流的制度化、常态化，进一步促进教育公平。		经省政府同意，建立农村特岗教师津贴制度。津贴标准原则上每人每月不低于300元，对象是条件比较艰苦或地理位置偏远的农村中小学校和农村幼儿园在编在岗专任教师，且该津贴不纳入绩效工资核定总量。
浙江	3年来，嘉善县主动报名参加流动的教师达903人，实际流动560人，占适流教师的33.1%，其中城乡互动320人。					

续表

比例	对象与范围	交流类型	轮岗时间	目标	人员管理与评价	保障与措施
重庆	北碚区教育系统每学年交流人员占符合交流条件人员的10%左右，各级优秀教师、骨干教师、学科带头人等的比例不低于交流总数的20%。		遵循教育教学规律，结合中小学学制学段特点，校长每次交流轮岗的年限原则上不低于5年。教师每次交流轮岗的年限原则上不低于3年，并可根据工作需要予以延长。		北碚区教委会同区委组织部、区编办、区人力社保局制定政策和指导具体的工作计划，管理指导，组织实施，交流工作，区财政局给予必要的经费支持。区教委会同相关部门加大督导力度，把校长教师交流轮岗工作纳入教育督导考核体系，切实强化责任，确保工作落实，取得实效。	建立交流人员激励机制。交流期间，交流到乡村教师岗位享受补助范围学校的人员按规定享受补助，交流到乡镇工作补贴范围学校的人员按规定享受补贴；由享受补贴的农村学校交流到非补贴范围学校的人员不再享受以上两项补助。学校在保障交流人员住房优先安排交流人员使用居住。优先安排参加提高培训、高级研修，组织交流校长教师专题培训，优先任（聘）用具有农村学校管理岗位任职经历

续表

比例	对象与范围	交流类型	轮岗时间	目标	人员管理与评价	保障与措施
城镇学校、优质学校每学年教师交流轮岗的比例不低于符合交流条件教师总数的10%，其中骨干教师交流轮岗应不低于交流总数的20%。	在同一所学校任教满9年及以上的教师均应交流轮岗，校长、副校长在同一所学校连续任满两届后，原则上应交流。			力争用3~5年时间实现县（市、区）域内校长教师交流轮岗的制度化、常态化，率先实现县（市、区）域内校长教师资源均衡配置，支持鼓励有条件的市在市域内推进，进而在全省教育高水平均衡发展提供坚强的师资保障。		的人员担任校长，特别优秀的校长可提拔跨学校任职。对主动交流到农村学校任职任教的人员，在开展各级表彰奖励时予以优先考虑。交流教师按规定报销差旅费。

辽宁

续表

	比例	对象与范围	交流类型	轮岗时间	目标	人员管理与评价	保障与措施
云南	学校每学年交流轮岗教师的比例不低于符合交流条件教师总数的10%，其中骨干教师交流轮岗不低于交流总数的20%。	1. 公办义务教育学校校长、副校长在同一所学校连续任职两届（6年）的应进行交流。同一学校校长、副校长原则上不同时进行交流。2. 公办义务教育学校在编任岗教师（含完全中学中仅承担初中教学任务的教师）在一所学校连续任教达到两个周期（小学6年为一个周期，中学3年为一个周期）的应进行交流，交流轮岗的时间原则上不少于1学年，根据工作需要，并在征求本人同意的基础上，可以延长。			云南保山市隆阳区加快建立和完善义务教育校长教师交流轮岗制度，不断扩大校长教师交流轮岗覆盖面，改善师资队伍结构，优化校长教师资源的初次配置和再次配置，推进全区优秀校长教师资源共享。2016年启动试点，2017年扩大交流轮岗的范围，2018年全面推开，力争到2020年实现全区义务教育学校校长教师交流轮岗制度化、常态化、规范化，实现全区校长教师资源均衡配置，促进教育公平，整体提升办学水平和教育质量。	为加强校长教师交流轮岗工作组织领导，成立校长教师交流轮岗工作领导小组，组长由区人民政府分管副区长担任，成员由区委组织部常务副部长、区人力资源和社会保障局局长、区教育局局长、各乡镇办事处分管教育工作的领导、各乡镇（街道）中心学校校长组成。领导小组下设办公室在区教育局，由区教育局局长兼任办公室主任，负责处理具体事务。领导小组成员如有变动，由所在单位相应职务人员自行递补，报领导小组办公室备案，不再另行发文。	

续表

	比例	对象与范围	交流类型	轮岗时间	目标	人员管理与评价	保障与措施
		3. 距法定退休年龄不足5年的校长、教师，经本人申请，可不参与交流轮岗。处于孕期、哺乳期或患病等特殊情况的教师，经本人申请，在校内公示并经教育局同意，备案后，可暂时不进行交流，何时交流由学校确定。					
湖北	同一学校每次交流流动的校长、副校长的人数，一般不超过学校班子成员总数的30%。（武汉）	不仅校长、副校长需要交流轮岗，在同一所学校连续任教满6年的在编在岗教师，原则上也要交流轮岗。		校长交流期限不少于三年。			

续表

	比例	对象与范围	交流类型	轮岗时间	目标	人员管理与评价	保障与措施
广西	城镇学校、优质学校每学年教师交流轮岗的比例不低于符合交流条件教师总数的10%，其中骨干教师交流轮岗应不低于交流总数的20%。	教师交流轮岗的人员范围为各县（市、区）义务教育阶段公办学校在编在岗教师。凡男55周岁、女50周岁以下，且在同一所学校连续任教满12年的教师必须交流。			加快建立和不断完善义务教育教师校长交流轮岗制度，力争用3-5年时间实现县（市、区）域内校长教师交流轮岗的制度化、常态化，实现县（区）域内校长教师资源均衡配置，为义务教育均衡发展提供坚强的师资保障。		
深圳			1. 校长提任交流：新提任的校长、副校长原则上交流到其他学校任职（特殊教育学校、开办不到5年的新办学校及其他不适合交流的情况例外）。2. 校长任期满交流：在同一所学校连续任职满8年或2个聘期的校长、副校长，原则上交流到新学校。	教师的交流，则包括跨市支教、市内交流；到新学校、联盟学校交流；以及教师高级岗位跨校聘任交流等。其中，市内交流每学年组织1批，每批交	实行中小学校长教师轮岗交流制度，创新校长教师交流的方式方法，建立校长交流机制，常态化共享优秀校长资源。力争用3到4年时间，实现我市义务教育阶段中小学校长教师资源均衡配置，整体提升我市中小学办学水平和教育质量，有效破解"择校"难题，努力实现教育公平。	校长轮岗交流工作由市、区教育行政部门按管理权限负责组织实施。以上第1类交流由市教育局牵头组织，第2类交流管理权限由市、区教育行政部门，各区具体实施方案应报市教育局备案；第3类交流实施方案由市教育行政部门或

续表

比例	对象与范围	交流类型	轮岗时间	目标	人员管理与评价	保障与措施
		其他学校任职（特殊教育学校、距离退休不满1届的校长及其他不适合交流的情况例外）。3. 承办新校行政部门委托，近5年内负责承办新校（含分校、新校区）的校长、副校长，视为交流类型以上三种交流类型，副书记参照执行。以上第1、2类交流，组织人事、工资关系须转入新学校；第3类交流，为独立法人的，校长、副校长、工资、组织关系可保留在原学校，也可转入新学校。1. 教师跨市支教：受上级有关部门委	流期至少1年。教师在新校（含分校），联盟学校交流任教的，至少也要1年。以上第1类交流，按上级部门有关规定执行；第2类交流，每学年组织1批，每批交流期至少1年，具体由市、区教育行政部门根据实际情况确定；第3类交流，教师须在新校（含分校）、联盟学校任教至少1年。		各中小学校负责组织实施；第4类交流由市、区教育行政部门按管理权限统筹协调，各学校负责具体实施。	

续表

比例	对象与范围	交流类型	轮岗时间	目标	人员管理与评价	保障与措施
		托，选派我市中小学教师（含校长、副校长，下同）到新疆、西藏、贵州及河源、汕尾等省内外偏远地区支教交流。 2. 教师市内交流：市、区教育行政部门按管理权限，在所属公办小学之间、公办与民办学校之间组织开展教师交流。积极创造条件，开展跨区教师交流。 3. 教师到联盟学校交流：受学校派遣，教师在本校近5年内承办的新校（含分校、新校区）或联盟学校任教的，视为交流。 4. 教师高级岗位跨校聘任交流：市、区教育行政部门根				

续表

比例	对象与范围	交流类型	轮岗时间	目标	人员管理与评价	保障与措施
		据所属公办学校申请，发布学校高级教师职务岗位空缺及聘任条件信息，中小学教师可根据岗位空缺情况，在全市范围内跨校申报聘任高级岗位。以上第1类交流，按上级部门有关规定执行；第2类交流，帮扶学校交流对象为具有5年以上教育教学工作经验且聘任在中小学中级以上专业技术岗位的骨干教师；被帮扶学校交流对象为学校骨干教师（具体条件由各区或帮扶学校制定）；第3、4类交流，由学校根据实际情况确定交流对象。以上第1、2类交流				

续表

	比例	对象与范围	交流类型	轮岗时间	目标	人员管理与评价	保障与措施
			流，教师人事关系和工资关系留在原学校，组织人事关系转入新学校，交流人事关系转入新学期满后，教师回原学校工作。以上第3类交流，鼓励将人事、工资、组织关系调入新学校。以上第4类交流，通过跨校聘任的教师办理市内调动程序，人事、工资、组织关系转入新聘学校或联盟学校。				
国家	每年全市义务教育阶段学校的教师交流人数不少于专任教师总数的5%。城镇学校、优质学校每年教师		不断创新交流轮岗的方式方法。校长交流轮岗的重点是推动优秀校长和骨干教师到农村学校、薄弱学校任职，教师交流的重点是发挥示范带动作用。有镇区的县和乡村学校的县	关于交流年限，实施意见规定，校长交流到农村学校和薄弱学校任职，至少任满一届（3～5年），教师	实现义务教育均衡发展，特别是高水平均衡发展，必须解决师资均衡配置问题。推进城乡教师交流轮岗是加强边远贫困地区乡村学校教师补充配备的重要举措，是新型城镇化背景下建立城乡教育一体化发展机制的重要内容，是解决城市择校难		全面推进"县管校聘"改革。加强县（区）教育教师管理的统筹管理，推进"县管校聘"管理改革，使教师由"学校人"

续表

比例	对象与范围	交流类型	轮岗时间	目标	人员管理与评价	保障与措施
交流轮岗的比例不低于符合交流条件的教师总数的10%，其中骨干教师包括特级教师、省、市、县级名师培养对象，各级名校长、名教师、名班主任、学科带头人、现任中层以上干部，工、青、妇、少	(区)，重点推动城镇学校向乡村学校交流轮岗；没有乡村学校的市辖区，重点推动优质学校向薄弱学校交流轮岗，其中骨干教师交流轮岗应不低于交流总数的20%。"百千万人才培养工程"培养对象，省、市、县级名师培养对象，各级名校长、名教师、特级教师和省级教学名师到中西部边远贫困地区农村学校任职任	(区)，重点推动城镇学校向乡村学校交流轮岗；乡镇范围内，重点推动中心学校向村小学、教学点交流轮岗。支持定期交流、跨校竞聘、学区一体化管理、学校联盟、集团化办学等多种途径和方式推进校长教师交流轮岗。各地可采取校长交流轮岗等形式，支持优秀校长、特级教师	交流到农村学校和薄弱学校，每次交流时间一般不少于2年。每学年按照不低于符合交流条件教师总数的10%，安排专任教师进行不少于1年时间的岗交流。其中，一体化办学联合体内的教师轮岗交流时间原则上不少于3年。	题，促进义务教育均衡发展的关键举措，也是深化改革的必然要求，对产生重要的推动作用。一定加快建立县(区)域内教师交流轮岗制度。力争用3~5年时间实现县(区)域内校长教师交流轮岗的制度化、常态化，率先实现县(区)域内教师资源均衡配置，支持鼓励有条件的地区在更大范围内推进，为义务教育均衡发展提供坚强的师资保障。从2014年开始，力争用3~5年时间实现县(区)域内校长教师交流的制度化、常态化，率先实现县(区)域内校长教师资源均衡配置，逐步在更大范围内推进。推进这项改革的分年度工作进度安排为：2014年进行总体部署和经验交流，印发相关政策文件，启动推进交流轮岗的专项工作措施，交流轮岗工作		变为"系统人"，打破教师交流轮岗的管理体制障碍。县级教育行政部门会同有关部门制定本县(区)域内教师岗位结构比例标准、公开招聘和聘用管理办法、培养培训计划、业绩考核和工资待遇方案、规范人事档案管理服务。学校依法与教师签订聘用合同，负责教师的使用和日常管理。教师交流轮岗经历纳入其人事档案管理。国家层面将推动义务教育教师队伍"县管校聘"示范区建设，也鼓励各

续表

比例	对象与范围	交流类型	轮岗时间	目标	人员管理与评价	保障与措施
先队负责人、科组长、年级组长、备课组长。		教，引导优秀校长和骨干教师向农村学校、薄弱学校有序流动。各地要继续实施好农村教师特岗计划、"三支一扶"计划、"三区"人才支持计划等国家级专项计划，加强边远贫困地区乡村学校骨干教师配备。郊区以城乡校际之间交流轮岗为主，城区以学区（教育集团、教育联盟等）内校际交流轮岗为主。各学区也可结合本区域实际，在学区化管理、集团化办学、名校办分校等多种形式内，开展校长教师交流轮岗，包括全职交流、跨校兼职任课、名校长、名教师工作室等。有乡镇村学校的县		初见成效。2015年通过专项措施、经验交流和新闻宣传，持续加大工作推进力度。2016年将对先行先试、取得显著工作成效的省份开展检查验收，予以宣传表彰。2017年开展校长教师交流轮岗工作专项督导检查。2018年对专项工作落后或不力的省份，逐省进行工作指导和帮扶，要求提出整改措施，教育部将严格按照指导进度抓好工作落实。但城乡之间、校际之间，教育资源水平总体上仍存在明显差距，已经成为均衡义务教育均衡发展的突出问题。校长教师交流轮岗是加强农村学校、薄弱学校教师补充配备，破解择校难题，促进教育公平，推动义务教育均衡发展的重要举措。各地要充分认识校长教师交流轮岗工作的重要性和紧迫性，加快建立和不断完善义务教育校长教师交流轮岗制度，推进校长教师交流优质资源的合理配置，重点引导校长教师向农村学校、薄弱学校流动。		地从本地实际情况出发，大胆探索教师队伍管理新机制，校长教师交流轮岗实行"省级统筹、以县为主"的工作机制。在党委政府统一领导下，各级教育、组织、编制、财政、人力资源和社会保障部门要形成联动机制，加强统筹规划、政策指导和督导检查，共同推进校长教师交流轮岗工作。教育部门要组织制定校长教师交流轮岗实施办法，指导和协调交流轮岗工作。组织部门按照校长管理权限，会同教育部门全力推进校长交流轮岗工作。机构编制部门要

续表

比例	对象与范围	交流类型	轮岗时间	目标	人员管理与评价	保障与措施
		(市、区），以城乡学校之间交流为主；没有乡村学校的市辖区，以优质学校和薄弱学校之间交流为主；乡镇范围之内以中小学与村片小、教学点交流为主，每一所城镇学校必须和一所以上的农村学校开展教师交流工作。城区薄弱学校都必须采取集团办学、名校托管、捆绑发展等形式促进教师交流，建立健全优质资源共享机制。				会同有关部门根据义务教育事业发展规划、生源变化和学校布局调整等情况，切实加强教职工编制动态管理。财政部门对校长给予必要的经费支持。人力资源和社会保障部门要在"县管校聘"管理改革、岗位设置、聘用管理、职务（职称）评聘等方面对校长教师交流轮岗工作给予政策支持。各县（区）要根据县域内义务教育校长教师队伍的实际情况，合理制定校长教师交流轮岗工作实施方案，科学编

续表

比例	对象与范围	交流类型	轮岗时间	目标	人员管理与评价	保障与措施
						制校长教师交流轮岗中长期规划和年度交流计划，并落实到校、到人。要明确校长教师交流轮岗的具体要求和支持政策，加强对优秀校长和教学名师的培养，建立校长教师交流轮岗工作长效机制。建立校长教师交流轮岗政策的信息公开制度，切实维护校长教师合法权益。县级教育行政部门研究制定的本地校长教师交流轮岗工作实施方案须经县级人民政府批准后实施。各地要做好校长教师交流轮岗的

续表

比例	对象与范围	交流类型	轮岗时间	目标	人员管理与评价	保障与措施
						政策宣传和思想教育工作，着力形成正确的舆论导向和良好的工作氛围，进一步激发校长教师的积极性，主动性，确保校长教师交流轮岗取得实效。要将实施校长教师交流轮岗工作作为推进义务教育均衡发展的关键举措，与全面改善贫困地区义务教育薄弱学校基本办学条件、义务教育学校标准化建设、义务教育学校免试就近入学等措施有机衔接，形成整体合力，标本兼治推进均衡发展。要将校长教师交流

续表

比例	对象与范围	交流类型	轮岗时间	目标	人员管理与评价	保障与措施
						轮岗工作纳入党政领导干部教育工作督导考核体系，并作为认定全国义务教育发展基本均衡县（区）的重要指标。对校长教师交流轮岗工作推进不力，范围不广，成效不大，达不到规定要求的，不接受全国义务教育发展基本均衡县（区）认定申请。
共同点	义务教育学校的校长和教师，在现所在学校连续任教6年及以上者均交流轮岗；校长、副校长在同一所学校连续任满两届或6年后，原则上应交流轮岗。		一名校长的聘期不超过五年。	用3—5年的时间，实现县（区）域内义务教育学校校长教师交流轮岗工作制度化、常态化。实现优质校长教师资源共享、均衡配置。		